Unterwegs

Lehrwerk für die Mittelstufe

Deutsch als Fremdsprache

Kursbuch

Clemens Bahlmann • Eva Breindl • Hans-Dieter Dräxler
Karin Ende • Günther Storch

Langenscheidt

Berlin·München·Wien·Zürich·New York

Unterwegs

von Clemens Bahlmann, Eva Breindl, Hans-Dieter Dräxler, Karin Ende, Günther Storch

Projektleitung und Redaktion:	Mechthild Gerdes,
Redaktion:	Elisabeth Graf-Riemann
Layout, Repro und DTP:	Barbara Slowik, Atelier S., München
Illustrationen:	Monica May
	(mit Ausnahme der im Bildverzeichnis aufgeführten Illustrationen)
Umschlag:	Barbara Slowik, Atelier S., München
	(unter Verwendung zweier Fotos der Bildagentur Tony Stone)

Autoren und Verlag danken für die kritische Begleitung, Erprobung und die zahlreichen konstruktiven Anregungen zur Entwicklung des Lehrwerks
insbesondere Frau Professor Dr. habil. Halina Stasiak (Universität Danzig), Frau Renata Markiewicz, Katarzyna Lopuszynska (Krakau), Frau Irina Semjonowa (Goethe Institut Moskau), Frau Irmgard Gomes † (Goethe Institut Lissabon), Ulrike Cohen (Goethe Institut Bordeaux), Spiros Kukidis (Praxis Verlag Athen), Sybille Weißhaupt-Abdelkader (Goethe Institut München).

Ebenso danken wir all den Kollegen und Kolleginnen, die Teile des Lehrwerks in ihrem Unterricht erprobt haben.

Zu diesem Kursbuch gehören:

ein Materialienbuch	ISBN 3-468-47640-X
zwei Audiokassetten	ISBN 3-468-47643-4
zwei CD's	ISBN 3-468-47644-2
ein Lehrerhandbuch	ISBN 3-468-47642-6

Das Lehrwerk Unterwegs folgt im Kursbuch grundsätzlich der reformierten Rechtschreibung.

Umwelthinweis: gedruckt auf chlorfrei gebleichtem Papier

© 1998 Langenscheidt KG, Berlin und München

Druck: Druckhaus Langenscheidt, Berlin
Printed in Germany   ISBN 3-468- **47641**-8
www.langenscheidt.de

03 04 05 06 07 * 7. 6. 5. 4. 3.

Wegweiser für das Lehrwerk *Unterwegs* ◄-------------------------

Liebe Deutschlernerin, lieber Deutschlerner, willkommen „unterwegs"!

Wir freuen uns, dass Sie mit dabei sind und „unterwegs" auf dem Weg zur Beherrschung der deutschen Sprache mit diesem Lehrwerk arbeiten werden. Wir wünschen Ihnen dabei nicht nur viel Erfolg, sondern auch viel Spaß.

Unterwegs ist für Sie als fortgeschrittene Deutschlerner geeignet, wenn Sie z.B. das Zertifikat Deutsch als Fremdsprache oder die Grundstufe 2 des Österreichischen Sprachdiploms oder einer vergleichbaren Prüfung absolviert haben bzw. vergleichbare Sprachkenntnisse aufweisen. Sie können mit *Unterwegs* Ihre Fähigkeiten im Umgang mit der deutschen Sprache ausbauen, Ihr Wissen über die deutschsprachigen Länder und Kulturen erweitern und Ihr Lernen an Ihren individuellen Bedürfnissen ausrichten. Schließlich können Sie sich mit *Unterwegs* und dem zugehörigen *Prüfungstraining zur Vorbereitung auf die revidierte ZMP* auf die Zentrale Mittelstufenprüfung vorbereiten.

- **Das alles gehört zu *Unterwegs*:**

  a) für Lerner und Lehrer:

Materialienbuch	**Kursbuch**	**Hörkassette oder CD**
Lesetexte und Bildmaterial; systematische Grammatikübersicht mit Register; Redemittelübersicht	Aufgaben und Übungen zu Lese- und Hörverstehen, Schreiben und Sprechen, zu Grammatik und Wortschatz; Ratgeber Lernen; Lösungen	Rundfunksendungen; Lieder; Interviews; Hörspiele

  b) für Lehrer

Lehrerhandbuch
Lernzielübersichten; methodische Hinweise für den Unterricht; Kopiervorlagen für weitere Übungen; Transkriptionen der Hörtexte; Zusatztexte

- **So ist *Unterwegs* aufgebaut:**

1. Das **Materialienbuch** enthält: a) einen bunten Magazinteil mit vielen *Lesetexten* und *Illustrationen* für die gemeinsame Textarbeit im Unterricht oder auch für Ihre private Lektüre, b) eine *systematische Übersicht über die deutsche Grammatik* und c) eine *Übersicht von Redemitteln* zu verschiedensten Sprechsituationen, die beide viele Möglichkeiten für individuelles Nachschlagen, Nachlernen, Wiederholen und Vertiefen von Fragen in den Bereichen Grammatik und Wortschatz bieten. Einige Hinweise zur Arbeit mit diesen beiden Übersichten finden Sie im Wegweiser zum Materialienbuch dort auf S. 3.

2. Das **Kursbuch** bietet zu den meisten Lesetexten der 16 Kapitel des Materialienbuchs und zu allen Hörtexten auf der Tonkassette ein vielfältiges *Übungs- und Aufgabenangebot*, das Sie gemeinsam im Unterricht oder auch für sich allein durcharbeiten können.
   Am Ende jedes Kapitels im Kursbuch finden Sie einen *Test*, mit dem Sie Ihren eigenen Lernfortschritt überprüfen können.

Lösungen zu den meisten Übungen in den 17 Kapiteln des Kursbuchs ab S. 184 helfen Ihnen, Ihre eigene Arbeit zu überprüfen und gegebenenfalls zu korrigieren.

Der *Ratgeber Lernen* ab S.175 will Sie anregen, darüber nachzudenken, wie Sie Deutsch lernen und auf Deutsch kommunizieren und wie Sie gegebenfalls Ihr Lernen verbessern und effektiveren können. Dazu soll auch jeweils eine eigene Übungssequenz *Mit dem Wörterbuch arbeiten* (S.180) und *Mit der Grammatik arbeiten* (S.182) beitragen.

3. Der Verweis an entsprechender Stelle im Kursbuch, z. B. auf S.21 (**➤ LHB , Kp. 0,1**), weist Sie auf zusätzliche Arbeitsblätter hin, die Sie von Ihrer Kursleitung aus dem Lehrerhandbuch erbitten können.

4. Zur Schulung Ihres Hörverstehens können Sie die Tonkassette oder CD einsetzen. Folgende Piktogramme im Materialienbuch weisen Sie auf diese Hörtexte hin:

Der im Materialienbuch abgedruckte Text ist als Hörtext auf der Kassette bzw. der CD.

Zum Lesetext im Materialienbuch gibt es einen weiteren Hörtext auf Kassette bzw. CD, der im Zentrum der entsprechenden Unterrichtseinheit im Kursbuch steht.

Den Hinweis auf einen Hörtext können Sie auch der Lernzielübersicht im Kursbuch entnehmen (zum ersten Mal z.B. auf S. 26 oben).

Hörfunkreportage

- **Lernmöglichkeiten mit dem Lehrwerk *Unterwegs***

Die Aufteilung des Lehrwerks in Materialienbuch und Kursbuch schafft grundsätzlich *zwei* Möglichkeiten für die Arbeit mit dem Lehrwerk und gleichzeitig viel Raum für Ihr eigenes selbstständiges Weiterlernen.

1. Lernmöglichkeit

Sie können bei Ihrer Arbeit mit *Unterwegs* – vor allem zusammen mit Ihrem Lehrer bzw. Ihrer Lehrerin – vom **Kursbuch** ausgehen: Nach dem Einführungskapitel 0 ab S. 15 finden Sie in den drei Lehrwerksteilen **Kursbuch, Materialienbuch** und **Tonkassette** bzw. **CD** Aufgaben, Lese- und Hörtexte zu den 16 Kapiteln des Lehrwerks. Alle Kapitel sind jeweils in drei Unterrichtseinheiten aufgeteilt (nur Kapitel 0 hat 5 Einheiten). Von den Übungen und Aufgaben in einer Einheit hier im Kursbuch werden Sie auf die entsprechenden Lesetexte im Materialienbuch bzw. auf die Hörtexte auf der Tonkassette verwiesen. Eine entsprechende Orientierung liefert Ihnen dazu auch die Inhaltsübersicht auf S.6 ff.

Jedes Kapitel hat einen *thematischen Schwerpunkt* und als generelles Lernziel *eine Sprachhandlung, die hier besonders geübt werden soll.*

Wo die Liebe hinfällt   ◄-----------------------------------   **Berichten, erzählen**

Im Kapitel 1 *Wo die Liebe hinfällt* wird besonders das Berichten und Erzählen geübt, im Kapitel 9 *Reiselust* das Argumentieren.

Wegweiser für das Lehrwerk *Unterwegs* ◄--------------------------------

Sie werden feststellen, dass jedes Kapitel in drei Unterrichtseinheiten aufgeteilt ist. Sie können das jeweilige Kapitel und die jeweilige Einheit an der Kopfleiste sowohl im Materialienbuch als auch im Kursbuch erkennen.

2
3 **Argumentieren** -------------------------► Von Männern, Frauen und ihren Kindern

Die *Lernzielübersichten* zu Beginn jeder Unterrichtseinheit im Kursbuch bieten Ihnen darüber hinaus einen Überblick über die Lernziele der verschiedenen Übungen und Aufgaben in dieser Einheit. So können Sie entsprechend Ihrem eigenen Übungsbedarf aus dem Angebot im Kursbuch auswählen.

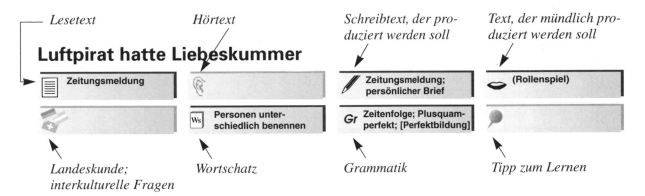

Lesetext   *Hörtext*   *Schreibtext, der produziert werden soll*   *Text, der mündlich produziert werden soll*

Luftpirat hatte Liebeskummer

| 🗎 Zeitungsmeldung | 👂 | ✎ Zeitungsmeldung; persönlicher Brief | 👄 (Rollenspiel) |
| | Ws Personen unterschiedlich benennen | Gr Zeitenfolge; Plusquamperfekt; [Perfektbildung] | |

Landeskunde; interkulturelle Fragen   *Wortschatz*   *Grammatik*   *Tipp zum Lernen*

Wenn Ihr Lehrer bzw. Ihre Lehrerin, Ihre Kursgruppe oder Sie individuell sich für eine Unterrichtseinheit entschieden haben, gehen Sie am besten von den Aufgaben zu Beginn der Einheit im Kursbuch aus, ziehen dann an der entsprechenden Stelle den Lesetext im Materialienbuch oder den Hörtext auf der Tonkassette hinzu und machen dann die Aufgaben und Übungen im Kursbuch, die für die Bearbeitung der Textmaterialien entsprechend Ihren Bedürfnissen und Interessen notwendig sind.

Verweise hier im Kursbuch, z.B. auf S.24:

➤ **MB, GR 4.2, S. 138 und 3.1. S. 133f. und 3.3 S. 136**

führen Sie zu den entsprechenden Seiten in der *Grammatikübersicht* im Materialienbuch, wo Sie weiterführende Informationen zu dem im Kursbuch behandelten Grammatikphänomen erhalten.

Entsprechendes gilt für Verweise auf die *Redemittelübersicht* im Materialienbuch, die Sie ebenfalls hier im Kursbuch bei verschiedenen Aufgaben zum Sprechen oder Schreiben finden, z.B. S. 33:

➤ **MB, RM 3.1.1., S. 161**

Lerntipps 🌑 (z. B. S. 16 oben) helfen Ihnen, Ihre eigene Lernmethode zu optimieren. Lesen Sie dazu auch immer wieder im *Ratgeber Lernen* ab S. 175 nach.

2. Lernmöglichkeit

Sie können Ihre selbstständige Weiterarbeit aber auch auf das **Materialienbuch** konzentrieren und dort im *Magazinteil* schmökern bzw. in der *Grammatik- oder Redemittelübersicht* nachschlagen, eine Frage zur Grammatik oder zum Wortschatz klären und dazu gezielt lernen. Einige Informationen hierzu finden Sie im Wegweiser für das Materialienbuch dort auf S. 3.

Inhaltsübersicht

Kap.	Texttitel (Textsorte)	Textsorten und Lernziele		Seite
0	**Los geht's**			**15**
0.1	Sich kennen lernen			15
0.2	Sich über das Deutschlernen, die eigenen Kenntnisse und Ziele austauschen			16
0.3	Was für ein Lerntyp sind Sie?			18
0.4	Mit *Unterwegs* lernen			20
0.5	Unterwegs lernen			21
1	**Wo die Liebe hinfällt:**	**Berichten, erzählen**		**22**
1.1	Luftpirat hatte Liebeskummer (Zeitungsmeldung)	*Textsorte/ Fertigkeiten:*	Zeitungsmeldung erstellen oder einen persönlichen Brief schreiben	22
		Wortschatz:	Personen unterschiedlich benennen	
		Grammatik:	Zeitenfolge; Plusquamperfekt; [Bildung des Perfekts]	
1.2	Ein Fichtenbaum (Gedicht)	*Textsorte/ Fertigkeiten:*	Gedicht lesen, hören und schreiben; Gedicht vortragen	26
1.3	Das Rätsel (Märchen)	*Textsorte/ Fertigkeiten:*	Märchen lesen, hören; ein Märchen erzählen (mündlich und schriftlich)	28
		Wortschatz:	Verben mit Präfix	
		Grammatik:	Temporalsätze und Temporalangaben	
		Lerntechniken:	Schreiben „Schritt für Schritt"	
ZST[1]	Der Tag des Reichtums (Erzählung)			
ZST	Gertrud (Erzählung)			
ZST	Geständnis (Gedicht)			
Test				31
2	**Von Männern, Frauen und ihren Kindern:**	**Argumentieren**		**32**
2.1	Typisch Frau? – Typisch Vorurteil! (Zeitschriftenartikel)	*Textsorte/ Fertigkeiten:*	Diskussion; Argumentation; Stellungnahme und Kurzreferat schreiben	32
		Wortschatz:	Idiomatische Redewendungen; Vergleiche; Meinungsäußerung	
2.1 ZST	Rollenbilder: Altes und Neues (Zitate)	*Textsorte/ Fertigkeiten:*	Zitate lesen	33

[1] ZST = Zusatztext

Inhaltsübersicht

Inhaltsübersicht

Inhaltsübersicht

◄---

Inhaltsübersicht

Verzeichnis der Illustrationen

Die Zeichnungen sind, wenn hier nicht anders angegeben, von Monica May.

Sich kennen lernen

1. Sich vorstellen

Setzen Sie sich alle in einem Kreis oder in kleinen Gruppen zusammen. Stellen Sie sich nacheinander vor. Nehmen Sie dazu einen Gegenstand, der für Sie eine besondere Bedeutung hat oder der für Ihr Herkunftsland bzw. Ihren Heimatort charakteristisch ist.

2. Miteinander plaudern

a) Ist Ihnen in letzter Zeit etwas Amüsantes passiert? Oder haben Sie etwas Kurioses gelesen oder gehört? Erzählen Sie dies Ihrer Nachbarin oder Ihrem Nachbarn. Hören Sie auch ihre/seine Geschichte an.

b) Suchen Sie sich jeweils eine neue Partnerin/einen neuen Partner. Erzählen Sie ihr/ihm die Geschichte, die Sie gerade gehört haben: *Ich habe gerade gehört, dass ....*

c) Wechseln Sie noch einmal die Partnerin/den Partner und erzählen Sie ihr/ihm wiederum die letzte Geschichte.

d) Erzählen Sie schließlich die zuletzt gehörte Geschichte der gesamten Gruppe. Erkennen Sie Ihre eigene Geschichte wieder?

plau·dern; *plauderte, hat geplaudert;* Ⓥ **1** *(mit j-m)* **(über j-n/etw.)/(von j-m/etw.)** *p.* mit j-m auf angenehme u. freundliche Art sprechen, ohne etw. sehr Wichtiges, Ernstes od. Offizielles zu sagen ⟨nett, gemütlich mit der Nachbarin *p.*⟩: *über seine Erlebnisse im Urlaub p.; von seinen neuesten Plänen p.* **2** *j-m etw. erzählen, das geheim bleiben soll* ≈ etw. ausplaudern: *Wenn du mir versprichst, nicht zu p., erzähle ich dir ein Geheimnis*

Langenscheidts Großwörterbuch Deutsch als Fremdsprache

Sich über das Deutschlernen, die eigenen Kenntnisse und Ziele austauschen

Lernen kann man mit dem Gehen vergleichen. Bei beiden gibt es einen Startpunkt, von dem aus man losgeht, und ein Ziel, das man erreichen möchte. Beim Gehen bleibt man ab und zu stehen, um sich zu orientieren: *Wo stehe ich? Wohin will ich? Wie komme ich am besten dahin?* So kommt man meistens schnell und sicher ans Ziel. Rennen ohne zu schauen kann dagegen zu Schwierigkeiten, Umwegen und manchmal sogar in eine Sackgasse führen. Dies gilt auch für das Lernen.

1. **Wo stehen Sie?**

   a) Wie beurteilen Sie Ihre Deutschkenntnisse? Notieren Sie auf verschiedenen Zetteln, was Sie schon alles auf Deutsch können: sich mit Freunden unterhalten, einen Brief schreiben, ...

   b) Ordnen Sie diese Aktivitäten nach der Wichtigkeit, die sie für Sie haben.

   c) Bewerten Sie, wie gut Sie diese Fertigkeiten beherrschen.

   d) Tragen Sie das Ergebnis in die Spalten 1 und 2 (Zeilen 1-10) der Tabelle auf der gegenüberliegenden Seite (S. 17) ein.

   e) Vergleichen Sie Ihre Ergebnisse mit denen Ihrer Nachbarin/Ihres Nachbarn links von Ihnen.

2. **Wohin wollen Sie?**

   a) Was sind Ihre Ziele? Was möchten Sie bei den Bereichen aus Zeile 1-10 verbessern? Notieren Sie es in Spalte 3.

   b) Was wollen Sie noch können?

   c) Ordnen Sie es der Wichtigkeit nach.

   d) Tragen Sie auch diese Aktivitäten und Ziele in die Tabelle auf S. 17 ein. (Zeilen 11-15, Spalten 1 u. 3)

   e) Vergleichen Sie diesmal Ihre Ziele mit denen Ihrer Nachbarin/Ihres Nachbarn rechts von Ihnen.

3. **Wohin wollen Sie als Gruppe?**

   a) Suchen Sie Ihre fünf wichtigsten Aktivitäten (Spalte 1) und die Lernbereiche (Spalte 3) heraus, in denen Sie am meisten lernen wollen oder müssen. Schreiben Sie sie auf einzelne Zettel.

   b) Sammeln Sie die Zettel aller an der Tafel oder Wand. Ordnen Sie dabei die verschiedenen Aussagen.

   c) Klären Sie, inwieweit Ihre Motive und Ziele ähnlich oder verschieden sind.

Kenntnisse und Lernziele					
1 **Was kann ich schon auf Deutsch?** (nach Wichtigkeit)	2 **Wie gut kann ich es?** +* 0 −		3 **Was will/muss ich daran verbessern?**	4 **Wo finde ich dazu etwas im Kursbuch? Im Materialienbuch?**	
				KB	MB
Beispiele: *mit Freunden eine Unterhaltung führen*	*X*		• *sich fließend spontan äußern* • *Formen des Adjektivs und Nomens korrekt verwenden*	z. B. S. 33, 34, 52, … S. 67	
Briefe schreiben	*X*	*X*	• *richtige Form finden* • *Wortschatz erweitern*	S. 74, 136ff. Lehrerhandbuch (LHB, 6,2)	
1.					
2.					
3.					
4.					
5.					
6.					
7.					
8.					
9.					
10.					
Was will ich noch können?			**Was will/muss ich dazu besonders lernen?**		
11.					
12.					
13.					
14.					
15.					

* + = problemlos   0 = mit kleinen Schwierigkeiten   − = nur mit viel Mühe

Was für ein Lerntyp sind Sie?

Den Fragen nach dem Wo und Wohin sind Sie im letzten Abschnitt nachgegangen. Jetzt bleibt noch die Frage: *Wie komme ich ans Ziel?* Es gibt verschiedene Wege, die zum Ziel führen. Welcher Weg der richtige ist, das ist von Person zu Person verschieden. Wichtig ist für Sie zu wissen, auf welchem Weg *Sie persönlich* am besten weiter kommen.

1. Was hat Ihnen in Ihren bisherigen Sprachkursen am besten gefallen? Wie lernen Sie gern?

a) Tauschen Sie sich mit Ihren Nachbarn darüber aus.

b) Fassen Sie die Ergebnisse Ihrer Gruppe zusammen und tragen Sie sie im Plenum vor.

2. DaF-Test

Für jede der folgenden zehn Situationen sind drei Reaktionsmöglichkeiten genannt. Welche entspricht Ihnen jeweils am meisten? Bitte kreuzen Sie an.

1. Wie ist für Sie ein guter Deutschlehrer/eine gute Deutschlehrerin?

○ A Er/Sie fordert nicht zu viel. Wenn mir eine Aufgabe zu schwierig ist, lässt er/sie mich in Ruhe.

○ B Er/Sie kann neue Vokabeln und Strukturen gut erklären und korrigiert uns immer, wenn wir sprechen oder schreiben.

○ C Er/Sie versteht es, durch interessante Themen und unterhaltsamen Unterricht für die Sprache zu begeistern.

2. Im Deutschunterricht geht es wieder einmal um Grammatik.

○ A Grammatik ist das Wichtigste im Unterricht: Nur wenn ich alle Regeln kenne, werde ich mich sicher und selbstständig in der Fremdsprache ausdrücken können.

○ B Grammatik? Die scheint wichtig zu sein, um eine Sprache zu lernen; interessanter finde ich aber, die Sprache zu *sprechen*.

○ C Ich bin froh und dankbar über jede Erklärung. Aber diese deutsche Grammatik werde ich nie ganz begreifen.

3. Jemand schenkt Ihnen einen Krimi in deutscher Sprache. Nach drei Wochen fragt er, wie er Ihnen gefallen hat.

○ A Ich habe ihn gelesen, wie man eben einen Krimi liest. Nach einigen Seiten habe ich mich „eingelesen". Sehr spannend! Ich habe bis zum Ende gelesen und ziemlich viel verstanden.

○ B Ich lese eigentlich nicht so gerne Krimis. Aber hier kann ich viele neue Wörter und Satzmuster lernen. Mithilfe von Wörterbuch und Grammatik habe ich jetzt schon ein Viertel geschafft.

○ C Ehrlich gesagt, ich habe nach der vierten Seite aufgehört. Es gibt zu viele Wörter, die ich nicht verstehe. Das macht doch keinen Spaß, wenn man ständig nur im Wörterbuch blättern muss.

4. Sie treffen bei einer Feier auf eine interessante Person aus München, die Sie gerne kennen lernen möchten.

○ A Ich sage einige deutsche Begrüßungssätze, die ich korrekt auswendig kenne. Dann bereite ich im Kopf sorgfältig vor, was ich sagen möchte, um peinliche Fehler zu vermeiden.

○ B Ich frage die Person, ob sie auch meine Sprache spricht, weil ich mich auf Deutsch nicht so gut ausdrücken kann.

○ C Wozu habe ich so lange Deutsch gelernt? Ich spreche die Person an. Sicher werde ich ziemlich viel Falsches sagen, aber das ist ja normal. Jedenfalls werde ich mich verständigen.

5. Im Radio können Sie eine deutschsprachige Sendung hören. Was tun Sie?

○ A Ich glaube nicht, dass ich die Sendung verstehen kann. Es wird so schnell gesprochen. Man kann sich an nichts festhalten. Und wenn man einmal den Faden verloren hat, geht nichts mehr.

○ B Ich hole mir schnell etwas zu schreiben, um mir neue Wörter und komplizierte Grammatik-konstruktionen zu notieren.

○ C Da bin ich neugierig. Ich finde es spannend auszuprobieren, wie viel ich schon verstehen kann. Vielleicht höre ich auch nur dem Klang der deutschen Sprache zu.

6. In einem Restaurant in Wien. Sie haben sehr gut gegessen. Der Kellner fragt Sie etwas, was Sie nicht verstehen.

○ A Ich bitte ihn, seine Frage zu wiederholen und dabei langsam und deutlich zu sprechen.

○ B Ich versuche schnell, in meinem Taschenlexikon nachzuschlagen, oder noch besser: Ich reiche es dem Kellner.

○ C Ich zeige auf meinen leeren Teller und sage, dass es mir wunderbar geschmeckt hat.

7. Der Kellner fragt Sie, ob Sie einen Nachtisch möchten.

○ A Ich frage nach einem österreichischen Dessert und bestelle einen „Kaiserschmarren".

○ B Ich studiere noch mal intensiv die Speisekarte und bestelle Eiscreme.

○ C Ich finde in meinem Taschenlexikon das Wort *Nachtisch* nicht und lehne vorsichtshalber ab.

8. Sie sind in Zürich und fragen einen Passanten nach dem Weg. Er versteht Sie nicht.

○ A Ich wiederhole meine Frage, benutze aber eine andere Satzkonstruktion.

○ B Ich gehe weiter und suche jemanden, der Englisch spricht.

○ C Ich zeige auf meinen Zettel mit der Adresse. Interessant, wie der Passant den Straßennamen ausspricht!

9. Sie sind in Berlin auf einer Party eingeladen.

○ A Ich versuche, mich zu amüsieren und mit möglichst vielen Leuten zu reden, egal worüber, so wie es auf Partys eben üblich ist.

○ B Mithilfe meines Taschenlexikons finde ich heraus, wo das Bier steht, und versuche, möglichst nicht angesprochen zu werden.

○ C Ich höre intensiv zu, wie die Leute reden, und stelle mich möglichst zu solchen, die langsam und deutlich sprechen.

10. Sie haben in Hamburg Ihr Auto geparkt. Als Sie zurückkommen, steckt ein Polizist gerade einen Zettel unter Ihren Scheibenwischer.

○ A Ich gebe dem Polizisten den Zettel zurück und sage, dass ich ihn sowieso nicht verstehen kann.

○ B Ich versuche zu verstehen, was auf dem Zettel steht, und bitte den Polizisten um einige sprach-liche Hilfen.

○ C Ich sage dem Polizisten, ich hätte nicht gewusst, dass dort Parkverbot ist, und bitte ihn, den Strafzettel zurückzunehmen.

Die Auflösung finden Sie im Lösungsschlüssel auf S. 184.

Mit *Unterwegs* lernen

1. Was möchten Sie über Ihr neues Lehrwerk und die Arbeit mit ihm wissen?

a) Sammeln Sie in Zweiergruppen die Fragen, die Sie interessieren.

b) Versuchen Sie, diese Fragen mithilfe der Einleitung S. 3 zu beantworten.

c) Tauschen Sie sich in größeren Gruppen über Ihre Ergebnisse aus.

2. Wollen Sie Ihr Lehrwerk *Unterwegs* weiter kennen lernen?

Klären Sie zu zweit folgende Fragen. Vergleichen Sie Ihre „Funde" anschließend mit denen einer anderen Arbeitsgruppe.

a) Welche unterschiedlichen Teile hat Ihr neues Lehrwerk?

b) Wo finden Sie Texte zum Lesen?

c) Wo wird „Diskutieren" geübt?

d) Wo finden Sie Redemittel für Gespräche und für den schriftlichen Ausdruck?

e) Wo finden Sie Hinweise zur Wortbildung?

f) Wo finden Sie Hinweise zum Lesen und Hören?

g) Wo finden Sie Informationen zur Schweiz?

h) Wo erhalten Sie Tipps zum Lernen? Woran erkennt man die?

i) Wo gibt es Aufgaben zum Lernen außerhalb des Kurses?

j) Wo können Sie in diesem Buch 1. den Umgang mit dem Wörterbuch und 2. den Umgang mit der Grammatik kennen lernen und üben?

k) Wo können Sie sich selbst testen?

3. Was bringt *Unterwegs* für Sie?

In der Tabelle auf Seite 15 haben Sie zusammengestellt, was Sie lernen wollen. Sehen Sie nach, wo Sie im Materialienbuch und im Kursbuch Erklärungen und/oder Aufgaben dazu finden. Tragen Sie die Seitenzahlen in die Spalte 4 der Tabelle auf Seite 15 ein.

4. Blättern Sie das Materialienbuch durch.

a) Suchen Sie drei Kapitel oder in einem Kapitel einzelne Einheiten oder auch drei einzelne Texte heraus, die Sie besonders interessieren.

b) Vergleichen Sie Ihre Auswahl mit der Ihrer Nachbarn.

c) Welche sind die beliebtesten Kapitel oder Themen in Ihrem Kurs?

Unterwegs lernen

> Will man eine Fremdsprache erlernen, so ist es sehr wichtig, genügend Übung zu haben und das Erlernte so oft wie möglich anzuwenden. Suchen Sie deshalb über Ihr neues Lehrwerk und den Unterricht hinaus nach weiteren Gelegenheiten, Ihr Deutsch anzuwenden.

1. **Wie kann man außerhalb des Unterrichts lernen?**

   Besprechen Sie mit Ihrer Nachbarin/Ihrem Nachbarn:

   a) Was halten Sie von folgenden Aktivitäten außerhalb des Unterrichts?

   b) Welche davon haben Sie schon ausprobiert?

   c) Welche könnten Sie durchführen?

   d) Welche anderen Aktivitäten kennen Sie?

	Finde ich ...			Habe ich schon gemacht.	Ist möglich.
	+	o	–		
sich mit deutschsprachigen Personen auf Deutsch unterhalten					
sich mit anderen Lernern regelmäßig zum Deutsch Sprechen verabreden					
sich deutschsprachige Fernsehsendungen ansehen					
sich deutschsprachige Filme auf Video ansehen					
regelmäßig deutschsprachige Radiosendungen anhören					
längere deutschsprachige Radiosendungen aufnehmen und mehrmals anhören					
regelmäßig eine deutschsprachige Zeitung/Zeitschrift lesen					
aus einer Bibliothek deutschsprachige Bücher ausleihen, die man schon in der Muttersprache gelesen hat					
möglichst viele einfachere Texte (z.B. Kriminalromane) lesen					
mit einem Briefpartner auf Deutsch korrespondieren					

2. **Setzen Sie sich in kleineren Gruppen zusammen. Sammeln Sie die verschiedenen Gelegenheiten, die sich Ihnen in Ihrer Stadt/an Ihrer Schule/Universität bieten, um Deutsch anzuwenden.**

   Wie kann man in diesen Fällen Deutsch lernen? Stellen Sie Ihre Ideen der gesamten Gruppe vor.

➤ LHB, S. 124

Luftpirat hatte Liebeskummer

| | Zeitungsmeldung | | | | Zeitungsmeldung; persönlicher Brief | | (Rollenspiel) |
| | **Ws** Personen unter- schiedlich benennen | | *Gr* Zeitenfolge; Plusquam- perfekt; [Perfektbildung] | | |

Gespräch über das Lesen

1. **Wie lesen Sie in Ihrer Muttersprache Zeitungen?**

   a) Von hinten nach vorne.

   b) Ich schaue mir die Illustrationen bzw. die Fotos an.

   c) Ich lese immer zuerst die Überschriften. Wenn mich eine interessiert, lese ich weiter.

   d) Ich lese in meiner Zeitung immer nur den   – Sportteil   – Wirtschaftsteil
                                                 – politischen Teil   – Kulturteil
                                                 – ...

   e) Ich überfliege einige wenige Artikel.

   f) ...

2. **Wie lesen Sie fremdsprachige Zeitungsartikel? Gibt es Unterschiede zu Ihrer Muttersprache? Warum?**

3. **Wie kann man sich das Lesen eines Zeitungsartikels in der Fremdsprache erleichtern? Sammeln Sie Ideen.**

➤ Ratgeber „Lesen", S. 175

Lesen

4. **Versuchen Sie jetzt, einen deutschen Zeitungsartikel wie einen Artikel in Ihrer Muttersprache zu lesen.**

   a) Stellen Sie sich vor, Sie lesen in Ihrer Zeitung folgende Überschrift:

   ## Luftpirat hatte Liebeskummer

   ### Junger Grieche entführte Flugzeug auf dem Weg nach Athen

   b) Was denken Sie, steht in dem dazu gehörigen Artikel? Stellen Sie Vermutungen an und bilden Sie Hypothesen.

5. **Lesen Sie nun den Zeitungsartikel im Materialienbuch auf S. 10 und überprüfen Sie:**

   a) Welche Ihrer Hypothesen treffen zu?

   b) Was erfahren Sie Neues, Unerwartetes?

   c) Was würden Sie gerne noch zusätzlich wissen?

Wortschatz: Personen unterschiedlich benennen |Ws|

6. Mit welchen Ausdrücken wird der griechische Flugzeugentführer im Text beschrieben?

Luftpirat, ...

---

7. Erfinden Sie selbst weitere Bezeichnungen:

der verliebte Grieche, ...

Grammatik: Zeitliche Abfolgen ausdrücken *Gr*

8. Notieren Sie aus dem Text „Luftpirat hatte Liebeskummer" alle Verbformen im Plusquamperfekt.

hatte freigelassen, ...

---

9. Erinnern Sie sich:

a) Wie wird das Plusquamperfekt gebildet? Bilden Sie Kleingruppen und zeichnen Sie ein passendes Schema.

b) Überlegen Sie dabei, bei welchen Verben *haben*, bei welchen *sein* verwendet wird (vergleichen Sie mit dem Perfekt).

- *haben:* *Verben mit Akkusativergänzung*

- *sein:* *...*

➤ LHB, S. 125

10. Analysieren Sie die Verwendung von Präteritum und Plusquamperfekt in der Zeitungsmeldung. Ordnen Sie dazu die Ereignisse, die im Text erwähnt werden, in ihrer zeitlichen Reihenfolge.

✈ 🛬
--------*--*-------

Start der Maschine   Landung in Thessaloniki

11. Unterstreichen Sie in den folgenden Sätzen das Ereignis, das zuerst passiert ist.

a) *In Thessaloniki wurde er von der Polizei überwältigt, obwohl er zuvor alle Passagiere freigelassen hatte.*

b) *Kurz nach Mittag hatte der Pilot in verschlüsselter Form die Genehmigung für eine Notlandung verlangt, was den Behörden eine Entführung anzeigte.*

c) *Die Passagiere merkten nicht, dass die Maschine entführt worden war.*

d) *Als die Polizei das Flugzeug stürmte, hatte der Entführer die Passagiere schon freigelassen.*

e) *Nachdem die Maschine gelandet war, ließ der Entführer die Passagiere frei.*

12. **Bringen Sie jeweils zwei Ereignisse in eine (zeitliche) Abfolge. Verwenden Sie dazu folgende Konjunktionen.**

> als – nachdem – obwohl – sobald – weil

a) *Der junge Grieche entführte ein Flugzeug, nachdem seine Freundin ihn verlassen hatte.*

b) *...*

➤ MB, GR 4.2., S. 138–140 und 3.1, S. 133 + 134 und 3.3, S. 136

Ereignis	*Ereignis zuvor*
a) *Der junge Grieche entführt ein Flugzeug.*	*Seine Freundin verlässt ihn.*
b) *Er schläft vor Erschöpfung ein.*	*Er wartet den ganzen Abend auf sie.*
c) *Sie erklärt ihm, dass sie die Trennung will.*	*Sie gesteht, dass sie einen neuen Freund hat.*
d) *Sie ziehen zusammen.*	*Sie lernen sich kennen.*
e) *Er macht ihr schwere Vorwürfe.*	*Sie kommt wieder einmal spät nachts nach Hause.*
f) *Am nächsten Tag entführt er die Maschine nach Athen.*	*Ihr Vater verlangt, dass er seine Tochter in Ruhe lassen solle.*
g) *Er beginnt mit der Verwirklichung seines Plans.*	*Er schreibt ihr einen letzten Brief.*

👄 **Rollenspiel**

13. **Wählen Sie eine Partnerin/einen Partner und entscheiden Sie beide, welche der folgenden Situationen Sie darstellen wollen.**

a) Der Pilot des entführten Flugzeugs spricht mit dem Entführer. Der junge Grieche erzählt dabei von seiner unglücklichen Liebe. Zeitpunkt: unmittelbar nach der Entführung; Ort: Flughafen Thessaloniki.

b) Der junge Grieche telefoniert zum letzten Mal mit seiner Freundin. Danach entführt er das Flugzeug. Zeitpunkt: kurz vor der Entführung; Ort: Telefonzelle auf dem Flughafen in Düsseldorf.

c) Ein Nachbar des jungen Griechen spricht mit einer anderen Nachbarin. Er hat den Streit zwischen dem jungen Griechen und seiner Freundin mitgehört.
Zeitpunkt: ...; Ort: ...

14. **Entscheiden Sie, welche Person Sie darstellen wollen, und füllen Sie dann die Rollenkarten aus, die Sie von der Kursleitung erhalten. Überlegen Sie dabei:**

➤ LHB, S. 126: Rollenkarten;
➤ LHB, S. 127, 3a)

Wer sind Sie in Ihrer neuen Rolle?

Wo befinden Sie sich?
Wie fühlen Sie sich?

Stellen Sie sich so
Ihrem Partner/
Ihrer Partnerin vor.

Nachbar

junger Grieche

Pilot
Name: ...
Alter: ...
Familie: ...
emotionale Verfassung: ...
Ort: ...

Tja, junger Mann, sagen Sie mal, was ...

Nachbarin

seine Freundin

Entführer
Name: ...
Alter: ...
Familie: ...
emotionale Verfassung: ...
Ort: ...

15. Proben Sie mit ihm/ihr die Szene ein- oder zweimal. Spielen Sie sie dann im Kurs vor.

Schreiben ✎

16. Wählen Sie eine der beiden Aufgaben aus:

A Zeitungsbericht

Was könnte nach der Festnahme des jungen griechischen Flugzeugentführers in Thessaloniki passiert sein? Schreiben Sie eine Fortsetzung der Zeitungsmeldung.

➤ LHB, S. 127, 3a + 3b

Nach seiner Festnahme wurde der junge Mann ins Polizeipräsidium gebracht und mehrere Stunden verhört. Er ...

B Persönlicher Brief

Schreiben Sie den letzten Brief des jungen Mannes an seine Freundin, bevor er das Flugzeug entführt.

➤ LHB, S. 127, 3a + 3c

Düsseldorf, den ....

Liebe ...

Übrigens: Schau dir in den nächsten Tagen gut die Nachrichten an!

Kostas

Heinrich Heine: „Ein Fichtenbaum"

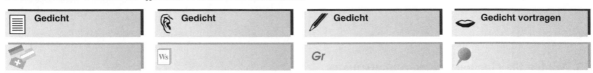

📄 Gedicht	👂 Gedicht	✒️ Gedicht	👄 Gedicht vortragen
🧤	Ws	Gr	💬

1. Welche Assoziationen haben Sie zu einer Fichte bzw. zu einer Palme?

Notieren Sie und sammeln Sie dann an der Tafel.

die Fichte

die Palme

📄 ✒️ **Lesen oder Schreiben**

2. Wählen Sie eine der beiden folgenden Aufgaben aus:

A Lesen Sie ein Gedicht von Heinrich Heine im Materialienbuch auf S. 11.

B Eine andere Art, das Gedicht kennen zu lernen, ist das „Laufdiktat": Ihr/e Kursleiter/in hat das Gedicht in zwei Teilen (A und B) an die Tafel gehängt.

  a) Diktieren Sie Ihrem Partner Teil A des Gedichtes. Laufen Sie dafür so oft wie nötig an die Tafel und zurück zu Ihrem Platz. Geben Sie beim Diktieren auch die Satzzeichen an. Diktieren Sie auch die ungewöhnliche Großschreibung am Beginn der Zeilen.

  b) Wenn Sie fertig sind, nehmen Sie Platz und lassen Sie sich von Ihrem Partner Teil B des Gedichtes diktieren. Viel Spaß dabei!

  c) Lesen Sie anschließend den Text im Materialienbuch auf S. 11 und korrigieren Sie gemeinsam Ihre Diktate.

3. Besprechen Sie folgende Fragen:

  a) Mit welchen Ausdrücken werden der Fichtenbaum und die Palme im Text charakterisiert?

  b) Was ist beiden gemeinsam? Worin unterscheiden sie sich?

  c) In welcher Beziehung stehen sie zueinander?

  d) Können sie zusammenkommen?

  e) Wofür können die beiden Bäume stehen?

  f) Könnte das Gedicht auch in Ihrem Land geschrieben worden sein?

Ein Gedicht vortragen 👄 👂

4. Hören Sie das Gedicht von der Kassette.

5. Bereiten Sie dann Ihren Gedichtvortrag vor.

Lesen Sie dafür das Gedicht zuerst halblaut, dann laut. Gehen Sie, wenn nötig, in verschiedene Ecken des Zimmers oder in einen anderen Raum. Wenn Sie gut vorbereitet sind, tragen Sie es dem Kurs vor oder nehmen Sie es auf Kassette auf!

Schreiben ✎

6. Schreiben Sie nun *Ihr* Gedicht; orientieren Sie sich dabei an der Struktur von Heines Gedicht.

Wenn Sie möchten, tragen Sie Ihren Text anschließend der Kursgruppe vor.

Ein Fichtenbaum (Pflanze / Tier / Mensch) ...		steht liegt sitzt	einsam	
im	Norden Süden ...	auf in an	kahler Höh', ...	
Ihn Sie ...	schläfert; lächelt ...			
Mit Mit ...	weißer	Decke	umhüllen ihn umgeben sie ...	Eis und Schnee. Blatt und ... ...
Er Sie ...	träumt von denkt an ...		einer Palme, ...	
die, der, ...	fern dort ...	im am ...	Morgenland, Meeresstrand, ...	
einsam fröhlich ...	und	schweigend singend ...	trauert	
auf an in	brennender	Felsenwand.		

Das Rätsel

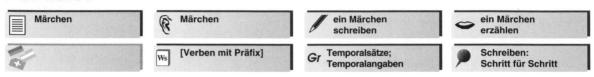

▤ Märchen	☞ Märchen
	Ws [Verben mit Präfix]

✎ ein Märchen schreiben	👄 ein Märchen erzählen
Gr Temporalsätze; Temporalangaben	📌 Schreiben: Schritt für Schritt

1. Können Sie das folgende Rätsel lösen?

> **Ein Rätsel**
>
> Erst geht es auf vier Beinen,
>
> dann auf zweien und später auf dreien. Was ist das?

Kennen Sie andere Rätsel? Geben Sie dem Kurs diese Rätsel auf.

☞ **Hören**

2. Hören Sie das Märchen der Gebrüder Grimm „Das Rätsel".

Ergänzen Sie anschließend in den folgenden Aussagen die handelnden Personen.

Figuren:

der Diener - die Hexe - der Königssohn - die Königstochter - die Richter - die Tochter des Wirts - der Wirt

a) *Der Königssohn und sein Diener* ziehen in die Welt.

b) ___D. K. T.___ fragt ein junges und schönes Mädchen nach einer Unterkunft.

c) ___Die Hexe___ versucht, den Königssohn zu vergiften.

d) ___Der D___ nimmt den Vogel, der von dem vergifteten Pferd gefressen hat.

e) ___d. Hex. Diener___ übernachten in einem Wirtshaus.

f) ___Die Hexe, die Dieber___ essen von dem vergifteten Vogel und sterben.

g) _____ zeigt dem Königssohn die angehäuften Schätze.

h) ___die Königstochter___ will den heiraten, der ein Rätsel kennt, das sie nicht lösen kann.

i) ___die Königsohn___ beschließt, sein Leben zu riskieren, und gibt ihr ein Rätsel auf.

j) ___die Königstochter___ kann das Rätsel nicht lösen.

k) ___der Diner___ verjagt die Dienerinnen der Königstochter aus dem Schlafgemach des Königssohns.

l) ___die Königstochter___ kommt in der dritten Nacht selbst zu dem Königssohn. *Selber*

m) ___der Kan S.___ ist wach und sagt ihr die Lösung des Rätsels.

n) ___K. T.___ muss ihren Mantel zurücklassen.

o) ___die K T.___ muss den Königssohn heiraten.

[handwritten: lesen sie nun Texte]

[handwritten: Gegenteil · opposite]

Lesen ✎

3. **Lesen Sie nun das Märchen im Materialienbuch auf S. 12 und kontrollieren Sie Ihre Ergebnisse.**

4. **Stellen Sie die verschiedenen Phasen der Begegnung zwischen Königssohn und Königstochter vom ersten Zusammentreffen bis zur Hochzeitsvorbereitung dar.**

   Wie ist jeweils das Verhältnis der beiden zueinander? Sie können dazu auch eine Graphik oder eine Kurve zeichnen.

Grammatik: Temporalangaben, Temporalsätze Gr

Märchen sind spannende Erzählungen, und damit man weiß, was wann geschehen ist, muss man auf die temporalen Angaben achten.

> Es war **einmal** ein Königssohn. **Eines Tages** geriet er in einen großen Wald. **Plötzlich** sah er ein Mädchen. **Kurz darauf** sprach es ihn an, und **schließlich** übernachtete er in dem Haus der Hexe. **Auf einmal** hörte er …

5. **Ordnen Sie die Temporalangaben in die folgende Tabelle ein und ergänzen Sie gemeinsam so viele weitere wie möglich. Lesen Sie dazu noch einmal das Märchen oder einen anderen Text aus dem Materialienbuch.**

zeitliche Abfolge	etwas Neues, Überraschendes	Schluss
eines Tages/darauf, …	*plötzlich …*	*schließlich …*

6. **Gleichzeitig oder nicht gleichzeitig?**

   a) Drücken die folgenden Sätze Gleichzeitigkeit aus oder nicht?
      Notieren Sie die sprachlichen Mittel in die entsprechenden Spalten.

➤ MB, GR 4.2., S. 138

gleichzeitig		nicht gleichzeitig
	Noch **ehe** der Morgen kam, wusste er, dass er gewonnen hatte.	*ehe*
solange	**Solange** sie schliefen, passierte ihnen nichts.	
	Während der Diener die Magd verjagte, riss er ihren Mantel ab.	
	Nachdem sie lange umhergezogen waren, kamen sie in eine Stadt.	
	Als sie sich zur Abreise fertig machten, sprach die Alte: …	
	Die Königstochter kam zu ihm ins Zimmer, **während** er schlief.	
	Ehe sie sich ans Werk machten, setzten sie sich zu Tisch.	
	Sie schliefen ruhig, **bis** der Morgen kam.	
	Sobald sie den Mantel der Königstochter sahen, sagten die Richter: …	
	Kaum aber hatten sie einen Bissen gegessen, so fielen sie alle tot um.	

b) Finden Sie weitere, bisher nicht genannte Konjunktionen, Adverbien oder Präpositionen, die bezeichnen, wann und in welcher Reihenfolge etwas geschieht.

c) Bilden Sie Beispielsätze.

➤ LHB, S. 128–129

✏ 👄 Projekt: Erzählen

7. **Schreiben Sie ein Ihnen bekanntes Märchen auf oder erzählen Sie es mündlich.**

   a) Notieren Sie die Personen, die in Ihrem Märchen vorkommen und schreiben Sie die wichtigsten Ereignisse auf.

Beispiel:	*Figuren:*	*Fischer, Tochter, König ...*
	Ereignisse:	*sich im Wald verlaufen, gegen ... kämpfen, arm sein, ...*

> **Schreiben Schritt für Schritt**
>
> Soll ein Text flüssig, spannend und interessant werden, so muss man beim Schreiben viele Dinge gleichzeitig beachten. Wer möchte, dass bereits der erste Entwurf fehlerfrei und perfekt ist, der erwartet bestimmt zu viel von sich. Das lässt sich an den Manuskripten großer Schriftsteller erkennen: Sie sind ein Meer von Korrekturen und Überarbeitungen. Sie sollten deshalb Texte nach und nach in mehreren Schritten schreiben.

   b) Sammeln Sie die Wörter, die Sie für Ihr Märchen brauchen.

   Beispiel: arm, verstorben, jung, Riese, sich verloben mit ...

   c) Schreiben Sie nun die Handlung des Märchens in kurzen, einfachen Sätzen auf, z.B.:

   Es war einmal ein Fischer. Der Fischer war arm. Seine Frau war gestorben. Er hatte nur eine Tochter. Die war jung und überaus schön ...

   d) Verbinden Sie die Sätze zu einem zusammenhängenden Text. Verwenden Sie z.B. temporale Angaben, Relativpronomen, Konjunktionen usw.

   Es war einmal ein armer Fischer. Seine Frau war vor kurzem gestorben. Er hatte nur eine Tochter, die jung und sehr schön war ...

   Wenn Sie Ihr Märchen schreiben:

   e) Korrigieren Sie Ihren ersten Entwurf. Helfen Sie sich dabei gegenseitig oder fragen Sie Ihre Kursleiterin/Ihren Kursleiter.

   f) Schreiben Sie nun Ihre endgültige Fassung und geben Sie sie den anderen zu lesen.

   Wenn Sie Ihr Märchen erzählen:

   e) Markieren Sie in der schriftlichen Fassung die Schlüsselwörter. Erzählen Sie nun Ihr Märchen einmal zur Probe für sich. Schauen Sie dabei so wenig wie möglich auf Ihre Notizen.

   f) Tragen Sie Ihr Märchen der Kursgruppe vor. Versuchen Sie, möglichst anschaulich und spannend zu erzählen.

8. **Welche Gemeinsamkeiten gibt es zwischen den vorgetragenen Märchen? Welche Unterschiede fallen Ihnen auf? Was erscheint Ihnen in Ihrem Märchen typisch für Ihren Kulturkreis?**

Testen Sie sich selbst.

1. Lesen Sie den Text „Luftpirat hatte Liebeskummer" (Materialbuch S. 10) noch einmal.

   Von der Kassette hören Sie Ausschnitte aus Probeaufnahmen für ein kleines Kriminalhörspiel, das die damalige Flugzeugentführung darstellen soll. Sie hören

   1.-3.: was der Entführer im Cockpit gesagt haben könnte,

   4.-6.: was der Pilot gesagt haben könnte,

   7.-9.: was einige Fluggäste nach der Landung zu Reportern gesagt haben könnten.

   Vergleichen Sie diese fiktiven Äußerungen mit den Informationen des Zeitungsartikels.

   Beispiel: Entführer sagt zum Kapitän: „Wir sind zu zweit, der andere sitzt unter den Passagieren. Wenn Sie Dummheiten machen, wird er den Sprengsatz zünden. Wir sind zu allem entschlossen."

   Ihre Beurteilung könnte sein: _Diese Äußerung widerspricht den Informationen des Zeitungsartikels nicht; dort steht, dass der Entführer einen Komplizen im Flugzeug erwähnt hat._

2. **Bilden Sie temporale Nebensätze. Achten Sie auf die Zeitenfolge.**

   (_als – bevor – (immer,) wenn – nachdem – sobald – während ..._)

   a) **Der Königssohn brach auf** und nahm nur einen treuen Diener mit.

   b) **Es wurde dunkel,** und sie hatten immer noch keine Unterkunft gefunden.

   c) **Vor dem Schlafen** dürft ihr nichts essen und trinken.

   d) **Sie traten ein,** und die Alte begrüßte sie freundlich.

   e) **Sie traten ein** und ruhten sich von der Reise aus.

   f) **Sie machten sich zur Abreise fertig,** da wollte die Alte ihnen einen Abschiedstrunk reichen.

   g) **Bei Anbruch der Nacht** fanden sie ein Wirtshaus und gingen hinein.

   h) **Sie zogen lange herum** und kamen schließlich in eine schöne Stadt.

   i) **Jedes Mal, da ihr jemand ein Rätsel stellte,** konnte sie es schnell lösen.

   j) **Der Diener verjagte die Magd** und riss ihr den Mantel ab.

   k) **Der Königssohn lag in seinem Bett;** da kam die Königstocher, um die Lösung zu erfragen.

   a) Als der Königssohn aufbrach, nahm er nur einen treuen Diener mit.

   _b)_ _____

   _c)_ _____

   _d)_ _____

   _e)_ _____

Typisch Frau? Typisch Vorurteil!

	Zeitschriftenartikel				Kurzreferat: Stellungnahme		Diskussion; [Rollenspiel]
			Ws	idiomatische Redewendungen; Vergleiche; Meinungsäußerung	**Gr**	Vergleichssätze	

Sprechen

1. Treffen die folgenden Aussagen über Frauen zu?

a) Entscheiden Sie vorerst alleine und kreuzen Sie an.

	richtig	falsch
1. Frauen schauen öfter in den Spiegel als Männer.	❏	❏
2. Frauen verbringen mehr Zeit im Bad als Männer.	❏	❏
3. Frauen sind nicht so pünktlich wie Männer.	❏	❏
4. Frauen telefonieren öfter und länger als Männer.	❏	❏
5. Frauen weinen mehr als Männer.	❏	❏
6. Frauen vertragen weniger Alkohol als Männer	❏	❏
7. Frauen fahren nicht so gut Auto wie Männer.	❏	❏

b) Bilden Sie nun im Kurs eine Frauen- und eine Männergruppe.

c) Vergleichen Sie, wie oft Sie in Ihrer Gruppe richtig und falsch angekreuzt haben, und machen Sie eine Statistik daraus.

d) Vergleichen Sie dann in der Kursgruppe die „männliche" mit der „weiblichen" Statistik.

Lesen und Diskutieren

2. Lesen Sie den Text im Materialienbuch auf S. 17.

a) Worin unterscheidet sich der Text von dem Meinungsbild in Ihrer Gruppe?

b) Welches bisher noch nicht genannte Vorurteil nennt der Text?

c) Was war für Sie neu oder überraschend?

3. Lesen Sie den Text ein zweites Mal und beantworten Sie folgende Fragen.

a) In welchen Punkten stimmen Sie den Aussagen des Textes zu?

b) Was stimmt Ihrer Meinung nach überhaupt nicht?

c) Was ist in Ihrem Kulturkreis anders?

4. Tauschen Sie Ihre Stellungnahmen im Kurs aus.

Idiomatische Redewendungen

5. Versuchen Sie, folgende umgangssprachliche Ausdrücke aus dem Kontext zu erklären.

a) Frauen sind *Weltmeister* im Zuspätkommen. (Z. 31)

b) Frauen sind *Quasselstrippen*. (Z. 37)

c) Sie plaudern *über Gott und die Welt* und *tuscheln* gern. (Z. 44/45)

d) Frauen *haben nah am Wasser gebaut*. (Z. 47)

e) Frauen *vergießen* mehr *Tränen* als Männer. (Z. 48)

f) Sehr viele Autounfälle *gehen auf das Konto* der Männer. (Z. 66)

Worin unterscheiden sich Ihrer Meinung nach Frauen und Männer?
Bearbeiten Sie dazu entweder Aufgabe 6 oder 7 auf dieser oder der nächsten Seite.

Seine Meinung äußern, zu einer Stellungnahme auffordern

6. Formulieren Sie provozierende Aussagen zum Thema „Typisch Frau – Typisch Mann".

a) Bilden Sie dazu wieder eine Frauen- und eine Männergruppe.

b) Nehmen Sie eventuell die Aussagen im Materialienbuch auf S. 18 zu Hilfe.

c) Stellen Sie anschließend Ihre Meinung der anderen Gruppe dar und provozieren Sie sie zu einer Stellungnahme.

d) Verwenden Sie dabei Redemittel wie die folgenden:

Meinungsäußerung

• Ich glaube / meine / denke / bin davon überzeugt, dass ...

• Ich bin (auch) nicht der Meinung, dass ... Meiner Meinung nach ...

• Es stimmt schon / nicht, dass ...

➤ MB, RM 3.1.1., S. 161

genauere Erklärung

• Ich habe die Erfahrung gemacht, dass ... Dafür / dagegen spricht ...

• Das hängt damit zusammen, dass ... Das sieht man daran, dass ...

Aufforderung zur Stellungnahme:

• Gell? Nicht wahr? Oder? Was meinst du dazu? Habe ich nicht Recht?

➤ MB, RM 1.4, S. 160

Ws *Gr* **Vergleichen**

7. **Frauen und Männer in Führungspositionen: Gibt es Ihrer Meinung nach einen Unterschied im Verhalten?**

   a) Bedenken Sie Ihre eigenen Erfahrungen mit weiblichen beziehungsweise männlichen Chefs oder lesen Sie dazu die Aussagen im Materialienbuch auf S. 19.

   b) Formulieren Sie Ihren Standpunkt in einigen Sätzen und verwenden Sie dazu die folgenden Strukturen:

   > **Im Gegensatz zu** – **im Vergleich zu** – **anders als** – **ebenso wie** ... sind ...
   >
   > ... sind unglaublich **verschieden** – eigentlich **gleich**.
   >
   > ... sind ...**er als** – **weniger** ... **als** – **nicht halb so** ... **wie** – **tausendmal so** ... **wie** – **(genau)so** ... **wie** ...
   >
   > **kann man (nicht) vergleichen mit** ... – **gleicht / ähnelt** + Dativ

   ➤ MB, GR 3.5, S. 137
   ➤ MB, RM 3.3.1, S. 163

   c) Vergleichen Sie schließlich Ihre Standpunkte in der Kursgruppe und versuchen Sie, Gleichgesinnte zu finden.

   ➤ LHB, S. 130

/ **Schreiben: Ausarbeitung eines Kurzreferats**

➤ LHB, S. 131

8. **Stellen Sie sich vor, Sie sollten in einem Kurzreferat die unterschiedliche Situation von Männern und Frauen in der Arbeitswelt darstellen.**

   a) Arbeiten Sie das Referat schriftlich aus. Gehen Sie dabei auf folgende Punkte ein:

   - welche Bedeutung Arbeit heute hat;
   - welche Informationen Sie der Grafik entnehmen können;
   - wie Ihre persönliche Meinung dazu ist;
   - wie die Situation in Ihrem Heimatland ist;
   - wie sich die Situation für Frauen wohl in Zukunft entwickeln wird.

   b) Wenn Sie mögen, halten Sie Ihr Referat anschließend vor der Kursgruppe.

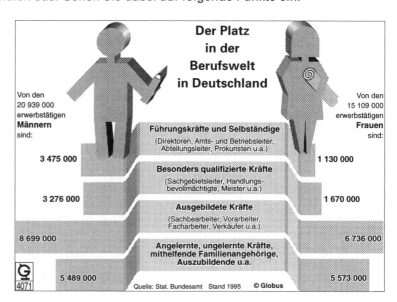

Füße unter Mamas Tisch?

📄 Textcollage: Erlebnis-berichte, Statistiken	👂	✒	👄 Diskussion; Streitgespräch
Jugendliche in Deutsch-land, Zusammenleben der Generationen	**Ws** [Mengen und Mengenverhältnisse]	**Gr** nominalisierte Adjektive	📌 Grammatikregeln behalten

1. Wählen Sie eine der folgenden Aufgaben aus:

A Zeichnen

a) Nehmen Sie ein großes Blatt Papier und ziehen Sie in der Mitte einen Strich.

b) Schreiben Sie auf die linke Hälfte „allein wohnen" und auf die rechte „bei den Eltern wohnen".

c) Zeichnen Sie nun alle Assoziationen, die Ihnen zu den beiden Begriffen einfallen, auf die beiden Hälften. Verwenden Sie auch Bilder und Symbole, wenn Sie möchten.

d) Hängen Sie anschließend Ihr Blatt an die Wand und kommentieren Sie gemeinsam die entstandenen Bilder.

B Schreiben

a) Nehmen Sie zwei Blätter Papier. Auf das eine schreiben Sie „allein wohnen", auf das andere „bei den Eltern wohnen".

b) Notieren Sie nun jeweils ein Wort, das Ihnen spontan dazu einfällt, und geben Sie das jeweilige Papier nach rechts weiter.

c) Der/Die Nächste fügt ein Wort hinzu und gibt das Blatt weiter.

d) Diese/r schiebt es wiederum weiter, solange bis die Blätter wieder an ihrem Ausgangspunkt angekommen sind.

e) Präsentieren Sie anschließend die beiden Papiere an der Wand oder an der Tafel und kommentieren Sie gemeinsam.

Sprechen 👄

2. Heutzutage verlassen viele Jugendliche das Elternhaus, wenn sie volljährig sind, weil sie die Familie als beengend empfinden.

a) Berichten Sie, wie das in Ihrem Land ist.

b) Wissen Sie etwas über die Situation Jugendlicher in den deutschsprachigen Ländern?

Lesen 📄

3. Lesen Sie im Materialienbuch auf S. 20 und 21 verschiedene Informationen zu diesem Thema und versuchen Sie, in etwa zehn Minuten zu entscheiden:

In welchem Text   Text

a) geht es um ein Erlebnis aus den achtziger Jahren?   B

b) finden sich die neuesten statistischen Daten?   A

c) wird die partnerschaftliche Beziehung zwischen Jugendlichen und ihren Eltern beschrieben? E

d) geht es um die Gründe, warum Jugendliche von zu Hause ausziehen?   C

e) geht es um das unterschiedliche Verhalten von Mädchen und Jungen?   D

4. Besprechen Sie in Zweiergruppen, welche Informationen neu oder erstaunlich für Sie waren oder welche Ihnen vielleicht widersprüchlich erscheinen.

➤ LHB, S. 132, 3a

Gr **Grammatik: Nominalisierte Adjektive**

5. Suchen Sie aus den Texten im Materialienbuch auf S. 20 und S. 21 alle Nomen heraus, die von einem Adjektiv oder Partizip abgeleitet sind.

Beispiel:

Adjektiv / Partizip	Nomen
jugendlich	der Jugendliche
allein erziehend	die Alleinerziehende
wichtig	das Wichtigste
...	...

Beachten Sie, dass diese Nomen wie Adjektive dekliniert werden:

der jugendliche Mensch **aber:** *ein jugendlicher Mensch*

der Jugendliche *ein Jugendlicher*

die alleinerziehenden Mütter *Alleinerziehende*

➤ LHB, S. 149–151

6. Welche Möglichkeiten und Tricks gibt es, sich deutsche Grammatikregeln wie die der Adjektiv-Deklination besser zu merken?

a) Berichten Sie Ihrem Kurs von der Methode, mit der Sie am besten zurecht kommen.

b) Wie sind Ihre Erfahrungen mit der Möglichkeit, Merksätze oder Beispielsätze auswendig zu lernen?

c) Probieren Sie es doch gleich mal in der folgenden Übung aus!

> **Grammatikregeln behalten**
>
> Gerade die Adjektiv-Deklination gehört zu den Dingen im Deutschen, die man immer wieder vergisst. Versuchen Sie es doch mal mit folgender Methode:
> **Lernen Sie Beispielsätze auswendig!**
> Denn grammatische Strukturen und Formen behält man oft besser, wenn man nicht nur die Regel kennt, sondern für diese Regel auch ein Beispiel im Kopf hat! Sei es eine Liedzeile, ein Zitat, ein Spruch, ein Sprichwort oder einfach ein Satz, der Ihnen gefallen hat!

7. Erfinden Sie selbst „Sprüche".

a) Formulieren Sie generalisierende Aussagen über die Menschen und verwenden Sie dabei Adjektive in der Funktion von Nomen, z.B.:

„Es gibt auf der Welt mehr Dumme als Kluge." *„Dem Fleißigen hilft das Glück."*
„Nicht alle Dummen sind auch hässlich." *„Hinter vielen Kreativen steht eine Frau."*

b) Lernen Sie einen Satz auswendig.

c) Bewegen Sie sich als „wandelnder Spruch" im Raum und sprechen Sie dabei laut Ihren Satz!

d) Tragen Sie dann alle Sprüche zusammen, die Sie gehört haben, und sammeln Sie sie an der Tafel oder in einer Wandzeitung!

Sprechen 👄

8. **Wie ist das in Ihrer Familie?**

a) Stellen Sie sich die folgende Situation vor: Die siebzehnjährige Tochter möchte von heute auf morgen von zu Hause ausziehen.

b) Wie würde man in Ihrer Familie mit dieser Situation umgehen? Kreuzen Sie an.

1. Es gibt einen heftigen, lauten Streit. ❑

2. Die Familie wird zu einer Krisensitzung einberufen. ❑

3. Die Türen knallen. ❑

4. Ich sage zu meiner Tochter: „Hier hast du Geld." ❑

5. Wir versuchen, unsere Tochter von diesem Plan abzubringen. ❑

6. Ich rufe meine Geschwister an. ❑

7. Ich schreibe einen Brief und haue einfach ab. ❑

8. Mein Vater sagt: „Auf gar keinen Fall", und ich muss das akzeptieren. ❑

9. Meine Eltern haben schon eine Wohnung für mich gesucht. ❑

10. ... ❑

c) Sprechen Sie mit Ihren Nachbarn darüber, was Sie angekreuzt haben.

d) Diskutieren Sie in der Kursgruppe über die Gründe für die unterschiedlichen Verhaltensweisen.

Rollenspiel 👄

9. **Spielen Sie ein Streitgespräch zwischen Tochter und Eltern.**

➤ LHB, S. 132, 3b

a) Bilden Sie zwei Gruppen, eine für die Tochter, eine für die Eltern.

b) Lesen Sie zuerst die Rollenkarten, die Ihnen Ihr Kursleiter/Ihre Kursleiterin gegeben hat, und sammeln Sie dann Argumente für Ihren Standpunkt.

c) Führen Sie ein Streitgespräch, wobei entweder jeder aus der Gruppe ein Argument vorbringen kann oder ein Sprecher für die ganze Gruppe gewählt wird.

d) Verteidigen Sie Ihren Standpunkt. Lassen Sie sich nicht so einfach überreden! Geben Sie nicht so schnell auf!

Auf der Straße zu Hause. Eine Reportage

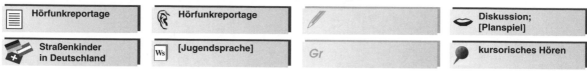

📄 Hörfunkreportage	👂 Hörfunkreportage	✏️	👄 Diskussion; [Planspiel]
Straßenkinder in Deutschland	Ws [Jugendsprache]	Gr	🔍 kursorisches Hören

1. Wählen Sie eine der beiden folgenden Aufgaben aus:

S
T
R
A
S
S
E
N
K   *A N G S T*
I
N
D
E
R

A Was fällt Ihnen zu dem nebenstehenden Wort ein?

Bilden Sie kleine Gruppen. Sammeln Sie Ihre verschiedenen Assoziationen in Ihrer Gruppe. Besprechen Sie dann das Ergebnis in Ihrem kleinen Kreis.

B Sammeln Sie in der Kleingruppe oder mit Ihrem Partner/ Ihrer Partnerin, was Sie über Straßenkinder wissen beziehungsweise gehört haben.

Einigen Sie sich auf cirka fünf wichtige Aspekte.
Notieren Sie dann gemeinsam an der Tafel Ihre Informationen oder Vermutungen dazu.

📄 👂 **Lesen und Hören**

2. Lesen Sie den folgenden Text, der wichtige Informationen zur Hörfunkreportage enthält, die Sie hören werden:

a) Versuchen Sie, die Lücken zu füllen.

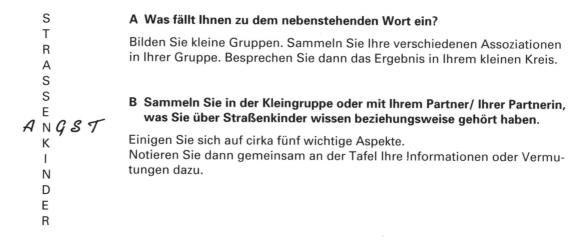

Straßenkinder

Eine Sendung des Hessischen Rundfunks

von Andrea Petzold

Sie werden immer mehr: Obdachlose Kinder in Deutschland. Und sie werden immer jünger: rausgeschmissen, abgehaun, geschlagen. Kinder, die ihre Familien verlassen.

Die (a) _____, wie viele Kinder und Jugendliche in Deutschland auf der Straße sind, klaffen weit auseinander. Die Kinderrechtsorganisation „Terre des Hommes" (b) _____ von 20.000 Kindern und Jugendlichen, der Kinderschutzbund (c) ____ von 50.000 aus. Es (d) _____ aber auch viel mehr sein. Viele haben keinen (e) _____ zu Sozialarbeitern, fallen nicht durch Straftaten auf oder sie leben (f) ____ Freiern* und sind komplett abgetaucht. Fakt ist: Immer mehr (g) _____ und Jugendliche haben keinen festen Schlafplatz, halten sich irgendwie auf der (h) _____ über Wasser und: Sie werden immer (i) _____. Schule ist kein Thema mehr, sie haben die (j) _____ verloren und wenig Chancen, den normalen Einstieg in Schule, Berufsausbildung und Beruf zu (k) _____.

* umgangssprachlich für Kunden einer/s Prostituierten

b) Hören Sie anschließend zur Kontrolle Teil 1 der Reportage von der Kassette und ergänzen Sie.

3. **Sie hören nun, wie zwei Frankfurter Streetworker (Sozialarbeiter, die auf der Straße arbeiten und sich um obdachlose Kinder und Jugendliche kümmern) die Situation obdachloser Jugendlicher in Frankfurt beschreiben.**

   a) Erinnern Sie sich kurz, was Sie in der Kursgruppe an Informationen und Vermutungen zu Straßenkindern gesammelt haben.

   b) Hören Sie die Teile 2 - 4 der Reportage auf der Kassette und versuchen Sie dabei herauszufinden, welche Aspekte des Lebens von obdachlosen Jugendlichen zur Sprache kommen.

   c) Hören Sie die Teile ein zweites Mal und notieren Sie dann jeweils in Stichworten die zwei, drei wichtigsten Informationen zu den einzelnen Aspekten. (Wenn es Ihnen leichter fällt, können Sie dies auch in Ihrer Muttersprache tun und erst nachher übersetzen.)

   ### Kursorisches Hören oder „Nur das Wesentliche erfassen"

   Hören ist nicht gleich Verstehen. Diese Erfahrung haben Sie bestimmt auch schon in der Muttersprache gemacht, denn beim Hören können wir nicht wie beim Lesen die Geschwindigkeit bestimmen, in der wir die Signale verarbeiten, wir können nicht „nachlesen", wir können den Text nicht „studieren". Umso wichtiger ist es deshalb zum Verstehen eines gehörten Textes, dass wir unser Vorwissen über ein bestimmtes Thema oder eine bestimmte Situation nutzen, um das Gehörte richtig einzuordnen.

   Nur aufgrund dieses Wissens ist es uns möglich, zum Beispiel morgens beim Kaffeekochen oder Zähneputzen eine Reportage im Radio zu hören und dabei das Wesentliche der Sendung zu erfassen. Und das genügt auch, denn wir wollen ja nicht Wort für Wort verstehen, sondern wir wollen nur grob informiert werden.

   Genauso können Sie auch in der Fremdsprache verfahren, indem Sie sich beispielsweise nur auf die wichtigsten genannten Aspekte des Textes konzentrieren oder die für Sie neuen Informationen aufnehmen. So wird sich zusammen mit Ihrem Vorwissen ein für das Verstehen ausreichendes Gesamtbild zusammensetzen.

   Im Folgenden können Sie dieses Verfahren einmal ausprobieren.

➤ Ratgeber „Hören" S. 176

   d) Vielleicht ist Ihnen folgendes Raster behilflich:

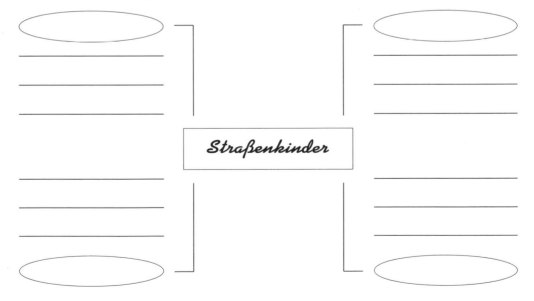

Straßenkinder

   e) Hören Sie nun Teil 5 der Kassette. Dazu gibt es eine Wortschatz- und Höraufgabe im Lehrerhandbuch.

➤ LHB, S. 133

Diskussion

4. Diskutieren Sie in Kleingruppen folgende Fragen:

a) Können Sie sich Umstände vorstellen, unter denen Sie auch von zu Hause weggelaufen wären?

b) Schätzungsweise waren im Jahr 1996 dreißig- bis fünfzigtausend Jugendliche in Deutschland obdachlos. Bei 17,4 Millionen Kindern und Jugendlichen generell heißt das, dass von ungefähr 350 Jugendlichen bzw. Kindern eines auf der Straße lebte. Erscheint Ihnen das viel im Vergleich zu Ihrem Heimatland?

c) Wer oder was ist Ihrer Meinung nach verantwortlich für die hohe Anzahl an obdachlosen Jugendlichen?

Hören

5. Hören Sie, welche Ursachen die Streetworkerin Dagmar Reis nennt, und formulieren Sie anschließend deren vier Hauptthesen:

a) Jede Gesellschaft hat die Kinder, die sie *verdient.*

b) Die ganze Gesellschaft krankt, denn _ _ _ _ _ _ _ _ _

c) Familie und Gesellschaft haben versäumt, _ _ _ _ _ _ _ _ _

d) Stattdessen haben die Kids gelernt, dass _ _ _ _ _ _ _ _ _

- Übernachtungsmöglichkeit für 12–21 Jährige
- Warme Mahlzeit, Dusche, Wäsche, Ruhe, Beratung
- Bis zu 6 Übernachtungen pro Monat
- Auch Inkognito-Übernachtungen
- Kostenlos
- Täglich geöffnet von 18.00 Uhr bis zum nächsten Morgen um 10.00 Uhr
- Aufnahme: von 19.00 Uhr bis 24.00 Uhr
- Adresse: Frankfurt, Speyerer Str. 9 im Gallus

"Sleep In"

Lesen

6. Wenn Sie Lust haben, sich weiter mit diesem Thema zu beschäftigen, lesen Sie den Artikel über „Streetwork" im Materialienbuch S. 22.

Planspiel

7. Spielen Sie in der Kursgruppe oder in Kleingruppen folgendes Planspiel zum Thema:

a) Die Ausgangssituation: Der Bürgermeister einer mittelgroßen Stadt hat 500.000 DM zur Verfügung gestellt, um etwas gegen die steigende Zahl von obdachlosen Jugendlichen zu unternehmen. Er hat deshalb ein Gremium von Sachverständigen und Betroffenen einberufen, dem Sie angehören.

b) Das Gremium besteht aus einer Soziologin, einer Streetworkerin, einem Straßenkind, einer betroffenen Mutter und einer Ärztin.

c) Ihre Aufgabe ist es nun, in die Rolle eines der Mitglieder zu schlüpfen, um gemeinsam ein Projekt zu entwerfen, bei dem das Geld sinnvoll verwendet wird.

d) Dieses Projekt muss anschließend dem Bürgermeister der Stadt zur Genehmigung vorgelegt werden.

e) Spielen Sie gemeinsam die Planungssitzung des Gremiums.

➤ LHB, S. 134 + 135

Testen Sie sich selbst.

1. **Vergleichen Sie die beiden folgenden Personen miteinander. Verwenden Sie beim Schreiben:**

> *Im Vergleich zu – anders als –*
> *wesentlich weniger – im Gegensatz zu –*
> *ebenso wie – gleich – verschieden*

2. **Wie nennt man die folgenden Personen? Verwenden Sie nominalisierte Adjektive oder Partizipien.**

   a) Eine Person, die nach einem Unfall Hilfe braucht, ist _____

   b) Menschen, die unter zwanzig Jahre alt sind, sind _____

   c) Frauen oder Männer, die mit einem Kind allein leben, sind _____

   d) Jemand, der in einen Reisebus steigt, ist _____ _____

   e) Die Person, deren Anweisungen ich am Arbeitsplatz befolgen muss, ist _____

3. **Ergänzen Sie die Endungen in folgenden idiomatischen Redewendungen:**

   a) Ich werde mein Möglichst__ tun.

   b) Bitte halten Sie mich immer auf dem Laufend____ .

   c) Mit dieser Bemerkung hast du wieder mal ins Schwarz__ getroffen.

   d) Die Eltern wollen immer nur unser Best __ , aber genau das erreichen sie oft nicht.

   e) Ich habe schon alles Möglich___ versucht, ich schaff's einfach nicht.

   f) Der Film war doch das Allerletzt__ .

4. **Was bedeuten folgende Aussagen im Zusammenhang mit der Reportage über „obdachlose Jugendliche"? Kreuzen Sie an!**

   a) Die Schätzungen, wie viele Kinder auf der Straße leben, **klaffen weit auseinander**.
   1. sind ungenau. ❏
   2. sind sehr unterschiedlich. ❏
   3. sind nicht verlässlich. ❏

   b) Die Kinder **fallen nicht** durch Straftaten **auf**.
   1. werden in der Öffentlichkeit nicht durch kriminelle Taten bekannt. ❏
   2. werden nie beim Einbrechen erwischt. ❏
   3. stehen nicht in der Zeitung. ❏

   c) Sie **haben die Bezüge verloren**.
   1. Sie bekommen keine Sozialhilfe mehr. ❏
   2. Sie haben keinen Kontakt mehr zur Familie. ❏
   3. Sie haben kein Konto mehr. ❏

Unterwegs:

Lesen Sie zwei Artikel einer deutschsprachigen Zeitung und notieren Sie alle nominalisierten Adjektive, die Sie darin finden. Notieren Sie jeweils dazu auch einen Beispielsatz und bitten Sie einen Partner/eine Partnerin im Kurs, andere Beispielsätze zu finden.

Behalten oder vergessen?

	Sachtext

	[Empfehlen, einen Rat geben]

	Persönlicher Brief; Lerntippssammlung

Gr	

	Ratschlag; Empfehlung

	Lerntechniken

Sprechen

1. Wie funktioniert unser Gedächtnis?

a) Tragen Sie im Kurs zusammen, was Sie darüber wissen.

b) Überlegen Sie gemeinsam, welche Begriffe aus der Wortbox in die nachfolgende schematische Zeichnung eingetragen werden können und an welcher Stelle.

c) Versuchen Sie dann Ihrem Partner/Ihrer Partnerin anhand der folgenden Zeichnung so genau wie möglich zu erklären, wie unser Gedächtnis funktioniert.

d) Zur genaueren Information lesen Sie bitte im Materialienbuch auf S. 24 den Text: „Behalten oder vergessen?".

> *das Kurzzeitgedächtnis –*
> *das Ultrakurzzeitgedächtnis –*
> *das Langzeitgedächtnis – speichern –*
> *abrufen – das Sinnesorgan – aufnehmen –*
> *die Wahrnehmung – die Nervenzelle –*
> *weiterleiten – wiedererkennen –*
> *der Impuls – das Signal – der Sensor –*
> *vergessen*

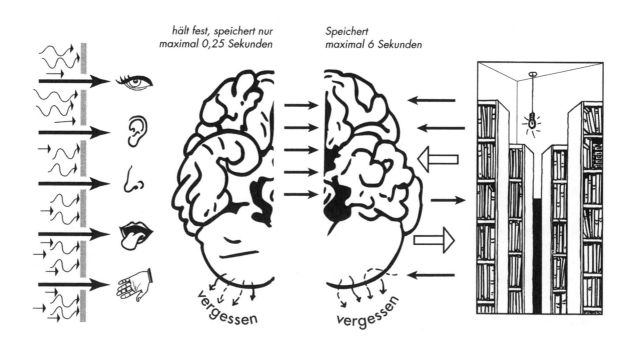

hält fest, speichert nur maximal 0,25 Sekunden

Speichert maximal 6 Sekunden

vergessen　　*vergessen*

**2. Das Behalten ist nur ein Bereich des Sprachenlernens:
Welche Schwierigkeiten haben Sie noch beim Deutschlernen?**

a) Wählen Sie sich aus den obigen Aussagen diejenige aus, die am ehesten auf Sie zutrifft.

b) Finden Sie heraus, welche Teilnehmer dieselbe Karte gewählt haben.

c) Erzählen Sie sich gegenseitig, warum Sie gerade dieses Kärtchen ausgewählt haben.

Beraten, empfehlen

3. Geben Sie sich gegenseitig Tipps, wie Sie Ihre Lernschwierigkeiten überwinden können.

a) Beraten Sie nun gemeinsam, welche Technik bei Ihrem Lernproblem am besten helfen könnte.
Wenn Sie keine Idee haben, ziehen Sie aus dem Stapel der Karten mit Empfehlungen, die Ihnen
der Kursleiter gegeben hat, immer wieder eine neue Karte, bis Sie etwas Passendes gefunden haben.
Verwenden Sie dabei die Redemittel im Materialienbuch auf S. 164.

➤ LHB, S. 136
➤ MB, RM, 4.2, S. 164

b) Wenn Sie sich weitere Redemittel merken möchten, um einen Rat oder eine Empfehlung zu geben, lassen Sie sich ein Arbeitsblatt dazu von Ihrer Kursleiterin/Ihrem Kursleiter geben.

➤ LHB, S. 137, 2a

Schreiben ✎

4. Wählen Sie eine der folgenden Aufgaben aus:

A „Dr. Lernfix antwortet"

- Inzwischen sind Sie sicher ausgespro-
chene Sprachlernexperten. Geben Sie
dieses Wissen nun an eine andere Kursgruppe in Ihrem Institut weiter.

- Wählen Sie dazu eine Person aus Ihrem
Kurs aus, die die Teilnehmer(-innen) eines anderen Kurses besucht und diese
bittet, jeweils in einem kurzen Brief ihre
Lernschwierigkeiten zu beschreiben.

- Beraten Sie sich anschließend und verfassen Sie Antwortschreiben mit Empfehlungen!

B „Der sichere Weg zum Erfolg: 10 Lerntipps"

- Sammeln Sie die zehn besten Lerntipps aus
Ihrer Gruppe und formulieren Sie sie schriftlich.

- Illustrieren Sie die Tipps, wenn Sie möchten, und stellen Sie gemeinsam ein Plakat
her, das Sie anderen Kursgruppen zur Verfügung stellen .

- Sie können diese Tipps auch auf Kassette
sprechen.

➤ LHB, S. 137, 2b

Öfter mal entspannen.

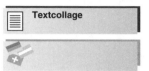 Textcollage

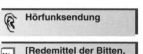 Hörfunksendung

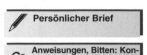 Persönlicher Brief

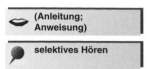 (Anleitung; Anweisung)

| **Ws** | [Redemittel der Bitten, Anleitung, Anweisung]

| **Gr** | Anweisungen, Bitten: Konjunktiv II; Imperativ; [Modal-/ Instrumental-/Finalsätze]

selektives Hören

Sprechen

1. **Wählen Sie Aufgabe A oder B:**

A Was bewirkt Stress bei Ihnen? Ordnen Sie die möglichen Wirkungen der Skaleneinteilung auf dem „Stressbarometer" zu.

- *steigender Zigarettenkonsum*
- *absolutes Wohlgefühl*
- *Rückenschmerzen*
- *Ungeduld*
- *Nervosität*
- *Muskelverspannungen*
- *unglaublicher Schokoladenkonsum*
- *gute Laune*
- *erhebliche Schlafstörungen*
- *tödliche Langeweile*
- *Ausgeglichenheit*
- *...*

Stress

Besorgnis erregend

durchschnittlich

leicht erhöht

normal

wenig

B Wie wirkt sich Stress auf das Lernen aus?

a) Berichten Sie in der Kleingruppe von eigenen Erfahrungen.

b) Versuchen Sie, die genannten Wirkungen physiologisch zu erklären.

c) Informieren Sie sich dazu im Materialienbuch auf S. 26 über die Auswirkungen von Stress auf die Gehirnfunktion und berichten Sie darüber denjenigen Kursteilnehmern und -teilnehmerinnen, die Aufgabe A gewählt haben.

Hören

2. **Hören Sie nun den ersten Teil einer Hörfunksendung.**

a) Informieren Sie sich beim ersten Hören über das Thema der Sendung.

b) Stellen Sie Vermutungen darüber an, was das Wort „Achtsamkeit" bedeutet und in welchem Zusammenhang es genannt wird.

c) Vergleichen Sie anschließend die Einträge Ihrer Wörterbücher zu diesem Begriff.

Selektives Hören oder: „Nur das, was mich interessiert"

Gerade das Ohr muss ab und zu abschalten können, denn es lässt sich nicht wie das Auge schließen, wenn die Informationsflut zu groß wird. So hören wir zwar den ganzen Tag Radio, aber es kann passieren, dass wir abends nicht mehr sagen können, was wir gehört haben. Haben wir jedoch Lotto gespielt, so horchen wir ganz plötzlich auf, wenn die Gewinnzahlen bekannt gegeben werden, um danach wieder „abzuschalten". Wir nehmen also „selektiv" nur die Informationen wahr, die uns interessieren oder die wir dringend brauchen. Der Rest interessiert uns nur wenig, er „rauscht an uns vorbei".

In der nächsten Aufgabe auf S. 43 können Sie diese Art des Zuhörens an einem fremdsprachigen Text ausprobieren.

3. **Hören Sie sich den zweiten Teil der Sendung an, in dem drei verschiedene Entspannungsübungen angeboten werden:**

   • *achtsam gehen*   • *achtsam genießen*   • *achtsam atmen*

   a) Entscheiden Sie zuvor, welche Übung Sie am meisten interessiert.

   b) Hören Sie dann heraus,

   – wie viel Zeit Sie für Ihre Übung brauchen,

   – wo Sie die Übung machen können und

   – ob Sie irgendwelche Hilfsmittel dafür benötigen.

Wortschatz

4. **Hören Sie nun den zweiten Teil noch einmal und konzentrieren Sie sich wiederum nur auf *Ihre* Übung:**

   a) Notieren Sie, welche der folgenden Wörter in der Anleitung zu Ihrer Übung enthalten sind.

   b) Klären Sie die unbekannten Wörter untereinander oder mithilfe des Wörterbuchs.

   > *sich konzentrieren auf – die Achtsamkeit – Achtsamkeitsinseln –*
   > *die Geh-Meditation – bewusst wahrnehmen – abspulen –*
   > *seine Aufmerksamkeit richten auf – abrollen – sich Zeit nehmen – die Ablenkung –*
   > *sich etwas bewusst machen – sich etwas vorstellen – sich entspannen –*
   > *die Wahrnehmung – die Aufmerksamkeit – der Bauchraum*

   c) Setzen Sie sich mit denjenigen aus dem Kurs zusammen, die dieselbe Übung gewählt haben, und klären Sie den Verlauf der Übung.

   d) Versuchen Sie gemeinsam, den anderen in der Kursgruppe die Methode so genau wie möglich zu beschreiben.

5. **Möchten Sie vielleicht eine Übung im Kursraum ausprobieren?**

   a) Treffen Sie dazu die nötigen Vorbereitungen.

   b) Befolgen Sie die Anweisungen, die Ihnen die Sprecher auf der Kassette geben.

6. **Wie finden Sie die vorgeschlagenen Entspannungsmethoden?**

   a) Tauschen Sie sich untereinander aus.

   b) Schildern Sie andere Methoden zur Entspannung, die Sie kennen.

   c) Geben Sie die dazu nötigen Anweisungen.

Gr Ws **Grammatik und Wortschatz: Anweisungen geben, Bitten äußern, auffordern**

7. Analysieren Sie:

a) Wie klingen folgende Aufforderungen? Markieren Sie die Unterschiede mit ☺ für Äußerungen, die sehr freundlich klingen, mit ☺ für diejenigen, die neutral, und mit ☹ für solche, die sehr unfreundlich bis aggressiv klingen.

1. Würden Sie mir den Satz bitte noch mal erklären?	
2. Fenster zu!	
3. Könnt ihr mir mal kurz helfen?	
4. Gib mir doch mal kurz dein Wörterbuch.	
5. Nehmen Sie den Bus Nr. 13.	
6. Hilfst du mir mal?	
7. Hätten Sie die Freundlichkeit, mir den Weg zum Bahnhof zu erklären?	
8. Mach die Augen auf!	
9. Setz dich doch!	
10. Wollen Sie nicht hereinkommen?	

b) Welche Aufforderungen würden Sie im Gespräch mit Freunden, Unbekannten, Vorgesetzten verwenden und welche finden Sie eher in einer Gebrauchsanweisung?

c) Sammeln Sie, welche sprachlichen Möglichkeiten es im Deutschen gibt, Anweisungen zu geben. Nehmen Sie auch die Übersicht im Materialienbuch S. 164 zu Hilfe.

➤ MB, RM 4.1, 4.2, 4.3, S. 164

Unhöflicher Imperativ

Der Imperativ, die Befehlsform, klingt im Deutschen eher schroff, ja fast unhöflich.

Wenn man ihn trotzdem benutzen will, gibt es die Möglichkeit, ihn durch Wörter wie *doch*, *eben*, *mal*, *bitte* usw. abzumildern. Diese Partikeln kommen auch oft in Kombination vor.

Eine andere Möglichkeit, höflicher aufzufordern, ist die Verwendung des Konjunktiv II, ebenso Formen von *können* oder *würde*, jeweils plus Infinitiv.

Ein wichtiges Mittel der Abschwächung des Befehlstons ist schließlich auch die Intonation.

➤ LHB, S. 138; S. 139, 4a

👄 **Sprechen**

8. Wie sag ich's nur?

a) Stellen Sie sich vor, Sie brauchen einige Dinge des täglichen Lebens: *das Salz, eine Rolle Tesafilm ...*

b) Oder Sie möchten, dass eine andere Person etwas für Sie tut, beispielsweise *das Fenster schließen, Feuer geben, mit dem Auto an der Ecke halten, den Abwasch machen ...*

c) Wie würden Sie die Bitte äußern? Formulieren Sie je nachdem, an welchen Ansprechpartner Sie dabei gedacht haben, unterschiedliche Sätze.

d) Die anderen in der Gruppe erraten, an wen die Bitte gerichtet ist. An:

- Ihre Ehefrau / Ihren Ehemann?
- einen Menschen, in den Sie frisch verliebt sind?
- Ihren Chef?

- eines Ihrer Kinder?
- Ihre Lehrerin?
- einen sehr guten Freund?

Deutsch am Genfer See

▤ Autobiographie	☞	✎ Tagebuch schreiben	👄 Diskussion; (Rollenspiel)
	Ws	*Gr* Konditionalsätze	den eigenen Lernweg dokumentieren

Sprechen 👄

1. **Bearbeiten Sie entweder Aufgabe A oder B:**

   A **Betrachten Sie die Illustrationen im Materialienbuch auf S. 23.**

   a) Was fällt Ihnen spontan zum Thema „Lernen" ein?

   b) Notieren Sie bis zu fünf verschiedene Stichworte auf jeweils einen eigenen Zettel.

   c) Hängen Sie anschließend Ihre Zettel an die Wand und sortieren Sie Ihre Beiträge, je nachdem ob der Begriff positiv, neutral oder negativ in Bezug auf das Wort „Lernen" ist.

   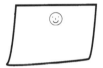 

   B **Erinnern Sie sich:**

   Wie war Ihre erste Deutschstunde? Wer, wie war Ihre Lehrperson? Wo war das?
   Wie war die Atmosphäre?

   a) Suchen Sie sich einen Partner/eine Partnerin und beschreiben Sie in maximal fünf Minuten Ihre Erinnerungen, während Ihr Partner auf einem Blatt das Wichtigste in Stichpunkten notiert. Tauschen Sie anschließend die Rollen.

   b) Markieren Sie dann mit Rot, welche Erfahrungen Sie als positiv, und mit Schwarz, was Sie als negativ bewerten.

   c) Setzen Sie sich nun mit einem anderen Paar zusammen und vergleichen Sie die Ergebnisse.

Grammatik: Bedingungen und ihre Folgen nennen; Konditionalsätze *Gr*

2. **Analysieren Sie folgende Bedingungssätze:**

   Wodurch wird die Bedingung ausgedrückt? Einzelne Wörter, welche Wortarten, Verbstellung, ...?

   a) *Wenn ständig das Telefon läutet, fällt mir das Lernen schwer.*

   b) *Falls ein Computer mit Sprachübungen zur Verfügung steht, lerne ich sehr gerne.*

   c) *Steht man unter großem Leistungsdruck, so fällt einem das Lernen oft sehr schwer.*

   d) *Die meisten Studenten lernen gerne, vorausgesetzt im Unterricht wird auch gelacht.*

   e) *Mit Humor geht alles leichter.*

   f) *Bei Lärm kann ich mich nicht konzentrieren.*

   ►LHB, S. 139, 4b

a) Welche der sprachlichen Möglichkeiten, Bedingungen auszudrücken, kannten Sie bereits?

b) Tragen Sie diese in die folgende Tabelle ein und ergänzen Sie mit Ausdrücken aus der Grammatikübersicht im Materialienbuch.

► MB, GR 3.2, S. 135

subordinierende Satzverbindungen	koordinierende Satzverbindungen	Adverbien	Präpositionen
wenn,			

c) Welche sprachlichen Mittel verwendet man wohl eher in der geschriebenen Sprache?

3. **Fassen Sie schriftlich zusammen, unter welchen Bedingungen Sie persönlich am besten lernen.**

a) Erstellen Sie ein „Assoziogramm", indem Sie die folgenden Sätze durch Stichpunkte ergänzen:

abends   *zu viel*   *motiviert*   *im Bett*

Lernen fällt mir schwer, wenn...   Ich lerne am besten, wenn ...

Stress   *die anderen quatschen*   *ruhig*   *alleine*

b) Formulieren Sie nun je vier Bedingungssätze. Verwenden Sie dabei, wenn möglich, Strukturen und sprachliche Mittel, die für Sie neu sind.

c) Vergleichen Sie Ihre Ergebnisse und diskutieren Sie Gemeinsamkeiten und Unterschiede.

Lesen

4. **In seiner Autobiographie schildert der Schriftsteller Elias Canetti, wie er Deutsch gelernt hat. Lesen Sie den ersten Teil des Textes im Materialienbuch auf S. 27 bis Zeile 45.**

a) Wie finden Sie die Mutter? Kreuzen Sie an und ergänzen Sie gegebenenfalls weitere Adjektive.

☐ ehrgeizig – ambitious   ☒ streng   ☒ entschlossen – resolute
                                  stern
☒ fordernd – demanding   ☐ verständnisvoll – understanding   ☐ korrekt – correct

☒ ... bösartig   ☐ ... erbarmungslos   ☐ ... ungeduldig
        behave   unsympathisch
                                                 erwartungsvoll
b) Was meinen Sie, warum verhält sie sich so?   gebieterisch
        relationship   eigensinnig
c) Wie lässt sich das Verhältnis von Mutter und Sohn beschreiben?   verständnislos

d) Was denken Sie: Wie hat sich der kleine Elias gefühlt?

5. **Richtig oder falsch?**

a) Bilden Sie Kleingruppen und formulieren Sie jeweils fünf Aussagen zu dem ersten Teil des Textes, die inhaltlich richtig oder falsch sein können.

b) Die anderen Gruppen müssen entscheiden: richtig oder falsch?

6. Wenn Sie wissen möchten, wie die Geschichte weitergeht, lesen Sie den restlichen Text im Materialienbuch auf S. 27 und 28.

 a) Suchen Sie aus dem Text alle Ausdrücke, die zeigen, dass Elias durch den Deutschunterricht unter psychischem Druck stand und unglücklich war (z.B. *ich war ratlos, ...*).

 b) Haben Sie solche Gefühle auch schon einmal gehabt? Wenn ja, in welcher Situation?

Rollenspiel oder Diskussion 👄

7. Wählen Sie eine der beiden folgende Fragen aus:

 A Spielen Sie zu zweit die folgende Szene weiter, so wie im Text beschrieben, oder ändern Sie sie ab, wenn Sie möchten.

 Mutter: Setz dich an den Tisch hier. Ab heute beginnen wir mit deinem Deutschunterricht: Ich lese dir einen deutschen Satz vor und du sprichst ihn nach!

 Elias: Ja, bekomme ich denn kein Buch?

 Mutter: Das Buch brauchst du nicht! Du kannst sowieso noch nichts verstehen! Also: Sprich mir nach: „Das Wetter ist schön."

 ...

 B Diskutieren Sie über folgende Fragen:

 a) Ist die Unterrichtsmethode, die die Mutter anwendet, gut und sinnvoll?

 b) Wäre sie heute noch anwendbar?

 c) Haben sich die Lernmethoden in den letzten fünfzig Jahren verändert?

 d) Gibt es kulturelle Unterschiede, was die Art des Unterrichts bzw. des Lernens betrifft?

Schreiben ✏

8. Ein (Kurs-)Tagebuch schreiben

 a) Können Sie sich vorstellen, ein Tagebuch auf Deutsch zu schreiben?

 b) Im Materialienbuch auf S. 29 finden Sie einen Tagebucheintrag und einen Brief über eigene Unterrichtserfahrungen.
 Vielleicht versuchen auch Sie einmal, Ihre Erfahrungen beim Deutschlernen aufzuschreiben?

 c) Wenn Sie nicht so frei schreiben möchten oder nicht so viel Zeit haben, können Sie auch ein Kurstagebuch führen, in dem Sie sich selbst Rechenschaft darüber ablegen, was Sie in dieser Woche gelernt haben und was Ihre nächsten Ziele sind. Sie können dazu auch ein Formblatt verwenden.

> **Den eigenen Lernweg dokumentieren**
> Elias Canetti beschreibt, wie es ihm bei seinen Deutschstunden am Genfer See ergangen ist. Warum schreiben nicht auch Sie ein Tagebuch auf Deutsch? Das Schöne an einem Tagebuch ist ja, dass es ausschließlich für einen selbst bestimmt ist. Hier kann man alles zu Papier bringen, was einen bewegt, was man Schönes, Vergnügliches oder Unerfreuliches erlebt hat. Hier darf man Fehler machen! Und trotzdem werden Sie später feststellen, wenn Sie im Tagebuch zurückblättern, welche Fortschritte Sie in der deutschen Sprache gemacht haben!

➤ LHB, S. 140

Testen Sie sich selbst.

1. **Hören Sie die Musik von der Kassette und lassen Sie noch einmal dieses Kapitel vor Ihrem inneren Auge Revue passieren:**

   a) Was haben Sie Neues über das Lernen erfahren?

   b) Welche Ideen möchten Sie aufgreifen und weiterverfolgen?

   c) Notieren Sie Ihre Überlegungen in Stichworten.

2. **Formulieren Sie Bedingungssätze wie im Muster angegeben:**

   a) An Elias' Stelle hätte ich kein einziges Wort gelernt. ***Wenn ich Elias gewesen wäre,*** ...

   b) Sollte ich einmal meinen Kindern Deutsch beibringen müssen, so werde ich es bestimmt anders machen. ***Falls*** ...

   c) Bei Bestehen meiner Prüfung mache ich eine Riesenparty. ***In dem Falle, dass*** ...

   d) Wenn ihr einverstanden seid, verzichten wir heute auf Hausaufgaben, ***vorausgesetzt***, ...

Liebe Marie,

vielen Dank für deinen Brief, ich habe mich wirklich sehr darüber gefreut!

Dass du die Englischprüfung mit „gut" bestanden hast, finde ich wunderbar. Wie machst du das nur?

Ich bin im Moment sehr deprimiert: Jetzt lebe ich schon drei Monate hier in England und ich habe noch immer das Gefühl, überhaupt keine Fortschritte zu machen. Die Professoren an der Uni sprechen oft so schnell, dass ich nur Bahnhof verstehe, und obwohl ich mindestens fünf Stunden täglich Vokabeln lerne, habe ich am nächsten Tag schon fast wieder alles vergessen!

Ich glaube, das mit dem Englischstudium war für mich doch keine so gute Idee. Offensichtlich bin ich nicht sehr sprachbegabt!

Vielleicht bin ich ja schon bald wieder in Deutschland, und dann sehen wir uns wieder!

deine

Magalie

3. **Schreiben Sie Ihrer Freundin einen persönlichen Brief (ca. 200 Wörter), in dem Sie**

   – sich für deren Brief bedanken,

   – über Ihre momentane Situation berichten,

   – die möglichen Ursachen der Lernschwierigkeiten der Freundin diskutieren,

   – aus Ihrer eigenen Erfahrung ein paar Lerntipps geben,

   – Ihre Freundin aufmuntern und mit einem Gruß abschließen.

Unterwegs:

   a) Versuchen Sie eine Woche lang, mindestens zwei Lerntechniken anzuwenden, die Sie in diesem Kapitel kennengelernt haben. Berichten Sie anschließend Ihrer Kursgruppe über Erfolg oder Misserfolg.

   b) Bereiten Sie in Kleingruppen eine ähnliche Rundfunksendung zum Thema „Entspannung" oder zu einem anderen Thema Ihrer Wahl vor und nehmen Sie sie auf Kassette auf.

▶ LHB, S. 141

Das Hemd des Glücklichen

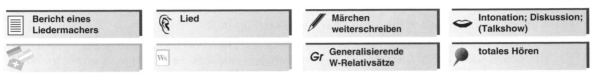

☰ Bericht eines Liedermachers	👂 Lied	✏ Märchen weiterschreiben	👄 Intonation; Diskussion; (Talkshow)
🗂	Ws	**Gr** Generalisierende W-Relativsätze	● totales Hören

1. **Assoziieren: „Was bedeutet für mich *Glück*?"**

   Wählen Sie aus den folgenden drei Aufgaben eine aus und bearbeiten Sie sie.

   A **Jeder von Ihnen bekommt drei Kärtchen.**
   Schreiben Sie auf jedes Kärtchen einen Begriff, der für Sie *Glück* bedeutet. Heften Sie anschließend alle Ihre Kärtchen an eine Pinnwand und beraten Sie, welche zusammenpassen. So bekommen Sie eine Übersicht, welche Themen in Ihrer Kursgruppe für *Glück* wichtig sind.

   B **Schreiben Sie in Kleingruppen alle Wörter auf, die Ihnen zum Thema *Glück* einfallen.**
   Ordnen Sie die Begriffe.

   C **Schreiben Sie auf, was für Sie persönlich *Glück* bedeutet, und wenn Sie mögen, erzählen Sie der Kursgruppe davon.**

> **Ganz genau hinhören!**
>
> Die meisten Texte muss man nicht total aufnehmen. Häufig genügt es, die Information im Großen und Ganzen zu verstehen. Es gibt aber auch Texte, bei denen man alles ganz genau verstehen will oder muss.
> Bei gesprochenen Texten besteht nun das Problem: Alles, was unser Ohr nicht aufgenommen hat, ist weg. Anders beim Lesen: Da können wir im Text vor- und zurückgehen, später nochmal nachlesen usw. Zum Glück geht das auch mit einigen Hörtexten: Wir können z.B. eine Tonkassette vor- und zurückspulen, oder bei einem Gespräch können wir nachfragen. In der folgenden Aufgabe können Sie daher ganz unbesorgt Schritt für Schritt vorgehen, bis Sie nach mehrfachem Hören alles verstanden haben.
> Am besten ist es, Sie arbeiten dabei in der Gruppe, halten gemeinsam alles fest, was Sie verstanden haben (denn viele hören mehr als einer), und bauen beim zweiten Hören darauf auf. Wenn Sie alleine etwas hören, können Sie genauso verfahren: Sie schreiben auf, was Sie beim ersten Hören verstanden haben, beim zweiten Hören lesen Sie diese Notizen mit und füllen Ihre Verstehensinseln auf.

ein Märchen hören 👂

2. **Hören Sie ein Märchen von der Kassette.**

   a) Tragen Sie dann im Kurs alles zusammen, was Sie beim Zuhören von dem Text mitbekommen haben, und notieren Sie alles an der Tafel.

   b) Beraten Sie nun gemeinsam: Wie hängen die einzelnen Tafelnotizen inhaltlich zusammen? Welche Reihenfolge sollen die Notizen bekommen? Wo fehlt noch etwas? Wo haben Sie noch Verstehensprobleme? Kennzeichnen Sie das alles an der Tafel.

   c) Hören Sie jetzt noch einmal den ganzen Text und konzentrieren Sie sich auf die Verstehensprobleme.

   d) Üben Sie dann zu zweit, das Märchen mithilfe der Tafelnotizen nachzuerzählen: Jeder sagt abwechselnd einen Satz. Versuchen Sie dabei, das Lied des Glücklichen möglichst wörtlich wiederzugeben.

► LHB, S. 142, 1

Intonation

3. Üben Sie den Rhythmus und die Intonation des Sprechgesangs.

Hören Sie mehrfach die Passage mit dem Lied des Glücklichen von der Kassette. Üben Sie dabei einzeln, paarweise und im Chor der ganzen Kursgruppe Aussprache, Rhythmus und Intonation des Sprechgesangs, und lassen Sie sich dabei immer wieder von Ihrem Kursleiter bzw. Ihrer Kursleiterin korrigieren.

Das Märchen weiterschreiben

4. Lassen Sie sich die schriftliche Fassung des Märchens geben und arbeiten Sie weiter daran. Das Märchen heißt da: „Das Hemd des Glücklichen."

a) Denken Sie sich einen anderen Titel für das Märchen aus.

b) Wenn Sie mögen, schreiben Sie das Märchen noch ein Stück weiter oder denken Sie sich einen neuen Schluss des Märchens aus.

c) Tauschen Sie Ihre Ergebnisse in der Kursgruppe aus.

Lesen

5. Wenn Sie sich für den Liedermacher Schöne interessieren, lesen Sie auf S. 31 im Materialienbuch, wie er den Kontakt zu seinem Publikum sucht.

Diskussion

6. Organisieren Sie eine „Talkshow" zum Thema _Glück_.

Dazu brauchen Sie einen „Talkmaster" und ein halbes Dutzend freiwillige Kursteilnehmer, die sich als „Gäste" an der Gesprächsrunde beteiligen.

a) Informieren Sie sich vorher über weitere geeignete Redemittel.

➤ MB, RM 3.1.1, S. 161 und 1.3.2, S. 159

b) Fragen, die Sie diskutieren können, finden Sie auf einem Arbeitsblatt.

➤ LHB, S. 142, 2

Grammatik: Generalisierende W-Relativsätze   *Gr*

➤ MB, GR 9.3, S. 153

7. **Für verallgemeinernde Aussagen wie Sprichwörter oder Sentenzen steht im Deutschen eine Relativsatzkonstruktion mit einem w-Relativpronomen zur Verfügung.**

   Wer *zu spät kommt,* den *bestraft das Leben.* (Michail Gorbatschow)

   Wer *Sorgen hat,* ☐ *hat auch Likör.* (Wilhelm Busch)

   Wer *andern eine Grube gräbt,* ☐ *fällt selbst hinein.* (Volksmund)

   Wer *hat,* dem *wird gegeben.* (Matthäus)

   Jetzt wächst wieder ☐ *zusammen,* was *zusammengehört.* (Willy Brandt zum Wegfall der Mauer)

   Was *Hänschen nicht lernt,* ☐ *lernt Hans nimmermehr.* (Volksmund)

   Manchmal steht im Hauptsatz noch zusätzlich ein d-Relativpronomen. Erkennen Sie eine Regel, wann das der Fall ist, wann nicht?

8. **Versuchen Sie selbst, solche Sätze zu konstruieren. Bearbeiten Sie entweder Aufgabe A oder B.**

   A Ordnen Sie die beiden folgenden Portionen „Wortsalat" zu zwei ähnlichen Satzgefügen (und vergessen Sie dafür das Besteck nicht).

   „Salat 1":   *„Salat 2":*

   B Wählen Sie aus den folgenden Teilsätzen einen aus, der Ihnen gefällt, und schreiben Sie ihn auf einen Zettel.

sieht die Freude aus den Augen	*die Götter lieben*	*fliegen alle Herzen zu*
stehen alle Türen offen	*braucht kein Geld*	*ist das Glück treu*
bleiben keine Träume	*vom Glück träumt*	*allen Reichtum besitzt*
das Elend erwischt	*große Not leidet*	*vom Pech verfolgt wird*
kann nur noch hoffen	*kann keiner leiden*	*wenig zum Leben reicht*

   Gehen Sie im Kursraum umher, fragen Sie die anderen nach ihren Teilsätzen und versuchen Sie, zusammen möglichst viele allgemeine Aussagen zu formulieren. Überlegen Sie dabei, welcher Teilsatz der Hauptsatz, welcher der W-Relativsatz sein kann. Schreiben Sie die verschiedenen Aussagen auf.

   Wer *zum Schluss die meisten Sätze hat,* ☐ *muss einen ausgeben!*

➤ LHB, S. 143

Zwei Porträts

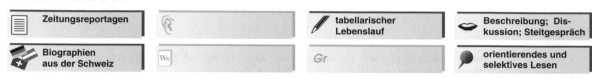

| | Zeitungsreportagen | | tabellarischer Lebenslauf | | Beschreibung; Diskussion; Steitgespräch |

Orientierendes und selektives Lesen

Im Materialienbuch S. 32 und 33 finden Sie Porträts von zwei alten Schweizern.

1. **Wählen Sie einen der beiden Texte aus.** „Überfliegen" Sie beim ersten Lesen beide Texte und entscheiden Sie dann, welchen Sie genauer lesen möchten. Welches der beiden Männerporträts interessiert Sie am meisten?

> **Orientierendes Lesen oder: Worum geht's?**
>
> Die meisten schriftlichen Texte sehen wir uns zunächst einmal daraufhin an, ob wir sie überhaupt lesen wollen. Dazu orientieren wir uns an Überschriften, Gliederungsmerkmalen, Fettgedrucktem, Bildern. So verschaffen wir uns einen globalen Überblick darüber, was wir von dem Text zu erwarten haben, und können dann entscheiden, ob und wie wir uns mit dem Text weiter beschäftigen. Genau so sollten Sie auch mit fremdsprachigen Texten verfahren.

2. **In Aufgabe 4 sollen Sie die in „Ihrem" Text beschriebene Person beschreiben. Dazu können Ihnen die folgenden Beispiele für „tabellarische Lebensläufe" helfen. Durchsuchen Sie den von Ihnen ausgewählten Lesetext schrittweise nur nach den in der Tabelle erfragten Informationen.**
   Füllen Sie dementsprechend Tabelle A oder B (auf den Arbeitsblättern aus dem Lehrerhandbuch) aus. Lesen Sie dazu vorher den Lerntipp auf S. 55.

➤ LHB, S. 144

A

Mit 95 noch auf der Höhe
Name:
Beruf:
Spezialgebiet:
Deutsche Bezeichnung:
Walliserische Bezeichnung:
Fälle von Arbeitsunterbrechungen:
1.
2.
Verpflegung während der Arbeit:
Arbeitstempo:
Pausen:
Ferien:
Fitnesstraining neben dem Beruf:
Berufsperspektive:
Geburtsjahr:
Jahr der Bergsteigerprüfung:
70-jähriges Berufsjubiläum:
95. Geburtstag:

B

Festgenagelt
Name:
Beruf:
Spezialgebiet:
Besondere Kenntnisse:
Überstunden:
Arbeitstempo:
Freizeitaktivitäten:
1.
2.
Krankheiten:
Berufsperspektive:
Geburtsjahr:
Jahr des Fabrikeintritts:
Jahr der ersten Ferien:
Eintritt in den Ruhestand:
Ende des Ruhestands:

3. **Gibt es noch weitere Informationen in dem von Ihnen gewählten Lesetext, die Ihrer Meinung nach in den Lebenslauf übernommen werden sollten?**

Selektives Lesen oder: Wo steht, was ich wissen möchte?

Häufig ist es sinnvoll, Texte nicht in jedem Detail zu lesen, sondern sie nur nach bestimmten Informationen zu durchsuchen. So wie wir auf einer Speisekarte nur bestimmte Gerichte (z.B. wegen des Preises oder des Geschmacks) in Betracht ziehen, suchen wir oft in einem Text nur nach bestimmten Informationen. Sie finden sich in vielen fremdsprachigen Texten besser zurecht, wenn Sie sich vor dem Lesen fragen, welche Informationen Sie in diesem Text interessieren könnten. Und dann durchsuchen Sie den Text zunächst nur nach diesen Informationen.

Beschreiben

4. **Arbeiten Sie nun mit jemandem zusammen, der den anderen Text gelesen hat. Beschreiben Sie sich gegenseitig die Personen, über die Sie gelesen haben, mithilfe Ihres tabellarischen Lebenslaufs.**

   Zum Beispiel so:

   In meinem Text ist von ... die Rede. Auf dem Foto sieht er ... aus: Er hat ... und sein ... ist ... Er ist ... alt und arbeitet seit ... als ... Er hat noch nie ... Er ist der Einzige, der ... Wenn er nicht arbeitet, dann ... Das Besondere an ihm ist, dass er ... Ich finde, dass er ... ist. Wenn ich ... werde, möchte ich auch ... Aber ...

   Versuchen Sie auch zu beschreiben, wie der Mann aussieht, und sprechen Sie darüber, wie er auf Sie wirkt.

5. **Wählen Sie eine der drei folgenden Fragen aus und lesen Sie dann Ihren Text noch einmal. Bilden Sie sich eine Meinung zu der Frage und notieren Sie sich dazu Stichworte.**

   a) Warum arbeitet der alte Mann immer noch in seinem Beruf?

   b) Welche Einstellung hat der alte Mann zum Leben?

   c) Was ist für den alten Mann *Glück*?

Diskussion oder Streitgespräch

6. **Wählen Sie eine der beiden folgenden Aufgaben aus.**

   ➤ MB, RM 3.2, S. 162 + 163

   A Diskussion

   Bilden Sie mit denjenigen Kursteilnehmern, die in Aufgabe 5 dieselbe Frage zu demselben Text gewählt haben wie Sie, eine Arbeitsgruppe. Diskutieren Sie untereinander Ihre verschiedenen Antworten auf die gewählte Frage.

   B Spiel: „Streitgespräch"

   Suchen Sie sich jemanden, der den anderen Text bearbeitet hat, und berichten Sie sich gegenseitig. Verwenden Sie dazu Ihre Notizen aus Aufgabe 4. Dann beginnen Sie ein „Streitgespräch": Sie stellen einige Aussagen Ihres Partners in Zweifel:

   Das glaube ich nicht, dass der Mann ...   Das kann doch nicht angehen, dass ...
   Ich glaube, das hast du falsch verstanden.   Mir kommt es eher so vor, als wenn ...

   Ihr Partner bzw. Ihre Partnerin muss nun jeweils Argumente finden, wieso die eigenen Aussagen doch zutreffen. Das Spiel erfordert nicht, dass Sie Ihre wirkliche Meinung sagen. „Streiten" Sie hemmungslos, solange es Ihnen Spaß macht. „Streiten" Sie dann auch über den anderen alten Mann.

Auch du wirst nicht jünger

	Rundfunkinterview	[Referat]	Diskussion; Gespräch; [Referat]
Deutsche Kriegsgeneration	Arbeit mit dem Wörterbuch	Gr Verben und Nomen mit Präpositionen	

Ws Wortschatz

1. **Welche Vorstellung verbinden Sie mit dem Wort *Häkeldecke*?**

Falls Sie das Wort nicht kennen, versuchen Sie mithilfe eines Wörterbuchs herauszufinden, was es bedeutet.

ein Decke dass häkelt ist. *18 männlich* *wehrdienst leisten*
Zivildienst leisten
Krankenpflege
sozialer Einrichtungen

R Hören

2. **Hören Sie den ersten Teil des Rundfunkinterviews von Kassette.**

Hier wird das Wohnzimmer einer alten Frau beschrieben. Sie kennen vielleicht solche Zimmer.

Versuchen Sie beim Hören, sich den Raum vorzustellen: Möbel, Tapeten, Teppiche, Bilder ...

Putzfrau ~~toten schautte~~, *Frau Albrecht, photographin, braunes Sofa, Foto auf dem Decke, - toter Mann,*

3. **Bilden Sie Zweiergruppen. Beschreiben Sie gemeinsam, wie der Raum aussieht:**

a) Was haben Sie gehört?

b) Was können Sie sich noch dazu vorstellen?

c) Machen Sie vielleicht eine Zeichnung oder entwerfen Sie einen Grundriss.

4. **Hören Sie den zweiten Teil des Interviews.**

Hier spricht Frau Albrecht über zwei Männer in ihrem Leben.

a) Wer waren die Männer? *Mann : mit 29, Verlobt mit 24*

b) Was hat Frau Albrecht mit ihnen erlebt? *Polen*

c) Wie beurteilt Frau Albrecht die gemeinsame Zeit? *to comment*

d) Wie bewertet Frau Albrecht den Tod der Männer? *to evaluate*

Deutsche Kriegsgeneration

5. **Legen Sie eine Tabelle an mit den persönlichen Lebensdaten von Frau Albrecht.**

1915	1939	1943	1944

a) Sehen Sie sich dazu die Collage im Materialienbuch S. 34 an. Hier finden Sie auf der historischen Zeittafel einige wichtige Informationen zu der Zeit, in der Frau Albrecht lebte.

b) Hören Sie dann dazu den zweiten Teil des Interviews noch einmal und vergleichen Sie.

Sprechen

6. Was halten Sie von der folgenden Behauptung?

Frau Albrecht bedauert, dass sie ihr Leben mit dem falschen Mann verbracht hat.

Sprechen Sie mit Ihrem Nachbarn/Ihrer Nachbarin. Argumentieren Sie mit Passagen aus dem Hörtext für oder gegen diese Aussage.

Hören

7. Frau Albrecht spricht im dritten Teil darüber, dass sich das Leben für sie nicht gelohnt hat. Hören Sie, wie sie das begründet.

Im folgenden Textauszug sind die Halbsätze durcheinander geraten. Finden Sie die richtige Reihenfolge und nehmen Sie Frau Albrechts Argumentationsfaden wieder auf.

Wenn ich so drüber nachdenke, dann denk ich mir immer, was hast'n eigentlich gehabt vom Leben?...

– *und dann arbeitet man,*	– *als wenn man das alles als junger Mensch*
– *Und da ist es natürlich nicht mehr so schön,*	*erleben könnte.*
– *und schön ist es erst geworden,*	– *Man wird geboren,*
– *weil dann die Krankheiten angehen,*	– *und geht in Pension,*
– *man geht in die Schule,*	– *und dann stirbt man.*
– *wo man eigentlich auch nicht viel hat,*	– *Gearbeitet und gearbeitet,*
– *und dann wird man alt*	– *wo wir in Pension waren.*
	– *dann lernt man einen Beruf,*

➤ Ratgeber „Hören", S. 176

Wortschatz, Diskussion oder Gespräch [Ws]

8. Bearbeiten Sie eine der folgenden Aufgaben A, B oder C

A Wortschatz

a) Arbeiten Sie zu zweit. Sie informieren sich in einem Wörterbuch über die Bedeutung des Wortes *erschüttern* und betrachten dann die Äußerung von Frau Albrecht:

Aber ich muss sagen, es war nicht erschütternd, das ganze Leben.

b) Eine/Einer von Ihnen beiden argumentiert mithilfe des Lexikons gegen die Verwendung des Wortes *erschütternd* an dieser Stelle:

„Erschüttern" heißt doch ... Sie müsste doch eigentlich sagen ... usw.

c) Der/Die andere argumentiert aus dem Textverständnis für das Wort:

Das Wort ist hier so gemeint, wie ... In diesem Fall heißt „erschüttern" ... usw.

B Diskussion

Was halten Sie von folgender Aussage:

Frau Albrecht meint, dass das Leben ihr nichts zu bieten hatte. Nun ist sie neugierig, ob der Tod ihr etwas bieten kann.

Sprechen Sie in Zweiergruppen darüber. Argumentieren Sie mit Passagen aus dem Hörtext für oder gegen diese Aussage. Benutzen Sie passende Redemittel aus dem Materialienbuch.

➤ MB, RM 3.1.1 und 3.1.5, S. 161

C Gespräch

a) Zeichnen Sie eine waagerechte Linie auf ein Blatt Papier. Sie soll das Leben von Frau Albrecht darstellen. Jetzt zeichnen Sie in gleichmäßigen Abständen 16 senkrechte Striche durch diese Lebenslinie. Dazwischen sind immer fünf Lebensjahre. Und nun zeichnen Sie Frau Albrechts Glückskurve: Je höher sie oberhalb der Lebenslinie verläuft, desto glücklicher ist Frau Albrecht in diesem Lebensabschnitt gewesen, je tiefer unterhalb, desto unglücklicher.

b) Wenn Sie diese Glückskurve gezeichnet haben, gehen Sie im Kursraum herum, zeigen und erläutern Sie diese. Vergleichen Sie sie mit den Kurven der anderen. Argumentieren Sie für Ihre Kurve aufgrund Ihres Textverständnisses.

Gr ✎ **Lebensläufe kommentieren**

9. **Vergleichen Sie die Lebensläufe der beiden Schweizer Männer (Materialienbuch S. 32 und 33) mit dem von Frau Albrecht aus Deutschland und schreiben Sie dazu einen kurzen Text.**

Benutzen Sie dabei möglichst viele Verben mit Präpositionen. Lesen Sie Ihre Texte in kleinen Gruppen vor und diskutieren Sie darüber.

	die Männer	die Frau	sprachliche Mittel
Lebens-inhalt:	die Arbeit	der Lebens-partner	*sich orientieren an, sein Leben ausrichten an, etw. zum Lebensinhalt machen, aufgehen in, hängen an, zielen auf*
Rolle des Lebens-partners:	...	sehr wichtig	*(un)wichtig sein für, (k)eine Rolle spielen für, arbeiten für, leben mit, sich verlieben in, sich nichts machen aus, ums Leben kommen*
Stimmung im Alter:	zufrieden	...	*(un)zufrieden mit, sich abfinden mit, sich begnügen mit, traurig über, klagen um, sich sorgen um, sich kümmern um, Hoffnung auf*
Rückblick und Ausblick:	...	...	*nachdenken über, denken an, sich erinnern an, zurückblicken auf, warten auf, hoffen auf, sich freuen an.*

> **Grammatik: Feste Verbindungen mit Präpositionen**
>
> Für feste Verbindungen eines Verbs (oder Adjektivs oder Nomens) mit einer Präposition gibt es keine Regeln. Man muss sie auswendig lernen. Nun gibt es aber Reihen solcher Verbindungen mit ähnlicher Bedeutung, z.B.
> **an:** *glauben an, der Glaube an, denken an, sich orientieren an, hängen an ...*
> **über:** *schreiben über, reden über, ein Roman über, nachdenken über...*
> **um:** *sich drehen um, Lärm um, Rummel um, sich handeln um, gehen um ...*
> **auf:** *warten auf, (ab)zielen auf, hinauslaufen auf, begierig auf, die Hoffnung auf, es absehen auf ...*
> **Ähnliches, oder was man als zusammengehörig empfindet, lernt und behält man leichter.**
> Stellen Sie sich selbst solche Reihen zusammen.

Gespräch und Diskussion

10. **Wählen Sie in kleinen Gruppen eines oder mehrere der folgenden Gesprächsthemen zu a) oder b) aus.**

   a) *Die Männer hatten ihre Arbeit und sind zufrieden. Die Frau hatte den Mann, und sie ist unzufrieden.*

   1. Finden Sie, dass mit dieser knappen Aussage die Lebensläufe von Ueli Inderbinen, Arthur Paul und Frau Albrecht treffend charakterisiert sind?

   2. Kennen Sie ähnliche Lebensläufe aus Ihrem Heimatland oder verlaufen die dort ganz anders?

   3. Glauben Sie, dass das Glück eines Menschen abhängig sein kann von seinem Geschlecht, von seiner Kultur oder von der Epoche, in der er geboren wurde?

   Diskutieren und berichten Sie in Gruppen oder im Plenum und sammeln Sie ähnliche und ganz andere Lebensläufe.

   b) **Am Ende gibt Frau Albrecht einen Ratschlag an die jüngere Generation, wie man leben sollte. Sprechen Sie im Plenum oder in Kleingruppen über folgende Fragen:**

   1. Wie hängt dieser Ratschlag mit dem eigenen Leben Frau Albrechts zusammen?

   2. Was für Ratschläge würden vielleicht Herr Paul und Herr Inderbinen geben?

   3. Was würde der Glückliche ohne Hemd empfehlen?

   4. Was für einen Ratschlag möchten Sie geben?

   5. .....

Projekt

11. **Führen Sie Gespräche mit alten Leuten.**

   Lassen Sie sich über deren Leben erzählen und berichten Sie darüber im Kurs.

Unterwegs

Schreiben Sie einen kleinen Aufsatz oder halten Sie ein kurzes Referat zu den folgenden (oder ähnlichen) Fragen:

a) Welche gesellschaftlichen Instanzen prägen Ihrer Meinung nach unsere Vorstellung von *Glück*?

b) Wie wird *Glück* z.B. in der Werbung dargestellt? Wie sehen in der Werbung glückliche Menschen aus?

► LHB, S. 131

Testen Sie sich selbst.

1. Ergänzen Sie ein oder zwei Wörter:

.... Arbeit kennt und sich nicht drückt, ... ist verrückt.

2. Setzen Sie die passende Präposition aus der Wortbox ein und ergänzen Sie die fehlenden Endungen.

> auf   von   an   mit   durch   an   auf   im   zu
>
> mit   an   mit   auf   ums   bei   mit   in   um   von

a) Ueli Inderbinen und Arthur Paul gehören ____ den wenig... Menschen, die mit über 80 Jahren noch aktiv ____ Beruf stehen.

b) Obwohl sie schon seit langem ein Recht ___ den verdient... Ruhestand haben, halten sie ____ ihr... Arbeit fest.

c) Beide halten viel ____ ein... konstant... , bedächtig... Arbeitstempo, aber sie legen wenig Wert ____ Urlaub.

d) ____ ihr... Arbeitsplatz, – dem Matterhorn bzw. der alten Nagelfabrik – hängen beide sehr.

e) ____ ihr... Gesundheit haben sie übrigens kein Problem: Sie halten sich ____ ihr... Arbeit fit.

3. Ergänzen Sie auch hier Präpositionen und Endungen (mithilfe der Wortbox aus Übung 2).

a) Frau Albrecht lebt allein, nur ein Zivildienstleistender kümmert sich ____ sie. Frau Albrecht erzählt ihm gern ___ ihr... Leben.

b) Als sie jung war, hat sie sich ____ ein... Mann verliebt, und sie war dann auch ____ ih... verlobt.

c) Aber im Krieg kam ihr Verlobter ____ ein... Flugzeugabsturz ____ Leben.

d) Wenn sie heute ____ ihr Leben zurückblickt, denkt sie besonders gerne ____ die Zeit ____ ihr... Verlobten.

e) Insgesamt ist sie ____ ihr... Leben aber alles andere als zufrieden.

4. Erinnern Sie sich? Was ist richtig? Kreuzen Sie an.

a) Die alte Frau Albrecht lebt allein in ihrer alten kleinen Wohnung, und niemand besucht sie. ❏

b) Frau Albrecht hat eine große Wohnung und wird dort öfter von Freunden und Familienangehörigen besucht. ❏

c) Zu Frau Albrecht kommen regelmäßig zwei Betreuer in ihre Wohnung. ❏

d) Mit ihrem Ehemann hat Frau Albrecht nicht viel unternommen, weil der am liebsten zu Hause war. ❏

e) Das Leben von Frau Albrecht war am schönsten, als sie mit ihrem späteren Ehemann noch verlobt war. ❏

f) Alle Verwandten und Freunde von Frau Albrecht sind gestorben. ❏

g) Frau Albrecht hat noch Kontakte zu einer jungen Frau in Ihrer Verwandtschaft. ❏

h) Frau Albrecht glaubt nicht an ein Leben nach dem Tod. ❏

Über den Kantönligeist in der Schweiz

☰ Historischer Sachtext; Zeitungsreportage	👂	✏ [Dokumentation; Wandzeitung]	👄 Begründung
🏳 Föderalismus in der Schweiz	**Ws** Redewendungen	*Gr*	🔍

1. **Bevor Sie an die folgenden Aufgaben gehen, können Sie eine Wandzeitung zur Schweiz erstellen.**

   ➤ LHB, S. 146

2. **Was wissen Sie über die Größe der Schweiz?**

   a) Was vermuten Sie: Wie viele Menschen leben in der Schweiz?

   b) Lesen Sie nach im Materialienbuch auf S. 38.

3. **Sehen Sie sich auf derselben Seite im Materialienbuch die Karte mit der Gliederung der Schweiz an: Was fällt Ihnen auf?**

   Lesen ☰

4. **Lesen Sie den Text „Über den Kantönligeist in der Schweiz" im Materialienbuch auf S. 39.**

   Dort werden folgende Schweizer Kantone erwähnt: Zug, Zürich, Unterwalden, St. Gallen, Genf.

   Notieren Sie in Stichworten, was Sie zu diesen Kantonen aus dem Text erfahren.

5. **Notieren Sie, in welchem Zusammenhang einige weitere Kantone, nämlich Appenzell, Thurgau, Glarus, Schaffhausen und Graubünden, im Text erwähnt werden.**

6. **Vergleichen Sie Ihre Notizen mit denen Ihrer Nachbarn.**

7. **Die folgenden Sätze geben den Inhalt des Textes nicht ganz richtig wieder. Beraten Sie zu zweit, wie die Sätze zu korrigieren sind.**

   a) Im Steuerrecht ist man nach jahrzehntelangem Ringen immer noch zu keiner gemeinsamen Lösung gekommen.

   b) Wirtschaftskriminelle und andere raffinierte Betrüger hinter Gittern können darauf hoffen, zu entkommen.

   c) Wenn eine Familie von einem Kanton in einen anderen zieht, streiten sich die Schulbehörden oft, wer denn nun für den Fall zuständig sei.

   d) Die 26 Schweizer Gliedstaaten sind in Halbkantone aufgeteilt.

Föderalismus in der Schweiz

8. Ratespiel

Suchen Sie sich aus dem Text auf S. 39 und/oder aus der Karte bzw. der Tabelle auf S. 38 im Materialienbuch einen Kanton aus und schreiben Sie seinen Namen auf einen kleinen Zettel. Die anderen müssen diesen Kanton erraten, indem sie ihn durch gezielte Fragen einkreisen. Die Fragen können sich aus dem Text ergeben, aus der Karte oder der Tabelle. Sie müssen so formuliert sein, dass sie mit *Ja* oder *Nein* beantwortet werden können.

Beispiele:

– Wird in dem Kanton Deutsch/Französisch/Italienisch/Rätoromanisch gesprochen?

– Liegt der Kanton in der Ostschweiz?

– Ist der Kanton eine „Steueroase"?

Wird eine Frage mit *Ja* beantwortet, darf weitergefragt werden, bei *Nein* kommt die/der Nächste im Kurs an die Reihe.

Begründen

9. Markieren Sie im Text „Über den Kantönligeist..."

a) Aussagen, die problematische Seiten des Föderalismus in der Schweiz zeigen,

b) Aussagen, aus denen Argumente für den Föderalismus abgeleitet werden können.

Fallen Ihnen noch weitere Argumente dafür oder dagegen ein?

10. Meinungsschlange

a) Stellen Sie sich ein Kontinuum von Meinungen vor: von dem einen Pol, der für die Befürwortung eines uneingeschränkten Föderalismus steht, bis zu dem anderen Pol, der für die Befürwortung eines extremen Zentralismus steht.

b) Stellen Sie sich mit allen anderen Kursteilnehmern im Kursraum entsprechend diesem Kontinuum nebeneinander in einer Reihe auf. Ihr persönlicher Standpunkt ist durch Ihren Platz in der Schlange entsprechend Ihrer Nähe zu einem der beiden Pole gekennzeichnet. Sprechen Sie sich dementsprechend miteinander ab.

c) Begründen Sie nun jeweils Ihren Standpunkt in Bezug auf *Das Für und Wider des Föderalismus.* Wählen Sie für Ihre Begründung ein oder mehrere für Sie neue Redemittel aus der Redemittelübersicht:

➤ MB, RM 3.1., S. 161

d) Korrigieren Sie, wenn nötig, Ihre Positionen in der Meinungsschlange, nachdem Sie die Standpunkte Ihrer Nachbarn/Nachbarinnen in der Schlange kennengelernt haben.

Redewendungen [Ws]

11. Klären Sie die Bedeutung der folgenden Redewendungen:

a) Der vorletzte Satz im Text heißt: *Alte Zöpfe müßten abgeschnitten werden.* (Z. 133)

   1. Was bedeutet dieser Satz? Notieren Sie bitte Ihre Hypothese.

   2. Finden Sie jetzt mithilfe eines Wörterbuchs heraus, ob Ihre Hypothese zutrifft.

   3. Vergleichen Sie im Kurs Ihre Ergebnisse.

b) Weiter oben im Text heißt es, jeder Kanton versuche nun, *sein Scherflein ins Trockene zu brin-gen.* (Z. 96)

   1. Notieren Sie bitte Ihre Hypothese zur Bedeutung dieses Ausdrucks.

   2. Versuchen Sie nun mit einem Lexikon die genauere Bedeutung zu ermitteln. Achtung: Sie werden hier auf eine andere Redewendung stoßen! Beschreiben Sie, wie Sie gesucht und was Sie herausbekommen haben.

   3. Suchen Sie nun auch die Redewendung: *seine Schäfchen ins Trockene bringen.*

   4. Formulieren Sie das Gesamtergebnis Ihrer Untersuchung: Beschreiben Sie, wie hier zwei verschiedene idiomatische Wendungen zu einer zusammengefügt worden sind. Und sprechen Sie gemeinsam darüber, wie Sie zu Ihren Lösungen gekommen sind.

c) Analysieren Sie in ähnlicher Weise in Zweiergruppen ein bis zwei der folgenden Aussagen, bei denen jeweils zwei Redewendungen durcheinander gebracht sind. Welche? Was bedeuten sie? Informieren Sie die Kursgruppe über Ihre Arbeitsergebnisse.

   1. *Er ist von seinen Eltern übers Knie gebrochen worden.*

   2. *Sie hat genau den Nagel vor den Kopf gestoßen.*

   3. *Ich würde jederzeit die Kastanien für ihn ins Feuer legen.*

   4. *Wenn du das tust, wirst du ganz schön im Fettnäpfchen sitzen.*

   5. *Da ist mir aber ein Stein in die Hose gerutscht.*

Für die drei letzten Sätze geben Ihnen folgende Bilder wichtige Hinweise:

Hand ins Feuer   Sitzen in der Tinte   Herz in der Hose

► LHB,S. 147 + 148

Mein Vaterland Österreich

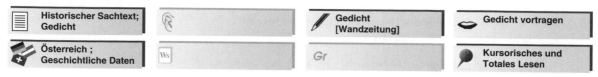

| | Historischer Sachtext; Gedicht | | | | Gedicht [Wandzeitung] | | Gedicht vortragen |
| | Österreich ; Geschichtliche Daten | Ws | | Gr | | | Kursorisches und Totales Lesen |

1. Bevor Sie an die folgenden Aufgaben gehen, können Sie eine Wandzeitung zu Österreich erstellen.

➤ LHB, S. 146

Lesen

2. Bearbeiten Sie entweder die Aufgabe A oder B. Tauschen Sie dann in der Gesamtgruppe Ihre Arbeitsergebnisse aus.

A Lesen Sie die kleinen Textabschnitte aus der österreichischen Geschichte im Materialienbuch auf S. 40 durch.

a) Vertiefen Sie sich dabei nicht in die Einzelheiten, sondern konzentrieren Sie sich auf die Kernaussagen. Verschaffen Sie sich einen Gesamteindruck von den historischen Ereignissen.

b) Formulieren Sie nun in ein bis zwei Sätzen, welche territorialen Veränderungen sich in Österreich im Laufe der Jahrhunderte ergeben haben. Betrachten Sie dazu auch die Landkarten.

c) Wenn Sie es nicht schon getan haben, blättern Sie zurück zur Schweiz (Materialienbuch S. 31), lesen Sie die entsprechenden kleinen Textabschnitte dort auf die gleiche Weise und formulieren Sie die Entwicklung in der Schweiz entsprechend Aufgabe b).

d) Sprechen Sie gemeinsam über auffällige historische Unterschiede in der staatlichen Entwicklung der beiden Länder.

Kursorisches Lesen oder: Was ist das Wesentliche?

Viele Texte, z.B. die meisten Zeitungstexte, lesen wir sehr schnell und ohne große Sorge um Genauigkeit durch und achten dabei nicht auf Einzelheiten. In unserer Muttersprache ist uns diese Art zu lesen selbstverständlich. Aber auch in der Fremdsprache sollten wir dieses „kursorische Lesen" anwenden. Häufig wollen wir auch von einem fremdsprachigen Text nur wissen, was er uns Neues zu sagen hat, wir sind an der Haupt-information des Textes interessiert und sollten uns von diesem Interesse auch nicht durch irgendwelche unverständlichen Details abbringen lassen.

Gehen Sie daher bei den folgenden Aufgaben auf „respektlose", großzügige Weise mit dem Text um. Fragen Sie ständig, ob das, was Sie gerade lesen, für Sie neu ist, wesentlich für die Hauptinformation und für den großen Zusammenhang. Wenn nicht: Gehen Sie darüber hinweg.

➤ Ratgeber „Lesen", S. 175

B Lesen Sie das Gedicht „Mein Vaterland" von H.C. Artmann im Materialienbuch auf S. 41.

a) Zeichnen Sie in die historische Karte auf S. 40 die Umrisse der heutigen Republik Österreich ein.

b) Vergleichen Sie den Text mit der geschichtlichen Übersicht und der Karte der österreichischen Bundesländer. Was fällt Ihnen auf?

c) Entdecken Sie den in der zweiten Strophe versteckten Scherz? Und haben Sie gemerkt, dass es in der ersten Strophe einen winzigen „Ausrutscher" in die Mundart gibt?

> **Totales Lesen oder: Ganz genau hinsehen!**
>
> Bei einigen Texten kommen wir mit energiesparenden Lesestrategien nicht weiter. Da hilft nur eins: Ganz genaues Hinsehen, „totales" Lesen. So müssen wir z.B. Gebrauchsanweisungen meist in allen Einzelheiten verstehen, unter Umständen sogar Schritt für Schritt ausprobieren, um sie nutzen zu können; bei manchen inhaltlich oder sprachlich „schönen" Texten, Liebesbriefen z.B., wollen wir alle Gedanken einzeln nachempfinden, um sie genießen zu können. Manche Texte (z.B. Gedichte) sind sprachlich so kompakt, so dicht, dass uns beim Lesen keine Facette entgehen darf, um sie verstehen zu können. Das gilt auch für das Gedicht von H.C. Artmann.

► Ratgeber Lesen, S. 175

jodeln:

Alpine Gesangstechnik mit schnellem Wechsel zwischen Kopf- und Bruststimme.
„Gesungen" werden Silbenketten, die keine Wortbedeutung haben.

Schreiben 🖊

3. Überschriften finden und kommentieren.

a) Jedes Kursmitglied denkt sich eine alternative Überschrift für das Gedicht aus, schreibt sie auf einen Zettel und gibt den Zettel im Kreis herum, damit die anderen ihre Kommentare dazuschreiben können. Die Mitglieder der Gruppe A lesen dazu gegebenenfalls vorher noch kursorisch das Gedicht im Materialienbuch auf S. 41.

b) Geben Sie Ihren Zettel nach links an Ihren Gruppen-Nachbarn weiter, und nehmen Sie von rechts den Zettel Ihres anderen Nachbarn und so weiter. Schreiben Sie auf ankommende Zettel kurze Kommentare zu den vorgeschlagenen Überschriften und lesen Sie am Ende, was den anderen zu Ihrer Überschrift eingefallen ist.

c) Arbeiten Sie in Kleingruppen zu fünft oder sechst.

Mein Vorschlag für eine Überschrift: „LEAN IMPERIUM"

finde ich nicht so gut

gute Idee! Der Staat soll abspecken!

Besprechen 👄

4. Wie verstehen Sie die letzte Zeile des Gedichts?

Tauschen Sie sich im Kurs dazu aus.

Der österreichischen Kaiserin Maria Theresia (Regentschaft 1740 - 1788) wird fälschlicherweise folgender Satz in lateinischer Sprache in den Mund gelegt:

Alii bella gerant.
Tu, felix Austria, nube.

auf Deutsch:

Andere mögen Kriege führen.
Du, glückliches Österreich, heirate.

Ein Gedicht vortragen

5. **Tragen Sie das Gedicht so vor, dass Ihre persönliche Interpretation deutlich wird. Bilden Sie dazu gegebenenfalls Kleingruppen.**

Schreiben

6. **Versuchen Sie, ein ähnliches Gedicht wie das von H.C. Artmann über Ihr Land zu schreiben.**

   Tragen Sie das Gedicht im Kurs vor und sprechen Sie mit den anderen darüber, welche Gedanken und Empfindungen Sie beim Schreiben hatten.

   Hier ein Beispiel:

Meine Vaterstadt Hamburg

Wie es früher mal war (muss nicht genau stimmen) ⟶

Hamburg, ehedem Vorort von Lübeck,
bestand aus den folgenden Stadtteilen:
der erzbischöflichen
und der gräflichen Stadt,
dem Neuland hinter der Alster,
den Elbinseln Finkenwerder, Hanöversand, Scharhörn und Neuwerk,
den Vorstädten St. Georg,
Rothenbaum but'n* Dammtor
und St. Pauli, dem in der Ferne unser Heimweh gilt.

Wie es heute ist (muss nicht ganz ernst gemeint sein) ⟶

Heute besteht Hamburg
aus den Bezirken
der ehemals selbstständigen Städte
Altona, Bergedorf, Harburg und Wandsbek
sowie den Bezirken
Oimbüddel, Mitte und Nord.

Jubelruf ⟶

Heil über dir, Knackwurst in Papier, Hammonia!

*but'n = außerhalb von

Gebrauchsanweisung für Deutschland

▤ Historischer Sachtext; Essay	☞	✐ [Wandzeitung]	👄 Beschreibung; Diskussion; [Referat]
🏳 Regionalismus in Deutschland	Ws	Gr Adjektiv-Deklination	🔍

1. **Bevor Sie an die folgenden Aufgaben gehen, können Sie eine Wandzeitung über Deutschland erstellen.**

➤ LHB, S. 146

2. **Was fällt Ihnen zur deutschen Geschichte ein?**

   Besprechen Sie in der Kursgruppe, was Sie bereits über die deutsche Geschichte wissen bzw. erfahren möchten.

Lesen 👄

3. **Sehen Sie im Text über die Bundesrepublik Deutschland im Materialienbuch auf S. 42 nach, ob und was Sie dort Neues erfahren. – Sprechen Sie darüber in der Kursgruppe.**

Grammatik: Formen des Adjektivs *Gr*

4. **Wählen Sie aus: Aufgabe A (selbst eine Knobelaufgabe lösen) oder B (anderen eine Knobelaufgabe geben).**

   A Für diese Knobelei brauchen Sie die Karte der Bundesländer im Materialienbuch auf S. 42. Ergänzen Sie im folgenden Text die fehlenden Adjektivendungen und geographischen Begriffe.

   Die Bundesrepublik Deutschland besteht aus 16 sehr verschieden... Bundesländer... 1. Drei von dies... Länder... sind klein... Stadt-Staaten, von denen zwei nur aus ein... einzig... Stadt bestehen. Von dies... beid... liegt ein... mitten in ein... östlich... Flächen-Staat. Dies ist gleichzeitig die deutsch... Hauptstadt und heißt: .... 2. Der ander... von dies... beid... Stadt-Staaten liegt zwischen zwei angrenzend... Flächen-Staaten. Es ist ein... bekannt... Hafen-Stadt und heißt: .... 3. Der dritte Stadt-Staat besteht aus ein... mittelgroß... Stadt und ein... zweit... klein... Stadt, die als Exklave in dem umgebend... Bundesland an der Nordseeküste liegt. Dies... kleinst... Bundesland heißt: .... 4. Neben dies... drei Stadt-Staaten gibt es drei inner... Bundesländer, die nicht an ausländisch... Grenzen stoßen. Das mittler... von dies... drei... mit der schön... alt... Hauptstadt E........ heißt: .... 5. Hieran grenzt ein ander... Bundesland, in dem Leute leben, wie man sie sich in der ganz... Welt als die typisch... Deutschen vorstellt: Die Männer stecken in kurz... ledern... Hosen und haben spitz... Hüte auf dem Kopf, die Frauen in bunt... Kleider... mit weiß... Schürze tragen mit kräftig... Arme... riesig... Bierkrüge. Dies ist ein südlich... Bundesland und heißt: .... 6. Wenn Sie die fünf bisher erfragt... Bundesländer richtig geraten haben, ergibt sich aus dem dritt... Buchstabe... des erst... Bundesland..., dem erst... Buchstabe... des zweit..., dem fünft... Buchstabe... des dritt..., dem mittler... Buchstabe... des viert... und dem letzt... Buchstaben des fünften Bundesland... der Name des größt... deutsch... Fluss... . 7. Es ist der .... 8. Es gibt sechs Bundesländer mit Doppelnamen. Es sind zusammengefasst..., früher selbstständig... Gebiete. Eines dies... sechs Länder ist das Land mit der größt... deutsch... Insel. Sie heißt Rügen. Das Land liegt an der Ostsee und heißt: ....-........ .

B Ergänzen Sie.

Sie wollen den ander... Kursteilnehmer... ein paar schwierig... Rätsel aufgeben? Dazu brauchen Sie die Karte der Bundesländer im Materialienbuch auf S. 42.

Suchen Sie sich von den Bundesländer... ein... nach dem ander... heraus und schreiben Sie etwas z.B über dessen Größe und Lage oder andere Dinge, die Sie sonst noch über das jeweilig... Land wissen. Lassen Sie dabei aber die verflixt... deutsch... Adjektivendungen weg. Allerdings müssen Sie wissen, welche da eigentlich hingehören, denn Sie sollen ja am Ende kontrollieren, ob die anderen die richtig... Endungen ausgefüllt haben. Aus den Namen der beschrieben... Bundesländer können Sie dann noch einig... Buchstaben zu ein... Lösungswort zusammenstellen.

Als Anregung können Sie sich die Übung A ansehen: Dort ist es genauso gemacht.

Viel Spaß beim Knobeln und Knobeln-Lassen!

➤ LHB,S. 147, 2a [4]; S. 149–151

Beschreiben

5. Für diese Partnerübung finden Sie im Materialienbuch auf S. 36 einige Bilder von deutschen Landschaften.

a) Arbeiten Sie zu zweit. Suchen Sie sich beide jeweils ein Foto aus, ohne es Ihrem Partner/Ihrer Partnerin zu zeigen. Beschreiben Sie es so, dass er/sie es zeichnen kann.

b) Wenn er/sie fertig ist, vergleichen Sie die Zeichnung mit dem Original und besprechen Sie, wie etwaige Abweichungen zustande gekommen sein mögen. Jetzt beschreibt Ihr Partner „sein" Foto, und Sie zeichnen.

Denken Sie dabei auch an die Adjektivendungen?

Lesen

6. Lesen Sie den Text von Maxim Gorski im Materialienbuch auf S. 43 durch, ohne sich bei Details aufzuhalten.

a) Versuchen Sie das Wesentliche der vier Textteile zu erfassen und ordnen Sie ihnen die folgenden Überschriften zu:

– *Deutschland: das ist „viele Vaterländer".* ❑

– *Winziges Deutschland – riesige Vielfalt.* ❑

– *Deutsche Nationalstaaten: Katastrophen der Geschichte.* ❑

– *Religion in Deutschland: Aus eins mach zwei.* ❑

b) Wie sind Ihre eigenen Eindrücke und Reiseerfahrungen in Deutschland? Teilen Sie die Ansichten des Autors über die kulturelle Vielfalt Deutschlands?

c) Vergleichen Sie mit Österreich und der Schweiz und Ihrem Heimatland.

7. Steht das im Text?

Prüfen Sie, ob die folgenden Sätze mit den Aussagen im Text übereinstimmen. Wenn ja, tragen Sie die entsprechenden Textzeilen ein:

	nein	ja Zeilen:
1. Von Smolensk bis Wladiwostok braucht man eine Woche, weil es in Russland keine guten Autobahnen gibt.		
2. Die vielen Regionalküchen in Deutschland verschwinden, nur die Hamburger Küche bleibt.		
3. Etwa die Hälfte der Deutschen sind katholische Christen, die andere Hälfte Protestanten.		
4. In Deutschland gibt es gewissermaßen eine katholische und eine protestantische Nation.		
5. Auch nach der Vereinigung von BRD und DDR sind nur 25% der Deutschen stolz auf ihre Nation.		
6. Die Deutschen identifizieren sich mit der Region, aus der sie stammen oder deren Mundart sie sprechen.		

Diskutieren

8. Suchen Sie sich zu zweit ein oder zwei Thesen aus dem Text, die Sie interessieren.

a) Sprechen Sie über die ausgewählten Thesen und bilden Sie sich dazu eine Meinung.

b) Tragen Sie nun im Kurs die Thesen vor und kommentieren Sie sie.

c) Fordern Sie die anderen Kursteilnehmer zur Stellungnahme und Kritik heraus.

d) Verteidigen Sie die ausgewählte These bzw. Ihren dazu vorgetragenen Kommentar.

Abgrenzungen

9. **Am Ende dieses Kapitels noch ein paar Fragen an Sie:**

   a) Was halten Sie von dem Titel dieses Kapitels?

      Vielleicht lassen Sie noch einmal Revue passieren, was hier alles abgegrenzt worden ist (geographisch, historisch, politisch ...).

   b) Was ist aus Ihren Wandzeitungen geworden?

   c) Projekt Ausland:

      Vielleicht sind Ihnen die Informationen über die deutschsprachigen Länder in diesem Kapitel zu wenig, oder Fragen, die Sie besonders interessiert hätten, sind nicht beantwortet worden. Haben Sie nicht Lust, auf eigene Faust weiter zu recherchieren? Z.B. sich weitere Informationen über Deutschland, Österreich oder die Schweiz zu besorgen? In Bibliotheken, im Internet, in Reisebüros, auf Bahnhöfen, Flughäfen ...

   d) Projekt Inland

      Vielleicht haben Sie Lust und Zeit, in Kleingruppen an Ihrem Kursort in Deutschland, Österreich oder der Schweiz herumzulaufen, mit einem Stadtplan in der Hand, um auf Namen von Straßen und Plätzen zu achten, die vielleicht historisch oder kulturell bedeutsam sein könnten. Sammeln Sie drei oder vier solcher Namen und forschen Sie deren Bedeutung z.B. in einer Bibliothek nach.

   e) Wollen Sie Ihre Ergebnisse in einem Referat vortragen? Dabei können Ihnen die folgenden Redemittel helfen.

   > – Ich möchte über das Problem des ... sprechen
   >
   > – Mein Thema ist: ...
   >
   > – Ich habe mich mit der Frage beschäftigt: ...
   >
   > – Hierzu möchte ich über zwei (drei, vier ...) Aspekte (Punkte, Problembereiche, Fragenkomplexe ...) sprechen: ...
   >
   > – Unter den Experten (in der Fachliteratur, in den Quellen, in den Unterlagen, die mir zur Verfügung standen ...) werden folgende Theorien (Modelle, Thesen, Standpunkte, Meinungen ...) vertreten: ...
   >
   > – Ich habe dazu .... gefunden:
   >
   > – Einerseits wird vertreten (muss man sehen, bedenken ...) dass, ...
   >
   > – Andere sagen, dagegen spricht, dass ...
   >
   > – Man muss aber auch bedenken, wissen ..., dass ...
   >
   > – Daraus kann man schließen, ...
   >
   > – Meine Schlussfolgerung (mein Ergebnis ...) aus all dem ist: ...
   >
   > – Ich ziehe daraus die Konsequenz (die Quintessenz, das Fazit ...): ...
   >
   > – Vielen Dank, dass Sie mir zugehört haben (für Ihre Aufmerksamkeit ...)

   Berücksichtigen Sie weitere Redemittel im Materialienbuch.

➤ **MB, RM 1.5 + 3.1, S. 160–162**
➤ **Referat ausarbeiten: LHB, S. 131**

Testen Sie sich selbst.

1. Ergänzen Sie in dem folgenden Text die fehlenden Adjektive in der richtigen Form.

> *stattlich   mächtig   stolz   stark   trutzig   rau   dunkel   nördlich*
>
> *lieblich   klein   südlich   weit   hoch   karg   siebenstündig*
>
> *deutsch   eigenständig   schnell*

a) Bei .... Fahrweise und .... Rückenwind schafft man es in .... Fahrt über die Autobahn aus dem .... Bayern bis ins .... Schleswig-Holstein.

b) Eben sah ich noch einen .... Alpengipfel an meinem Weg, jetzt fahre ich durch einen .... Tannenwald.

c) Ich sehe .... Weinberge, ein .... Strom fließt neben mir, ich fahre durch .... Städte, vorbei an .... Burgen, ein .... Dom grüßt mich aus .... Ferne.

d) Ich fahre durch die .... Heidelandschaften durch .... Dörfer bis ans .... Nordseeufer, dem Ziel meiner .... Weltreise.

2. Quiz zur Landeskunde

a) Welche vier Sprachen sind Landessprachen in der Schweiz?

b) Welches österreichische Bundesland hat die meisten Einwohner?

c) Wie viele Teilstaaten gibt es in der Schweiz?

d) Wie heißt das kleinste deutsche Bundesland?

e) Wie heißen die beiden größten deutschen Flüsse, die das ursprüngliche deutsche Siedlungsgebiet durchfließen?

f) Wie hieß ein mächtiges österreichisches Adelsgeschlecht?

3. Idiomatische Wendungen

Kreuzen Sie die richtige Erklärung an:

a) Er sitzt in der Tinte.

❑ 1. Er hat Flecken in der Hose.

❑ 2. Er hat große Probleme.

❑ 3. Er muss viel Schreibarbeit machen.

b) Du hast mich vor den Kopf gestoßen

❑ 1. Du hast mich beleidigt.

❑ 2. Du hast mich geschlagen.

❑ 3. Du hast mich erschreckt.

c) Sie holt ihm die Kastanien aus dem Feuer.

❑ 1. Sie übernimmt für ihn eine unangenehme Aufgabe.

❑ 2. Sie gibt Ihm Geld.

❑ 3. Sie macht ihm das Essen.

6

1

Kontaktpflege - ➤   Schreib mal wieder

Schreib mal wieder

| | | Texte schreiben [Brief: offizielle Anfrage] | Stellung nehmen |
| Ws | | Gr | |

👄 **Sprechen**

1. **Wählen Sie eine der beiden folgenden Aufgaben aus:**

   A Betrachten Sie die Collage im Materialienbuch auf S. 45:

   a) Sehen Sie einen Zusammenhang zwischen den einzelnen Abbildungen? Welchen?

   b) Was hat die Collage für Sie mit „Schreiben" zu tun?

   c) Halten Sie über Ihren Eindruck einen Minivortrag von etwa einer Minute.

   B Wählen Sie eine der folgenden Thesen aus und befragen Sie dazu Ihre Kollegen im Kurs:

   a) Gehen Sie im Kursraum umher und bitten Sie einige Gesprächspartner um ihre Stellungnahme.

   b) Notieren Sie die Antworten in Stichpunkten.

   c) Berichten Sie anschließend der gesamten Kursgruppe von Ihrer Umfrage.

> Was man selbst notiert hat, vergisst man nicht so leicht. Deshalb ist Schreiben eine wichtige Hilfe beim Erlernen einer Fremdsprache.

> **Es ist sinnlos, im Fremdsprachenunterricht Dinge zu schreiben, die man im alltäglichen Leben niemals braucht.**

> Erst wenn man sich in einer Fremdsprache schriftlich fehlerfrei ausdrücken kann, beherrscht man sie richtig.

> Anders als beim Sprechen kann man beim Schreiben die eigenen Fehler und Defizite in der Fremdsprache besser erkennen.

> **Wenn man eine Fremdsprache lernt, ist das Schreiben sehr wichtig, denn im Gegensatz zum Sprechen hat man dabei Zeit, die richtigen Ausdrücke zu suchen.**

➤ MB, RM 3.1–3.3, S. 161–164

✏️ **Schreiben**

Mit „Unterwegs" können Sie das Verfassen verschiedenster Textsorten üben (z.B. persönlicher Brief, Beschwerdebrief, offizielle Anfrage bei einem Amt oder einer Institution, Kurzreferat, Bewerbungsschreiben, Lebenslauf, Zusammenfassung, Gedicht, Liebesbrief). ➤ Ratgeber Lernen, Schreiben, S. 177

2. **Suchen Sie sich eine Textsorte aus, die Sie gerne üben möchten.**

   Vielleicht haben Sie einen konkreten Anlass und müssen sich beispielsweise über etwas beschweren oder wollen sich bewerben?

   a) Arbeiten Sie mit jemandem zusammen, der dieselbe Textsorte gewählt hat. Berichten Sie sich gegenseitig, was Sie schreiben möchten.

   b) Fragen Sie Ihre Kursleiterin/Ihren Kursleiter gegebenenfalls nach entsprechenden Arbeitsblättern.

   c) Schreiben Sie Ihre ersten Entwürfe, tauschen Sie diese untereinander aus und besprechen Sie. – Kann man verstehen, worum es geht? – Was ist unverständlich? – Was würden Sie im Entwurf Ihres Partners/Ihrer Partnerin anders formulieren?

   d) Arbeiten Sie die Kommentare Ihres Partners/Ihrer Partnerin ein und verbessern Sie Ihren Entwurf.

➤ LHB, S. 152 +153

Liebesbriefe am Fließband

▤ Zeitungsbericht		👂		🖊 einen persönlichen Brief schreiben		👄

| ✉ | | Ws [Ausdruckserweiterung: Synonyme] | | Gr [Wortbildung: Adjektiv] | | 📍 |

Lesen

Eines Abends sitzen Sie mit einem guten Freund bei einem Glas Wein zusammen und Sie fragen ihn, warum er so geknickt aussieht. Da erzählt er Ihnen die folgende unglaubliche Geschichte:

Vor kurzem hat er in B., einer Hafenstadt, eine Frau kennen gelernt, die auf einer fernen Insel wohnt, zu der es keine Telefonverbindung gibt. Nur einmal pro Monat kommt ein Schiff vorbei, um Post zu bringen. Die einzige Möglichkeit, der Frau seine Bewunderung zu zeigen und in Kontakt zu bleiben, ist also ein Brief.

Ihr Freund ist aber ein absoluter Schreibmuffel und hat bestimmt seit fünfzehn Jahren keinen Brief mehr geschrieben. Und jetzt soll er seine Gefühle zu Papier bringen? Unmöglich! Verzweifelt hat er schon fast die Hoffnung aufgegeben, diese Frau jemals wiederzusehen.

Ihr Freund fragt Sie um Rat, und da Ihnen so spontan auch nichts einfällt, schlagen Sie ihm vor, gemeinsam einen Spaziergang zu machen. Als Sie so durch die Straßen gehen, sehen Sie plötzlich ein zerfetztes Stück Zeitung auf dem Boden liegen. Der Titel des Artikels und ein paar Wörter sind noch zu lesen:

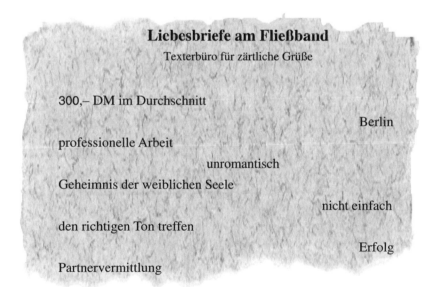

Liebesbriefe am Fließband
Texterbüro für zärtliche Grüße

300,– DM im Durchschnitt

Berlin

professionelle Arbeit

unromantisch

Geheimnis der weiblichen Seele

nicht einfach

den richtigen Ton treffen

Erfolg

Partnervermittlung

---

1. **Versuchen Sie zusammen mit Ihrem Freund, den Inhalt der Zeitungsnachricht zu rekonstruieren.**

2. **Vergleichen Sie anschließend Ihre Version mit dem Originaltext im Materialienbuch auf S. 47.**

✎ **Schreiben**

3. **Nachdem Sie die Botschaft des Textes gelesen haben, gehen Sie also erleichtert in das Texterbüro:**

a) Sie beschreiben die Auserwählte, stellen die Gefühle Ihres Freundes dar und vereinbaren mit der Texterin einen Preis von 300,– DM. Als Resultat bekommen Sie dreißig Minuten später folgenden Brief:

> *Liebe Anne-Christine,*
> *ich muss dir einfach sagen, dass ich dich liebe. Als ich dich in*
> *dem kleinen Café das erste Mal sah, wusste ich bereits, du bist die*
> *Richtige für mich! Seitdem sehe ich immer wieder deine blauen*
> *Augen vor mir und höre deine schöne Stimme, vor allem nachts!*
> *Wann und wo sehen wir uns wieder? Ich warte auf eine Antwort*
> *von dir,*
>
> *dein ....*

b) Sind Sie mit dem Brief zufrieden? Glauben Sie, dass die Frau auf diesen Brief reagiert?

c) Sie selbst können sicher einen überzeugenderen, romantischeren, gefühlvolleren Brief schreiben, nicht wahr?

d) Wenn Sie möchten, können Sie vorher einige Tipps zur Verbesserung Ihres Ausdrucks lesen. Viel Spaß beim Schreiben!

➤ LHB, S. 154 +155

4. **Schreibwerkstatt: Wählen Sie eine der beiden folgenden Aufgaben aus.**

A Der 500,– DM-Liebesbrief

Lassen Sie sich einen Brief schreiben, der sein Geld wert ist!

a) Suchen Sie in Ihrer Kursgruppe jemanden, der bereit ist, dies für Sie zu tun.

b) Führen Sie ein Gespräch mit der Schreiberin/dem Schreiber und schildern Sie:

– den Ort und die Umstände Ihres Zusammentreffens mit dem/der Angebeteten,

– sein/ihr Äußeres,

– Ihre Interessen, Vorlieben, Ihren Geschmack usw.,

– Ihre Gefühle,

– Ihre geheimen Absichten.

c) Geben Sie den Brief in Auftrag.

d) Lesen Sie den fertigen Brief durch und überlegen Sie, ob Sie zufrieden sind. Tragen Sie Änderungswünsche vor.

B Verfassen Sie selbst einen Liebesbrief oder einen Abschiedsbrief!

a) Sie können jemanden in der Gruppe suchen, dem Sie einen Brief schreiben wollen. Überreichen Sie Ihren Brief persönlich. Sie erwarten eine Antwort von mindestens fünf Zeilen!

b) Sie können aber auch in der Rolle einer der beiden auf dem Arbeitsblatt im Lehrerhandbuch abgebildeten Personen einen Brief schreiben.

➤ LHB, S. 156

Schreiben ist nicht ohne Grund schwer

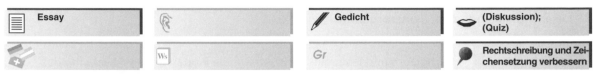

| ☰ Essay | | ✎ Gedicht | 👄 (Diskussion); (Quiz) |
| Ws | Gr | 🔍 Rechtschreibung und Zeichensetzung verbessern |

1. Worin liegt der Unterschied?

die Seite – die Saite

Rechen – rächen

lehren – leeren

das richtige Schreiben – das Richtige schreiben

Wir empfehlen, ihm nichts zu sagen. – Wir empfehlen ihm, nichts zu sagen.

2. Wählen Sie eine der beiden folgenden Aufgaben aus:

A Zur Diskussion gestellt:

a) Bilden Sie Kleingruppen.

b) Stellen Sie sich vor, Sie sind in der Personalabteilung einer großen Textilfirma und haben eine Stelle für einen leitenden Angestellten ausgeschrieben. Sie erhalten eine Bewerbung, die viele Rechtschreibfehler enthält.

– Wie wirkt das Schreiben auf Sie?
– Was denken Sie über die Person, die die sen Brief geschrieben hat?
– Würden Sie sie einstellen, wenn sie sonst alle Qualifikationen erfüllen würde?

c) Vergleichen Sie Ihre Standpunkte in der Gruppe.

d) Versuchen Sie, eine Erklärung für unterschiedliche Standpunkte zu finden: Welchen Stellenwert hat die Orthographie in Ihrem Land?

B Quiz

Beantworten Sie in Kleingruppen folgende Fragen und vergleichen Sie Ihre Ergebnisse.

1. Wo kann man nachschlagen, wenn man nicht weiß, wie ein Wort auf Deutsch geschrieben wird?

2. Sind die Regeln für die Rechtschreibung in der Schweiz, in Österreich und in Deutschland gleich?

3. Ist Rechtschreibung ein eigenes Fach in der Grundschule in Deutschland, Österreich oder in der Schweiz?

4. Wie viele Analphabeten gibt es schätzungsweise in Deutschland?

5. Hat es in der deutschen Rechtschreibung Änderungen gegeben oder ist sie seit dem 18. Jahrhundert gleich geblieben?

Lesen

3. Lesen Sie folgende zwei Textausschnitte.

a) Welcher der beiden Texte ist schwieriger zu lesen? Warum?

b) Versuchen Sie zu korrigieren und lesen Sie zur Kontrolle die beiden ersten Abschnitte des Textes „Schreiben ist nicht ohne Grund schwer" im Materialienbuch auf S. 49.

Ich nehme mich nicht aus auch ich freue mich über rechtschreibefehler meiner mitmenschen es ist so etwas wie einer der vom pferd fällt ich nehme mich nicht aus auch ich habe gelitten unter der rechtschreibung und bin dem lehrer dem meine aufsätze trotz der fehler gefallen haben heute noch dankbar es war nur einer in der sechsten klasse und ihm habe ich geglaubt ohne ihn hätte ich den mut zum schreiben für immer verloren.

Wier sind swar stoltzdarauf und daß mid recht dass bey uns so susagen jeda lesen und schreiben lern dass es jeder kan is bey uns eine selverstenlichkeit. Aba in der Shule wiad nua prüfbarres gelernt. Also mus mann auch die selverstenlichkeit des schreiben prüffbar machän. Zumschlus werden es wennich sain, die denn mud habn Ihr könen su benutzen. So schaft mann auf ummwegen die ofensichtlich notwändigen Anna Lauf beten.

4. Lesen Sie nun den ganzen Text von Peter Bichsel im Materialienbuch auf S. 49 und S. 50.

a) Welche Einstellung hat Peter Bichsel zur deutschen Rechtschreibung?

b) Versuchen Sie zu zweit, diese in einem Satz zusammenzufassen.

5. Lesen Sie den Text noch einmal und suchen Sie die Stellen, die folgenden Aussagen inhaltlich entsprechen. Geben Sie die jeweiligen Zeilen an.

	Zeile:
a) Rechtschreibung ist ein Mittel gesellschaftlicher Selektion.	....
b) Die Zivilisation würde nicht ärmer, wenn es keine Rechtschreibung mehr gäbe.	....
c) Rechtschreibung gibt es erst, seit die Kunst des Schreibens kein Privileg Einzelner mehr ist.	....
d) Schreiben zu können gilt heute als Selbstverständlichkeit.	....
e) Vielen nimmt die Rechtschreibung den Mut zu schreiben.	....
f) Rechtschreibung ist nicht grundsätzlich schlecht.	....
g) In der Schule wird nicht geprüft, was man schreibt, sondern ob man richtig schreibt.	....

Sprechen

6. Mit welchen der Aussagen a) bis g) stimmen Sie überein?

a) Begründen Sie Ihre Haltung.

b) Formulieren Sie weitere Thesen zum Thema „Rechtschreibung".

➤MB, RM 3.1 + 3.2, S.161–163

7. Sind Sie mit der im Titel „Schreiben ist nicht ohne Grund schwer" ausgedrückten These einverstanden?

Schreiben 🖊

8. **Wählen Sie eine der folgenden drei Aufgaben aus:**

A Projekt: Die Suche nach Regeln

Bilden Sie drei Gruppen und besuchen Sie, wenn möglich, eine Bibliothek oder Mediothek.

Schlagen Sie dort ein paar wichtige Regeln nach

– zur deutschen Rechtschreibung im Allgemeinen,

– zur Interpunktion,

– zur Groß- und Kleinschreibung.

Erklären Sie diese Regeln im Plenum und geben Sie jeweils Beispiele dafür.

Wie Sie Ihre Rechtschreibung verbessern können

Sie können Ihre Rechtschreibung dadurch verbessern, dass Sie:
- viel lesen,
- viel schreiben, auch abschreiben,
- von Ihnen Geschriebenes einem Muttersprachler geben, der eine korrekte Version davon erstellt. Vergleichen Sie beide Versionen miteinander.
- sich von Ihrer Kursleiterin/Ihrem Kursleiter die Fehler nur markieren lassen und selbst versuchen zu korrigieren.
- sich z.B. nur die Interpunktionsregeln merken, die in Ihrer Muttersprache anders sind.

B Das Freiheitsgedicht

Stellen Sie sich vor, Sie seien in einem Land, in dem sich das Volk dafür entschieden hat, alle Regeln der Schreibkunst abzuschaffen, sodass jeder schreiben kann, wie er will: Nicht nur die Rechtschreibung ist abgeschafft, sondern auch die Regeln, wie Texte äußerlich auszusehen haben. Es gibt keine Linien mehr und man kann oben oder unten, rechts oder in der Mitte zu schreiben beginnen. Alles, was in diesem Land geschrieben wird, gilt als Gedicht.

Schreiben auch Sie ein solches „Freiheitsgedicht".

Schreiben Sie fünf Minuten lang, ohne innezuhalten. Sie werden sehen, wie viel Spaß es macht, sich einmal von den verflixten Regeln zu befreien!

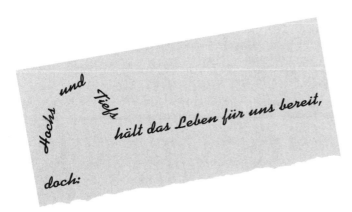

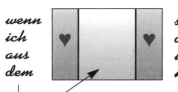

C Erfinden Sie Ihre persönliche deutsche Rechtschreibung.

a) Teilen Sie den anderen in der Gruppe „Ihre" Regeln mit.

b) Verfassen Sie einen Beispieltext.

Testen Sie sich selbst.

1. Im folgenden Brief sind zehn Fehler versteckt. Finden Sie sie heraus!

> *Sehr verehrte gnädige Frau Dr. Bornebaum,*
>
> *hier mit möchte ich ihnen meinerseits hochoffiziel mitteilen, dass ich tiefe Gefühle für sie empfinde und dass ich Sie zu ehelichen gedenke. Alles Weitere werde sich sicherlich finden und zu Rechten wenden, wenn Sie nur wollen.*
> *Mit den Besten empfehlungen auch an den Herr Papa,*
>
> *Ihr Untergebenster Ferdinand Schönschreib*

2. Ergänzen Sie die fehlenden Satzzeichen:

INMITTEN KNALLROTER MÖBEL UND TISCHE MIT PLASTIKDECKEN LAUSCHT JUTTA BARTKY DEN KLÄN-
GEN EINES ALTEN DEUTSCHEN SCHLAGERS AUS DEM FEDERHALTER IN IHRER HAND FLIESSEN SÄTZE
VOLLER ZÄRTLICHKEIT SCHON DEN DRITTEN LIEBESBRIEF SCHREIBT SIE HEUTE JEDEN AN EINEN AN-
DEREN MANN JUTTA BARTKY HAT EIN SCHREIB- UND TEXTERBÜRO IN BERLIN IHRE SPEZIALITÄT LIE-
BESBRIEFE LIEBESBRIEFE ZU SCHREIBEN SEI NICHT EINFACH SAGT JUTTA BARTKY FRAUEN NEIGTEN
DAZU UNVERBLÜMT ZU SAGEN WAS SIE WOLLTEN UND WAS DER ANDERE GEFÄLLIGST NICHT SOLLE
MÄNNER DAGEGEN SEIEN MEIST VÖLLIG UNROMANTISCH DEREN LIEBESBRIEFE LÄSEN SICH OFT SO
SACHLICH WIE EINE INVENTARLISTE.

3. Welche Bedeutungen sind ähnlich? Ordnen Sie zu.

a) Ich nehme mich nicht aus   1. für alle gültig

b) auf Umwegen   2. total

c) weil es vorerst Not tut   3. bewundern

d) etwas ... gilt nichts   4. weil es nötig ist

e) bestaunen   5. Ich gehöre auch dazu

f) in Bausch und Bogen   6. indirekt

g) keineswegs   7. überhaupt nicht

h) verbindlich   ──────────▶ 8. im Prinzip

i) an und für sich ──────   9. etwas ist nichts wert

Unterwegs: Fehlerstatistik

– Nehmen Sie noch einmal alle schriftlichen Arbeiten zur Hand, die Sie bisher in diesem Kurs ver-
fasst haben und die von Ihrem Kursleiter/Ihrer Kursleiterin korrigiert wurden.

– Analysieren Sie Ihre häufigsten Fehler und erstellen Sie eine Fehlerstatistik.

Hier ein Beispiel:

Adjektiv falsch dekliniert: || Groß- und Kleinschreibung: /

falscher Artikel: /   Singular/Plural falsch:

Verb an der falschen Stelle: ++++   falscher Kasus: ||

falsche Präposition: | *Passiv* - - - - - - - - - - - - -

Siegfried Lenz, Eine Liebesgeschichte

📄 Erzählung	👂 Erzählung	✏️ autobiographischer Text; Tagebuch	👄 eine Geschichte erzählen; (Rollenspiel)
🔧	**Ws** Personen beschreiben; Gefühle ausdrücken	**Gr** [Passiv]	💭

1. **Setzen Sie sich in kleinen Gruppen zusammen. Erfinden Sie eine Geschichte, in der folgende Personen, Gegenstände und Schauplätze vorkommen:**

   Personen: Joseph Gritzan, ein Holzfäller; Katharina Knack, eine junge Frau beim Wäschewaschen; die alte Guschke, eine alte Wäscherin; ein Pfarrer

   Gegenstände:

     eine Axt   Brennholz ein Taufschein   Wäsche

   Schauplätze: ein Flüsschen, ein Steg

2. **Erzählen Sie Ihre Geschichte gemeinsam im Plenum.**

3. **Hören Sie nun, welche Geschichte der Schriftsteller Siegfried Lenz aus diesem Stoff gemacht hat.**

   Wie unterscheidet sich seine Geschichte von Ihrer?

4. **Wie verläuft die Geschichte? Ordnen Sie dazu die folgenden Sätze.**

   a) ☐ Als er neben ihr stand, sprach er: „Rutsch zur Seite."

   b) ☐ Das Mädchen sprach: „Ich werde heiraten."

   c) ☐ Der Holzfäller wurde von der Axt Amors getroffen.

   d) ☐ Die alte Guschke trat vor das Häuschen und rief: „Die Wäsch', Katinka, die Wäsch'!"

   e) ☐ „Es wird alles genehmigt wie eh und je", sagte der Pfarrer.

   f) ☐ Joseph Gritzan holte den Pfarrer früh morgens aus dem Bett.

   g) ☐ Joseph Gritzan kam es in den Sinn zu heiraten.

   h) ☐ Joseph Gritzan sah die junge Katharina Knack auf dem Steg beim Wäschewaschen.

   i) ☐ Joseph Gritzan verwahrte den Taufschein in der Weitläufigkeit seiner Brust.

   j) ☐ Joseph Gritzan zog etwas Eingewickeltes aus seiner Tasche.

   k) ☐ Katharina Knack kniete am Flüßchen und betrachtete sich im Wasser.

   l) ☐ Katharina wollte verschwinden, als wäre die Lakritzstange gar nicht gewesen.

   m) ☐ Sie schwiegen sich aneinander heran.

5. Hören Sie die Geschichte noch einmal.

a) Überprüfen Sie Ihr Ergebnis aus Aufgabe 4.

b) Wie verhalten sich die Personen? Wie werden sie beschrieben?

Ws **Wortschatz: Personen beschreiben**

6. a) Kennen Sie die folgenden Adjektive? Lassen Sie sich unbekannte Wörter erklären oder schlagen Sie im Wörterbuch nach.

ahnungslos	erfreut	humorvoll	schweigsam	verärgert
aufgeregt	erregt	kräftig	übermütig	verschlafen
ausgelassen	fleißig	listig	überrascht	verträumt
behände	gehemmt	schlau	umständlich	wortkarg
energisch	geschickt	schnell	unbeholfen	wütend
entschlossen	gesund aussehend	schüchtern	väterlich	zupackend
....	....	....	....	....

b) Fallen Ihnen weitere Adjektive zur Charakterisierung von Personen ein? Ergänzen Sie die Liste.

7. Lesen Sie nun die Erzählung im Materialienbuch auf S. 52-54. Wie würden Sie die vier Personen charakterisieren?

Wählen Sie Adjektive aus der Übung 6 aus und ordnen Sie sie den einzelnen Personen zu.

Joseph Gritzan	Katharina Knack	die alte Guschke	der Pfarrer
energisch			

👄 **Sprechen**

8. Was sprechen Katharina und Joseph miteinander? Notieren Sie.

Joseph	Katharina

9. Wie kommunizieren Joseph und Katharina miteinander? Wie wirkt das Verhalten der beiden auf Sie?

10. Wie zeigen sich Liebespaare in Ihrem Land ihre Zuneigung?

Wortschatz: Gefühle ausdrücken

11. Was könnte den beiden Verliebten (oder auch anderen Paaren) alles durch den Kopf gehen? Ergänzen Sie zunächst die linke Spalte.

positiv:

Ich bin   a) total aus dem △ .

         b) im 7. ⌒ ⌒ .

         c) einfach hinge ▭▭ ▭▭ von ihr.

         d) bis über 👂 👂 verliebt in sie.

Du bist   e) mein kleiner 👼 .

         f) mein 1 & Alles.

Er/Sie ist   g) be ╲ ╱ zückend

Ich finde   h) ent — **?** — zaubernd

ihn/sie   i) hin ╱ ╲ reißend

         j) fasz..........

         k) phan..........

         l) w..........bar

negativ:

Ich kann ihn/sie nicht ausstehen.

----

12. Ordnen Sie die folgenden negativen Ausdrücke in der rechten Spalte von Übung 11 so den Sätzen in der linken Spalte zu, dass sie jeweils ein Gegensatzpaar bilden.

abstoßend, am Boden zerstört, ein rotes Tuch, entsetzlich, furchtbar, gewöhnlich, langweilig, Luft für mich, nicht ausstehen können, widerlich, zu tiefst enttäuscht, zu Tode betrübt

► LHB, S. 157

Projekt   ✎

13. Sehen Sie sich einen Spielfilm an oder lesen Sie eine Kurzgeschichte bzw. einen Roman.

    a) Notieren Sie, was „Paare" zueinander sagen. Vermerken Sie jeweils die sozialen Charakteristika der Personen (vermutliches Alter, soziale Schicht, Bildungsgrad usw.).

    b) Tragen Sie Ihre Formulierungen im Kurs zusammen und ordnen Sie sie auf einer Skala der Zuneigung: Liebe → Gleichgültigkeit → Hass.

Inszenieren oder Schreiben

14. Lassen Sie Joseph und Katharina zu Wort kommen. Wählen Sie zwischen Aufgabe A und Aufgabe B.

A Inszenieren

Bereiten Sie jeweils zu zweit eine der beiden folgenden Szenen vor:

• Szene 1

Was denken Joseph Gritzan und Katharina Knack, während sie nebeneinander auf dem Steg sitzen und sich aneinander heranschweigen? Klären Sie, wer wen spielen will. Dann gibt „Joseph" seine und „Katharina" ihre Gedanken laut wieder. Sie sitzen dabei ein wenig zur Seite abgewendet voneinander. Versuchen Sie, die Gedanken und Gefühle von Gritzan und Katharina jeweils auch in Mimik und Gestik auszudrücken.

• Szene 2

Wie könnte die Szene zwischen Joseph und Katharina in Ihrem Kulturkreis verlaufen? Wie würden die beiden sich möglicherweise verhalten? Was würden sie sagen? Beschreiben Sie sich gegenseitig kurz die beiden Personen (Alter, Aussehen, Charakter). Legen Sie fest, wo die beiden sich treffen (gegebenenfalls auch mit welchen anderen Personen). Spielen Sie dann die Szene dem Kurs vor.

B Schreiben

50 Jahre später schreibt eines der Enkelkinder die Erzählungen seiner Großeltern in Form zweier fiktiver Tagebücher nieder.

a) Was wird der Enkel bzw. die Enkelin wohl unter dem Datum niederschreiben, an dem sich Großmutter und Großvater kennenlernten? Versetzen Sie sich entweder in Katharina oder in Joseph und schildern Sie die Ereignisse.

b) Tauschen Sie Ihre Schilderungen gegenseitig aus und lesen Sie sie.

► LHB, S. 158

Unglaublich aber wahr: Sagenhafte Geschichten von heute

▤ moderne Sagen; Sachtext	☞ Gespräch	✏ Geschichten, Sagen niederschreiben	👄 Geschichten erzählen
	Ws	Gr Satzgliedstellung	

Hören

1. **Stellen Sie sich vor, Sie sind in einer Kneipe und bekommen ein Gespräch mit. Hören Sie das Gespräch von der Kassette: Worum geht es? Tauschen Sie sich anschließend mit Ihrer Partnerin/ Ihrem Partner aus.**

Lesen

2. **Auf Seite 55 des Materialienbuchs finden Sie weitere Geschichten.**

   a) Lesen Sie die Überschriften. Welche macht Sie neugierig? Wählen Sie eine Geschichte aus.

   b) Suchen Sie jemanden, der dieselbe Geschichte gewählt hat. Lesen Sie jetzt die Geschichte und bereiten Sie sich zusammen darauf vor, die Geschichte weiter zu erzählen.

Sprechen 👄

3. **Geschichten erzählen.**

   a) Erzählen Sie jemandem anderen im Kurs Ihre Geschichte, der sie nicht kennt. Dann erzählt Ihr Gesprächspartner/Ihre Gesprächspartnerin Ihnen die von ihm/ihr gewählte Geschichte. Passen Sie gut auf, denn Sie sollen die gehörte Geschichte weiter erzählen.

   b) Suchen Sie sich einen neuen Gesprächspartner, der die von Ihnen gehörte Geschichte noch nicht kennt, und erzählen Sie sie ihm. Merken Sie sich wieder die Geschichte, die er Ihnen erzählt.

   c) Suchen Sie sich ein letztes Mal einen Partner oder eine Partnerin und erzählen Sie sich gegenseitig Ihre Geschichten.

   d) Erzählen Sie dann die zuletzt gehörte Geschichte der gesamten Gruppe. Wenn jemand „Ihre" Geschichte, die Sie gelesen haben, erzählt, notieren Sie sich die Veränderungen: Was fehlt? Was ist falsch? Was ist neu dazugekommen?

4. **Was sagen Sie zu diesen Geschichten?**

   Haben Sie eine davon schon einmal gehört? Sind es wahre oder erfundene Geschichten?

Grammatik: Satzgliedstellung *Gr*

5. **Wie sind Sätze im Deutschen aufgebaut?**

   Stellen Sie mit Ihrem Nachbarn Regeln zusammen. Bilden Sie Beispielsätze.

6. **Vergleichen Sie Ihre Regeln mit den Aussagen in der Grammatikübersicht.**

➤ MB, GR 1 + 2, S. 129–132

7. Übersetzen Sie die Beispielsätze in Ihre Muttersprache.

Welche Unterschiede bestehen zwischen der Satzgliedstellung in Ihrer Muttersprache und im Deutschen? Berichten Sie.

8. „Die Prüfungsordnung beim Wort genommen" [1]

Rekonstruieren Sie die folgende Geschichte. Sie besteht aus fünf komplexen Sätzen a) bis f).

a) hatte herausgefunden / ein Student;
der / studierte / von Oxford / an einem der alten Colleges / um 1960;
dass / vorsieht / noch immer gültige / Heinrichs VII / die Prüfungsordnung / aus der Zeit;
dass / sei zu verabreichen / auf Wunsch / zur Stärkung / ein Glas Bordeaux / während der schriftlichen Arbeit / dem Kandidaten.

b) und / um zu testen / aus Jux / seiner Professoren / die Traditionsliebe;
soll angefordert haben / vor der Prüfung / das Glas Bordeaux / später / dieser Student / tatsächlich.

c) sich / stellte heraus / es; dass / wusste / von dieser Bestimmung / niemand.

d) als / nicht / ließ locker / er; selbst / machte / musste zugeben / der Dekan / sich / die Mühe / und;
nachzusehen / in den alten Statuten; dass / hatte Recht / der Student.

e) wurde gesandt / in die nächste Weinhandlung / ein Pedell;
und / gereicht / tatsächlich / der gewünschte Bordeauxwein / dem Studenten.

f) als / war beendet / die vierstündige Prüfung; mitteilte / dem Studenten / man; dass / sei ungültig / in seinem Fall / sie; weil / habe getragen / in der gleichen Prüfungsordnung vorgeschriebenen / er / während der Arbeit / nicht / die gelben Socken.

Projekt: Erzählen, schreiben oder lesen

9. Wählen Sie eine der folgenden Aufgaben A, B oder C aus.

A Weitere Geschichten erzählen

a) Kennen Sie ähnliche Geschichten? Erzählen Sie.

b) Erzählen Sie eine traditionelle Sage aus Ihrer Heimat.

B Eine Geschichte aufschreiben

a) Schreiben Sie eine gehörte, gelesene, erlebte oder auch erfundene Geschichte als Brief an jemanden im Kurs: *Stell' Dir vor, ...*

b) Antworten Sie auf die Geschichte, die Sie erhalten. Kommentieren Sie sie. Fragen Sie nach.

C Einen Sachtext lesen

a) Lesen Sie im Materialienbuch auf S. 56 und 57 den Text *Moderne Sagen vom Volksmund zum Bestseller*. Was sind für Sie die fünf interessantesten Informationen? Haben Sie keine Angst vor langen Texten. Tipps, wie man sie „knackt", bekommen Sie im Kursbuch „Ratgeber Lesen" auf S. 175 und auf S. 155.

b) Stellen Sie den andern die Informationen vor, die Sie für wichtig halten.

► LHB, S. 159

1) aus: Brednich, Sagenhafte Geschichten, S. 327

Erich Kästner, Das Märchen vom Glück

	Kurzgeschichte						Textinhalt wiedergeben; Ratespiel

		Ws	Vergleiche [Personen beschreiben]	**Gr**	Irreale Vergleichssätze		Textstrukturen

---

Lesen

1. Stellen Sie sich vor, Sie blättern in einem Buch mit Erzählungen. Bei einer halten Sie an und beginnen zu lesen:

> *Siebzig war er gut und gern, der alte Mann, der mir in der verräucherten Kneipe gegenüber saß. Sein Schopf sah aus, als habe es darauf geschneit, und die Augen blitzten wie eine blankgefegte Eisbahn. „Oh, sind die Menschen dumm", sagte er und schüttelte den Kopf, daß ich dachte, gleich müßten Schneeflocken aus seinem Haar aufwirbeln. „Das Glück ist ja schließlich keine Dauerwurst, von der man sich täglich seine Scheibe herunterschneiden kann!" „Stimmt", meinte ich, „das Glück hat ganz und gar nichts Geräuchertes an sich. Obwohl …" – „Obwohl?" – „Obwohl gerade Sie aussehen, als hinge bei Ihnen zu Hause der Schinken des Glücks im Rauchfang" – „Ich bin eine Ausnahme", sagte er und trank einen Schluck. „Ich bin die Ausnahme. Ich bin nämlich der Mann, der einen Wunsch frei hat." Und dann erzählte er seine Geschichte.*

2. Welche Geschichte könnte der alte Mann erzählen? Haben Sie eine Idee?

a) Die Fortsetzung dieser Geschichte finden Sie im Materialienbuch auf S. 58. Finden Sie heraus, wie die einzelnen Textabschnitte zusammen gehören und setzen Sie Kästners „Märchen vom Glück" wieder zusammen.

b) Bilden Sie dazu zunächst sechs Gruppen. Jede Gruppe liest einen anderen Textabschnitt. Machen Sie sich Notizen zum Inhalt Ihres Abschnitts. Bereiten Sie sich gemeinsam darauf vor, den anderen Teilnehmern den Inhalt Ihres Abschnitts wiederzugeben.

Wer? ....

Was? ....

....

Wann? ....

Wo? ....

Sprechen

3. Geben Sie den Inhalt Ihres Textabschnitts wieder.

Benutzen Sie dazu Ihre Notizen. Wählen Sie pro Gruppe einen Sprecher, der dem Plenum berichtet.

4. Rekonstruieren Sie die Geschichte.

a) Legen Sie an der Tafel ein Raster nach folgendem Muster an, in das vergleichbare Notizen über die einzelnen Textabschnitte eingetragen werden können:

Ausschnitt	A	B	C	D	E	F
Personen						
Handlung						
Ort						
Zeit						
Reihenfolge						

b) Überlegen Sie gemeinsam, in welcher Reihenfolge die Textteile zu lesen sind. Achten Sie darauf, dass der letzte der sechs Textteile zum Anfang der Geschichte (S. 58) passen muss: Denn Anfang und Ende bilden den Rahmen für die Geschichte.

Textstrukturen: Texte sind wie Gewebe, alles hängt mit allem zusammen.

Wenn Sie nicht sicher sind, ob zwei Textteile zueinander gehören, achten Sie besonders auf das Ende des einen und den Anfang des anderen Abschnitts. Passen beide inhaltlich zusammen? Stimmt der Gesprächsablauf (z.B. Frage – Antwort)? Gibt es Konnektoren (z.B. *aber, danach* usw.), die den inhaltlichen Zusammenhang anzeigen? Beachten Sie auch beim Lesen vollständiger Texte: Die gedankliche Struktur eines Textes wird in den Konnektoren verdeutlicht.

---

5. **Wenn Sie die richtige Reihenfolge gefunden haben, lesen Sie noch einmal den ganzen Text. Wie denken Sie über den Schluss der Geschichte:**

    a) Ist der alte Mann glücklich?

    b) Hat er auf diese Frage absichtlich nicht geantwortet?

Ws   **Wortschatz: Vergleiche**

Ungewöhnliche Vergleiche

Wie langweilig klingt es, wenn der Held in einem Liebesroman zu seiner Angebeteten sagt: „Ihre Augen leuchten wie zwei Sterne!" Sagt ein Erzähler aber über einen alten Mann „seine Augen blitzten wie eine blankgefegte Eisbahn", dann horcht man auf, wird aufmerksam. Dieser Vergleich ist ungewöhnlich.

6. **Suchen Sie weitere ungewöhnliche Vergleiche in Kästners Text.**

7. **Basteln Sie selbst ungewöhnliche Vergleiche aus den folgenden Wörtern.**

    Schreiben Sie Ihre Beispiele auf. Tauschen Sie sie untereinander aus. Welche gefallen Ihnen am besten?

	Angst			blankgefegt**e**	Eisbahn
sein	Arbeit			dunkel	Ferienreise
seine	Auge**n**	ist	ein	eisern	Hut
	Auto	wie		fröhlich	Schlucht
ihr	Hand	sind	eine	scharf	Sofa
ihre	Mund			sonnig	Vater
	Unterricht			weich	Zangen
	...			...	...

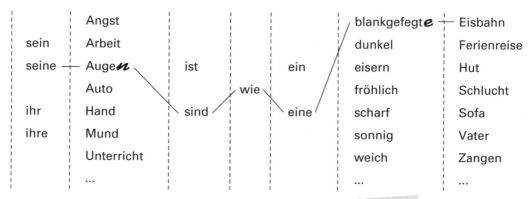

Blitz *der; -es, -e;* **1** ein sehr helles Licht, das man bei e-m Gewitter plötzlich am Himmel sieht (weil elektrischer Strom von e-r Wolke zur anderen od. zur Erde fließt) ⟨B. u. Donner; irgendwo schlägt ein B. ein; j-d wird vom B. erschlagen; j-d / etw. wird vom B. getroffen; Blitze zucken am Himmel⟩ ‖ K-:

Langenscheidts Großwörterbuch Deutsch als Fremdsprache

Vergleiche in Redensarten Ws

Es gibt auch Vergleiche, die zu festen Redensarten geworden sind. Daher können Sie für die folgende Übung auch ein Wörterbuch benutzen.

8. Ergänzen Sie die folgenden Sätze mit den passenden Ausdrücken. Bilden Sie dazu Paare aus Adjektiven und Nomen.

begossener	bleierne	bunter	dummen	~~geölter~~	graue	heiße	rohen
~~Blitz~~	Ei	Ente	Hund	Jungen	Kartoffel	Maus	Pudel

a) Im Schlussverkauf ist Frau Voss nicht zu bremsen. Sie steht morgens als erste vor der Kaufhaustür, und sobald geöffnet wird, stürzt sie sich wie ein *geölter Blitz* auf die Sonderangebote.

b) Hermann hat nie richtig schwimmen gelernt. Er ist wasserscheu und hat immer Angst, dass er untergeht. Er schwimmt wie eine ....

c) Frau Krause ist heute sehr empfindlich. Ein falsches Wort von ihrem Mann und schon ist sie beleidigt. Er muss heute mit ihr umgehen wie mit einem ....

d) „Immer dieselben langweiligen Klamotten! Du läufst herum wie eine ...."

e) Max hat seine Schulaufgaben nicht gemacht. Als die Lehrerin ihn fragt, ist er sehr schuldbewusst. Er guckt wie ein ....

f) Wenn ich mit meinem jüngsten Sohn spazieren gehe, fällt mir jedes Mal auf, dass alle Leute ihn ansprechen. Er ist in unserem Viertel bekannt wie ein ....

g) Sein Haus war immer voller Gäste. Und jetzt, da er in Geldnöten ist, lassen sie ihn alle fallen wie eine ....

h) Der Chef ist wirklich unverschämt. Heute wollte er mich darüber belehren, wie viel Prozent Skonto man bei Barzahlung abziehen kann. Er behandelt mich wie einen ....

9. Erklären Sie die Bedeutung dieser Redensarten.

10. Gibt es entsprechende Redensarten in Ihrer Sprache?

Ist die Bedeutung mit der der deutschen Redensart völlig gleich?

Grammatik: Irreale Vergleiche Gr

11. Lesen Sie die folgenden Beispiele aus dem Text. Finden Sie heraus, mit welchen grammatischen Mitteln hier Kästner reale Ereignisse mit phantastischen vergleicht.

Sein Schopf sah aus,	*als*	habe	es darauf	*geschneit.*
Er schüttelte den Kopf,	*als ob*		Schneeflocken aus seinem Haar	*aufwirbeln müssten.*
Sie sehen aus,	*als*	hinge	bei Ihnen der Schinken des Glücks im Rauchfang.	
Er spielte	*als wenn*		er allein das Glück	*gepachtet hätte.*

➤ MB, GR 6.3, S. 144
➤ LHB, S. 160

87

12. Bilden Sie Sätze nach dem Muster unten auf S. 85.

als ob oder *als*

a) Er saß wieder neben mir.

b) Mir war so seltsam zumute.

c) Es riecht hier so streng.

d) Du gibst so viel Geld aus.

e) Ich habe einen Hunger.

f) Du siehst so zerzaust aus.

g) Er benimmt sich so ungezwungen.

h) Mir tun die Knochen weh.

i) Er freut sich.

j) Du tust so schlau.

1. Er hat im Lotto gewonnen.

2. Du hast im Wald geschlafen.

3. Du hast die Weisheit mit Löffeln gefressen.

4. Er ist zu Hause.

5. Man hatte eine Gans versengt.

6. Du bist Krösus.

7. Er war nie weg gewesen.

8. Es muss jeden Augenblick etwas passieren.

9. Ich habe seit Tagen nichts gegessen.

10. Ich habe Zentnersäcke getragen.

13. Ratespiel

Bilden Sie Gruppen zu fünft oder sechst. Einer/Eine (A) aus jeder Gruppe verlässt den Raum. Die im Raum verbliebenen Kursteilnehmer (B, C, D und E) verabreden nun z.B., dass B so antworten soll, *als ob* er/sie es eilig hätte, C so, *als ob* er/sie müde wäre, D so, *als ob* er/sie von der Polizei gesucht würde, und E schließlich so, *als ob* er/sie dringend Geld bräuchte. Teilnehmer A wird jetzt wieder hereingebeten und stellt B, C, D und E Fragen, um herauszubekommen, was mit ihnen los ist. Die im Raum verbliebenen Teilnehmer antworten und verhalten sich wie verabredet. Es könnte zu folgendem Gespräch kommen:

A: „Wie geht es Ihnen?"

E: Schaut in sein Portemonnaie, „Schlecht." Oder: „Meinen Sie finanziell?"

A: „Schönes Wetter heute!"

C: Gähnt, „Ja?"

A: „Wie haben Sie geschlafen?"

D: Sieht sich nervös um, „Im Stehen! Hinterm Schornstein auf meinem Dachboden."

A: „Und Sie?"

B: „Ja." Sieht auf die Uhr, „Ich muss dann …" Steht auf, setzt sich wieder …

Nun muss A raten, was mit den anderen los ist. A kann z.B. vermuten: *„C spricht, **als ob** er/sie schwerhörig wäre."* usw. Die andern dürfen nur mit *ja* oder *nein* antworten.

Wenn A alle verabredeten Sprechweisen erraten hat, ist B an der Reihe, den Raum zu verlassen …

Testen Sie sich selbst.

1. Wie gut können Sie erzählte Geschichten verstehen?

a) Überlegen Sie, wie es war, als Sie das letzte Mal (im Unterricht oder außerhalb des Unterrichts) einer Geschichte zugehört haben. Oder beobachten Sie sich beim nächsten Mal.

   1. Hörten Sie einer Person oder dem Radio/Fernsehen zu?

   2. War es für Sie eine schwierige Situation?

   3. Welchen Eindruck hatten Sie insgesamt von sich? Waren Sie mit sich zufrieden?

   4. Mussten Sie sich sehr anstrengen oder machte es Ihnen Spaß?

   5. Bekamen Sie das Wichtigste mit?

   6. Konnten Sie auch auf Details achten?

   7. Hatten Sie Schwierigkeiten mit der Sprechgeschwindigkeit?

   8. Hatten Sie Schwierigkeiten mit der Aussprache?

   9. Hatten Sie Schwierigkeiten mit dem Wortschatz?

  10. Hatten Sie Schwierigkeiten mit der Grammatik?

  11. Wenn Sie einer Person direkt zugehört haben, nahm diese Rücksicht auf Sie?

  12. Konnten Sie sie bei Schwierigkeiten unterbrechen und nachfragen?

b) Was möchten Sie in nächster Zeit besonders üben? Machen Sie eine Aufstellung. Schauen Sie im Buch nach oder fragen Sie Ihre Kursleiterin/Ihren Kursleiter, wo und wie Sie dies üben können.

2. Wie gut können Sie auf Deutsch erzählen?

a) Überlegen Sie, wie es war, als Sie das letzte Mal (im Unterricht oder außerhalb des Unterrichts) etwas erzählt haben. Oder beobachten Sie sich beim nächsten Mal.

   1. Was für eine Situation war das?

   2. Wie viele Personen hörten zu?

   3. War das Erzählen für Sie schwierig oder anstrengend?

   4. Welchen Eindruck hatten Sie insgesamt von sich? Waren Sie mit sich zufrieden?

   5. Hatten Sie den Eindruck, dass Ihre Zuhörer Sie ohne Schwierigkeiten verstehen konnten?

   6. Wurde Ihre Erzählung mit Interesse oder Spannung verfolgt?

   7. Konnten Sie ohne größere Pausen reden?

   8. Hatten Sie immer die richtigen Wörter parat? Wenn nein, welche besonders wichtigen fehlten?

   9. Machten Sie grammatische Fehler? Wenn ja, welche waren besonders störend?

  10. Wurden Sie von Ihren Zuhörern unterstützt? Wie?

  11. Baten Sie Ihre Gesprächspartner um Hilfe?

b) Was möchten Sie in nächster Zeit besonders üben? Machen Sie eine Aufstellung. Schauen Sie im Buch nach oder fragen Sie Ihre Kursleiterin/Ihren Kursleiter, wo und wie Sie dies üben können.

c) Sie können noch eine weitere Testaufgabe von Ihrer Kursleitung erbitten.

► LHB, S. 161

Über Hamburger und Höflichkeit

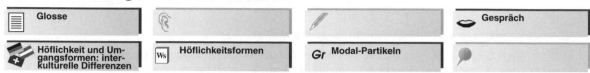

1. **Lesen Sie den folgenden Textausschnitt und fassen Sie in einem Satz zusammen, wovon berichtet wird.**

> Und ich freute mich mächtig, wieder in meiner zweiten Heimatstadt zu sein. Was machte es da schon, daß der Grenzbeamte an der Paßkontrolle seine Zähne nicht auseinander bekam, als ich ihn fröhlich begrüßte. Es machte mir gar nichts. Vielleicht leidet der Arme unter einer Zahnlücke? Wer weiß.

2. **Vergleichen Sie in der Kursgruppe:**

   a) Wie sind die „Zahnprobleme" des Grenzbeamten von Ihnen wiedergegeben worden?

   b) Und wie haben Sie das „Mitgefühl" des Erzählers mit diesen Problemen beschrieben?

   „Stadt des Lächelns?"

   Diesen Untertitel hat Toyo Tanaka seinem Text „Über Hamburger und Höflichkeit" gegeben. Das ist eine Anspielung auf die Operette „Das Land des Lächelns" des österreichischen Komponisten Franz Lehar. Dieser Operettentitel wird im deutschsprachigen Raum inzwischen synonym für Japan, die erste Heimat des japanisch-deutschen Autors Tanaka, verwendet.

   Die Frage, ob Hamburg als freundliche „Stadt des Lächelns" angesehen werden kann, beantwortet Tanaka in seinem Text ironisch.

Lesen

3. **Lesen Sie den Text im Materialienbuch auf S. 61 und achten Sie auf ironische Formulierungen.**

   a) Überfliegen Sie zunächst den ganzen Text.

   b) Beschäftigen Sie sich dann in drei Gruppen mit je einer der drei Textspalten.

   1. Sammeln Sie aus „Ihrem" Textabschnitt die Formulierungen heraus, die Sie als ironisch empfinden.

   2. Versuchen Sie zu erklären, wodurch die Ironie jeweils entsteht.

   3. Wählen Sie anschließend in Ihrer Arbeitsgruppe die zwei witzigsten ironischen Formulierungen aus.

   4. Nennen Sie den beiden anderen Arbeitsgruppen Ihre „Lieblings"-Formulierungen und begründen Sie Ihre Wahl.

4. **Legen Sie eine Liste der im Text genannten Personen an, die sich aus Herrn Tanakas Sicht ihm gegenüber unhöflich verhalten.**

   Notieren Sie dazu auch die jeweilige Situation.

5. Was könnten diese Personen tun oder sagen, wenn sie höflich wären?

Sammeln Sie höfliche Äußerungen und ordnen Sie diese den verschiedenen Personen in den jeweiligen Situationen zu. Sie können sich dabei von der folgenden Sammlung anregen lassen.

> *Guten Tag, Herr Tanaka. /*
>
> *Entschuldigen Sie, das dauert jetzt etwas. / Verstehen Sie das bitte nicht falsch, aber ich muss das hier ganz genau überprüfen. / Ich hoffe, Sie verstehen das: ... /*
>
> *So, vielen Dank. / Bitte, Sie können jetzt durchgehen. Vielen Dank für Ihr Verständnis. /*
>
> *Schönen Tag noch!*

> *Es ist mir sehr unangenehm, aber ... /*
>
> *Es tut mit leid, ich kann Ihnen nicht helfen, weil ... / Dürfte ich Sie bitten, dass sie Ihr Gepäck ... /*
>
> *Ich würde Ihnen gerne helfen, aber leider ... /*
>
> *Vielen Dank, dass Sie das selbst machen. Ich ...*

> *Guten Tag. / Bitte schön? / Was darf's sein? /*
>
> *Was kann ich für Sie tun? Haben Sie schon etwas ausgesucht? /*
>
> *Ja, gerne. /*
>
> *Ist Ihnen das so recht? /*
>
> *Haben Sie noch einen Wunsch? /*
>
> *Darf ich Ihnen sonst noch etwas bringen?*
>
> ➤ LHB, S. 162

Gespräch über Höflichkeit und Umgangsformen

6. Wählen Sie zu dritt aus den Abbildungen der Einstiegscollage oder aus den folgenden Kurztexten eine Situation aus.

> Der vierzehnjährige Karl-Heinz trifft auf der Straße seine Lehrerin. Er freut sich über die Begegnung. „Hallo, Frau Dr. Peters!" sagt er und streckt ihr die Hand entgegen. „Hallo, Karl-Heinz!" antwortet sie, nickt ihm zu und geht vorüber.

> Ein Herr und eine Dame stoßen beim Betreten eines Zimmers mit den Schultern zusammen.

> Nach der Vorstellung ist ein Theaterbesucher bereits auf dem Weg ins Foyer, kehrt dann aber noch einmal um, geht bis zur Garderobe zurück und beschwert sich dort bei seiner Frau: „Wieso brauchst du jedes Mal so lange? Wir könnten schon längst draußen sein, aber du hast noch nicht mal deinen Mantel an."

> Ein alte Dame steigt in eine voll besetzte Straßenbahn. Drinnen sieht sie eine junge Frau, die sie kennt, auf einem Sitzplatz. Sie begrüßt sie freundlich und stellt sich zu ihr, und die beiden beginnen ein Gespräch.

7. Sprechen Sie über die Höflichkeit:

a) In welchen Situationen entdecken Sie aus Ihrer Sicht eine Unhöflichkeit der Beteiligten? Welche?

b) Wie würden sich die Leute in diesen Situationen verhalten, wenn sie Ihrer Meinung nach höflich wären?

c) Was meinen Sie: Gibt es solche Verhaltensweisen auch in Ihrem Land? Welche Unhöflichkeiten fallen Ihnen dort besonders auf?

➤ MB, RM 3.1 + 3.2, S. 161–163

8. Halten Sie Ihre Gesprächsergebnisse in einem kurzen (vielleicht ironischen?) Kommentar fest und stellen Sie diesen in der Kursgruppe zur Diskussion.

Gr   **Grammatik: Modal-Partikeln**

In dem Text von Toyo Tanaka werden viele Partikeln aus der gesprochenen Sprache verwendet. Die
eigene Bedeutung dieser kleinen „Würz-Wörter"
ist gering. Sie bewirken jedoch eine leichte, manchmal sogar entscheidende Veränderung in der Bedeutung des ganzen Satzes, in dem sie stehen.

> **doch**   *wohl*
> *schließlich*   schon
> **auch**   eben   **etwa**
> nun mal   denn

9. **Versuchen Sie, die Lücken in den folgenden Sätzen mit den obigen Partikeln zu füllen.**

   Nehmen Sie auch die Grammatikübersicht zu Hilfe.   ➤ MB, GR 6.5, S. 146

   Notieren Sie in die rechte Spalte Stichworte über die spezielle Bedeutung, mit der die eingesetzte
   Partikel den Satz „würzt".

   Bei Schwierigkeiten oder hinterher zur Kontrolle lesen Sie im Text nach, welche Partikel der Autor
   verwendet.

Partikel im Satz	Bedeutung
a) Was machte es da …, daß der Grenzbeamte seine Zähne nicht auseinander bekam.	
b) Ich war … wieder in Hamburg.	
c) Der Taxifahrer hatte … gerade nicht seinen besten Tag.	
d) Taxifahrer haben es heute … eilig.	
e) Was soll's, ich bin … in Hamburg.	
f) Ja, warum soll sie … höflich fragen?	
g) … darf sie ihre sichtbare Lustlosigkeit auch einmal an Kunden auslassen.	
h) Haben … all diese unhöflichen Mitmenschen Goethes Faust gelesen?	
i) Angepaßt, wie sie … … sind, haben sie die Unhöflichkeit gelernt.	
j) Ein bißchen wundere ich mich allerdings … .	
k) Hat mich der Virus … angesteckt?	

10. **Was man mit solchen Modalpartikeln alles erreichen kann, können Sie nun auch an folgendem
    Satz ausprobieren:**

    Sie liebt ihn.

    Diesen Satz können wir in den verschiedensten Situationen mit den verschiedensten Äußerungs-
    absichten verwenden.

    Ordnen Sie den verschiedenen Äußerungen die passende Intention zu.

a) als rhetorische Frage:

   *Was <u>bedeutet</u> es **schon**, dass sie ihn liebt?*

b) *Warum soll sie ihn **auch** <u>nicht</u> lieben?*

c) *Wie kann sie ihn **auch** <u>lieben</u>?*

d) *<u>Liebt</u> sie ihn **denn**?*

e) *<u>Liebt</u> sie ihn **etwa**?*

f) *Sie <u>liebt</u> ihn **nun mal**.*

g) *Sie liebt ihn **schon**.*

1. Es ist eben so, man kann an der Liebe nichts ändern.

2. Man drückt die Korrektur einer vorangegangenen negativen Aussage aus.

3. Man hält diese Liebe für das Normalste von der Welt.

4. Man hält diese Liebe für unmöglich.

5. Man erwartet eine Verneinung.

6. Man hält diese Liebe für unwichtig.

7. Man ist erstaunt.

11. Suchen Sie sich nun aus den folgenden Sätzen einige Beispiele aus oder bilden Sie eigene.

Denken Sie sich eine Situation aus, für die diese Sätze passen würden und ergänzen Sie Ihre Lieblingspartikeln. Beschreiben Sie die jeweilige Bedeutungsverschiebung nach dem Muster der obigen Textbeispiele: *Sie ist erschöpft. Sie hat **schließlich** alles sauber gemacht.*

a) Sie ist erschöpft / ausgeruht. Sie hat alles sauber gemacht.

b) Er kann seine Augen nicht offen halten. Es ist spät / früh.

c) Mich friert / Mir ist warm. Es ist eiskalt.

d) Heute ist Sonntag. Die Geschäfte sind geschlossen / offen.

e) Er isst viel / wenig. Das Essen schmeckt ihm.

f) Es zieht. Die Fenster sind zu / offen.

g) Das Leben ist teuer. Du bist reich / arm.

h) ... Er möchte nicht unbescheiden sein.

i) Den Witz kannte ich / (nicht) ...

j) Man ist nicht mehr der Jüngste ...

k) Du bist jung und schön ...

l) ... Geschwindigkeit ist keine Hexerei.

m) ... Er ist kein guter Verlierer.

n) ... Sie liebt ihn.

o) ....

bloß ja halt eigentlich mal nur vielleicht

Du oder Sie?

Persönlicher Bericht; Zeitschriftenartikel	(ear icon)	Eine Übersicht zu Anredeformen erstellen	Einen Vortrag halten; (Spiel: Begriffe raten)
Anredeformen	**Ws** Höflichkeitsformen	*Gr*	Wortfindungsprobleme

Sprechen

1. **Stellen Sie sich vor, Sie sollen eine deutsche Reisegruppe, die Ihr Land bereisen möchte, darüber informieren, welche Anredeformen es in Ihrer Sprache gibt. Klären Sie folgende Fragen:**

   a) Welche Teile des Names und welche sonstigen Wörter werden für die Anrede benutzt, wenn Erwachsene mit normal distanziertem Verhältnis sich anreden?

   b) Welche Anredeformen gibt es, die mehr Nähe, Vertrautheit, Zusammengehörigkeit ausdrücken? Wo werden sie benutzt? In der Familie? Im Freundeskreis? Unter Kollegen?

   c) Gibt es Besonderheiten bei der Anrede in Ihrer Sprache? Zum Beispiel bei Berufs-, Alters- oder anderen Gruppen, die besondere Anredeformen haben? Ändern und entwickeln sich Anredeformen?

2. **Tragen Sie nun der „deutschen Reisegruppe" (das sind stellvertretend die anderen Kursteilnehmer) alle Informationen vor, die sie braucht, um sich in Bezug auf die Anredeformen in Ihrem Land zurechtzufinden.**

   Bringen Sie in Ihrem Vortrag verschiedene typische Anredesituationen.

Notieren

3. **Was wissen Sie über Anredeformen in den deutschsprachigen Ländern?**

   a) Sammeln Sie Ihr Wissen in Kleingruppen.

   b) Notieren Sie zu den Fragen in Aufgabe 1, ob diese Verhältnisse denen in Ihrem Land gleichen und welche Unterschiede es gibt. Notieren Sie auch, wozu Ihnen Informationen fehlen.

   c) Sie können in der Kleingruppe oder für sich allein eine Übersicht erstellen über die Anrede.

	in meiner Sprache:						im Deutschen:					
	Pronomen		Nomen		Titel	Namen	Pronomen		Nomen		Titel	Namen
	Sing.	Pl.	m.	w.			Sing.	Pl.	m.	w.		
Erwachsene: normal distanziert												
Erwachsene: privat / vertraut; Kinder												
Sonderfälle												

   d) Tragen Sie Ihre Notizen im Kurs vor und formulieren Sie in der Kursgruppe einen gemeinsamen Text. Dabei können Ihnen Redemittel aus der Übersicht helfen.

➤ MB, RM 3.3.1 + 3.3.3, S. 163

4. Lesen Sie im Materialienbuch einen der beiden folgenden Texte:

a) „Dejans Ratschläge" (S. 62) oder b) „Sagen Sie doch einfach Du zu mir" (S. 63).

Berichten Sie der Kursgruppe, was Sie zur Anrede Neues erfahren haben und was Ihnen nach wie vor unklar ist.

►LHB, S. 163 + 164

Sprechen

5. Beantworten Sie anschließend folgende Fragen:

a) Unter welchen Bedingungen ändern Menschen in den deutschsprachigen Ländern die Anrede-form, die sie bisher untereinander benutzt haben?

b) Welche regionalen Unterschiede gibt es?

c) Welche Tendenzen und Besonderheiten gibt es dabei?

6. Erzählen Sie, was Ihnen schon Merkwürdiges, Unangenehmes oder Lustiges zum Thema Anrede passiert ist.

7. Sehen Sie sich die Bilder im Materialienbuch auf S. 60 an.

a) Denken Sie sich zu zweit Dialoge zwischen den abgebildeten Personen aus, die Sie zum Thema 1. „Ironie", 2. „Höflichkeit" oder 3. „Anrede" gestalten können.

b) Tragen Sie Ihre Dialoge in der Kursgruppe vor. Die anderen sollen Ihr Thema erraten und kom-mentieren.

8. Üben Sie in dem folgenden Spiel Strategien bei Wortfindungsproblemen.

Begriffe raten

Die Kursgruppe teilt sich in zwei Mannschaften. Jede sucht aus einem Wörterbuch oder mithilfe des Lehrers Gegenstände heraus, von denen die andere Mannschaft die deutschen Wörter nicht kennt, und sie schreibt die muttersprachlichen Begriffe – oder besser: sie zeichnet die Gegenstän-de auf kleine Zettel oder Kärtchen.

Der Wettkampf beginnt: Immer abwechselnd bekommt ein Spieler von der gegnerischen Mann-schaft ein Kärtchen überreicht und muss den Begriff seiner eigenen Gruppe durch Umschreibung usw. vermitteln. Wenn seine Mitspieler den Begriff innerhalb von zwei Minuten richtig raten, be-kommt seine Mannschaft einen Punkt und darf jetzt der anderen Spielgruppe ein Kärtchen zum Raten aufgeben.

Strategien bei Wortfindungsproblemen

Auch in der Muttersprache wissen wir manchmal ein Wort nicht, oder es fällt uns gerade nicht ein. Wir haben dann verschiedene Möglichkeiten, uns zu behelfen. Genau die gleichen Möglichkeiten haben wir in der Fremdsprache: Wir können z.B. die Hände benutzen, etwas vormachen, versuchen, zu beschreiben, wie es aussieht, oder erklären, wie es funktioniert (*Also, es hat so einen Griff aus Holz und der steckt in einem Metallstück. – Sie wissen schon, sowas zum Nägel-Einschlagen*); wir können ein neues Wort aus anderen Wörtern zusammensetzen (*Na, dieses, äh, Schlag-Werkzeug, äh, dieser Nagel-Klopfer*); als Platzhalter in unseren Umschreibungen können wir z. B. auf das beliebte *Dings* zurückgreifen, oder wir benutzen allgemeine Begriffe (*Gegenstand, Sache, Werkzeug, Apparat*); am besten ist natürlich, wir haben einen Hammer dabei und können darauf zeigen.

Es, es, es und es ...

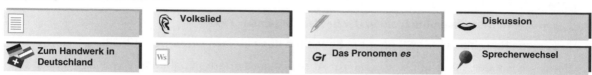

| | Volkslied | | Diskussion |
| Zum Handwerk in Deutschland | Ws | Gr Das Pronomen *es* | Sprecherwechsel |

Viele deutsche Volkslieder stammen aus dem Bereich der Handwerker. Jahrhundertelang galten hier strenge Regeln. Wenn ein „Lehrling" seine „Lehre" bestanden hatte, war er „Geselle" und musste mehrere Jahre wandern. Auf der Wanderschaft musste er sich bei den „Meistern" seines Handwerks Arbeit suchen. Das waren oft harte Zeiten für den Gesellen. Erst nach diesen Wanderjahren konnte er versuchen, sich als selbstständiger Handwerker niederzulassen.

Hören

1. **Hören Sie zunächst von der Kassette das Lied „Es, es, es und es" und tragen Sie im Kurs zusammen, was sie verstanden haben.**

2. **Hören Sie das Lied noch einmal und notieren Sie nun Sätze aus dem Liedtext, die folgende Aussage bestätigen:**

   Hier nimmt ein Handwerksbursche Abschied, der sich nicht länger durch Meister und Herbergsvater ausbeuten lassen möchte.

3. **Vergleichen Sie Ihre Ergebnisse mit dem Liedtext im Materialienbuch auf S. 64.**

Lange Zeit wurden deutsche Volkslieder in der Schule gelernt. Da waren dann Texte wie dieser nicht „stubenrein" und sollten so nicht an die Kinder weitergegeben werden.
Es waren von solchen Texten aber häufig auch harmlosere Versionen in Umlauf. Ein Beispiel dafür sind die unten stehenden drei ersten Strophen des Liedes.

Es, es, es und es, es ist ein harter Schluß,
weil, weil, weil und weil, weil ich aus Stuttgart muß.
Drum schlag ich Stuttgart aus dem Sinn
und wende mich Gott weiß wohin.
Ich will mein Glück probieren, marschieren.

Er, er, er und er, Herr Meister, leb er wohl!
Er, er, er und er, Herr Meister, leb er wohl!
Ich sag's ihm grad frei ins Gesicht,
seine Arbeit, die gefällt mir nicht.
Ich will mein Glück probieren, marschieren.

Sie, sie, sie und sie, Frau Meist'rin, leb sie wohl!
Sie, sie, sie und sie, Frau Meist'rin, leb sie wohl!
Ich sag's ihr grad frei ins Gesicht,
ihr Speck und Kraut, das schmeckt mir nicht.
Ich will mein Glück probieren, marschieren.

Diskussion

4. **Entscheiden Sie: Welche Textversion gefällt Ihnen besser?**

5. **Setzen Sie sich mit den anderen zusammen, die sich auch für Ihre Version entschieden haben.**

   a) Sammeln Sie Gründe, warum Sie Ihre Textversion für die bessere halten.

   b) Welche Gründe könnte vermutlich die andere Gruppe für ihre Version anführen?

   c) Bereiten Sie Argumente für eine Diskussion vor.

Sprecherwechsel

➤ MB, RM 1.3, S. 159

Im Gespräch mit gleichberechtigten Teilnehmern sollten folgende Regeln gelten:

– *Alle haben dasselbe Recht, gleich oft und gleich lang zu sprechen.*

– *Jeder hat das Recht, seinen Gedanken zu Ende zu führen.*

Melden andere Gesprächsteilnehmer sich zu Wort, sollte

– *der Sprecher sich möglichst kurz fassen,*

– *ein anderer erst dann sprechen, wenn der Sprecher signalisiert, dass er fertig ist,*

– *eine Reihenfolge der Redebeiträge eingehalten werden.*

Diese Regeln müssen aber im Alltag immer wieder neu ausgehandelt werden. Nützlich ist es daher, dazu die entsprechenden Signale zu verstehen und auch selbst geben zu können.

Signale für einen Sprecherwechsel:

– *Wenn der Sprecher z.B. die Stimme senkt, langsamer spricht oder eine Sprechpause macht, kann er damit seine* <u>Bereitschaft zur Rede-Übergabe</u> *signalisieren. Durch Heben der Stimme mit entsprechendem Blickkontakt oder durch eine direkte Aufforderung kann er einen Sprecherwechsel einleiten.*

Ein Zuhörer kann durch mehr oder weniger deutliche Signale das <u>Rederecht für sich reklamieren</u>:

– *nonverbal: hörbar Luft holen, unruhig werden, Handbewegungen usw.;*

– *verbal: Äußerung von Einleitungsfloskeln, Entschuldigungen oder Zwischenrufen, z.B.:*

> *„Dazu möchte ich …", „Kann ich da vielleicht…", „Ich würde sagen …", „Verzeihen Sie, Herr Meier, wenn ich …", „Entschuldigung, darf ich mal …", „Genau! Das hab ich …", „Das stimmt aber nicht! Das ist …", „Ach nee, da hat aber …", „Nun muss ich aber mal unterbrechen: …", „Vielleicht darf ich jetzt auch mal was sagen …"*

Der Sprecher kann dagegen signalisieren, dass er <u>zur Redeübergabe</u> (noch) <u>nicht bereit</u> ist:

– *nonverbal: lauter weitersprechen, schneller werden, abwinken usw.*

– *verbal:*

> *„Moment! …", „Entschuldigung! …", „Diesen Gedanken noch. …", „Lassen Sie mich das eben noch zu Ende bringen. …", „Ich war noch nicht fertig. …", „Lassen Sie mich bitte ausreden. …", „Bitte, unterbrechen Sie mich nicht! …", „Quatsch doch nicht ständig dazwischen! …"*

6. Diskutieren Sie nun in Sechsergruppen mit je zwei Befürwortern der beiden Liedversionen und zwei Beobachtern.

Die letzteren sollen auf die Sprecherwechsel achten und der Gruppe anschließend über ihre Beobachtungen berichten.

Das Pronomen *es*   *Gr*

Hier und auf S. 96 sind die Anfangsstrophen von vier deutschen Volksliedern:

1 Es, es, es und es, es ist ein harter Schluß,
weil, weil, weil und weil, weil ich aus Stuttgart muß.
Ich war schon lang in dieser Stadt
und hab das Nest zum Kotzen satt.
Ich will mein Glück probieren, marschieren.

2 *Es war ein König in Thule
gar treu bis an sein Grab,
dem sterbend seine Buhle
einen goldnen Becher gab.*

> **3** Ich weiß nicht, was soll es bedeuten, daß ich so traurig bin.
> Ein Märchen aus uralten Zeiten, das geht mir nicht aus dem Sinn.
> Die Luft ist kühl und es dunkelt, und ruhig fließt der Rhein;
> der Gipfel des Berges funkelt im Abendsonnenschein.

> **4** Es klappert die Mühle am rauschenden Bach klipp, klapp, klipp, klapp, klipp, klapp.
> Bei Tag und bei Nacht ist der Müller stets wach, klipp, klapp, klipp, klapp, klipp, klapp.
> Er mahlet das Korn zu dem kräftigen Brot, und haben wir dieses, so gibt's keine Not, klipp klapp, klipp klapp, klipp klapp.

7. Markieren Sie die Sätze, in denen das Pronomen *es* vorkommt. Überlegen Sie:

a) An welcher Satzposition steht das *es*?

b) Kann das *es* weggelassen werden, ohne dass der Satz fehlerhaft wird?

c) Kann die Erstposition im Satz auch anders besetzt sein und fällt das *es* dann weg?

d) Wo tritt das *es* zusammen mit einem Nebensatz auf?

➤ MB, GR 8.2, S. 151 + 152

8. Tragen Sie dann die passenden Beispiele aus den obigen Texten in die folgende Tabelle ein:

Satzposition	Textbeispiel
a) **es** im Vorfeld, mit Nebensatz	*Es ist ein harter Schluß, weil ich aus Stuttgart muß.*
b) **es** im Mittelfeld, mit Nebensatz	
c) **es** im Vorfeld, kann wegfallen bei anderer Satzgliedfolge	
d) **es** im Vorfeld oder Mittelfeld, kann <u>nicht</u> wegfallen	

9. Verbessern Sie den Brief, indem Sie *es* einfügen.

Liebe Martina,

hat mich sehr gefreut, dass du deine Prüfungen so gut geschafft hast. Du schreibst, dass du sehr schwer gefunden hast, dich aufs Lernen zu konzentrieren und alles andere zu vernachlässigen. Aber hat sich für dich wirklich gelohnt! Du wirst jetzt sicher leichter haben, eine schöne Stelle zu finden.

Jetzt gibt aber erst mal Ferien für dich. Da habe ich einen Vorschlag: Wie wäre, wenn wir uns wieder einmal sehen könnten? Zum Glück fehlt mir diesmal weder an Geld noch an Zeit; sind noch fünf Wochen bis zum Semesterbeginn und ich habe schon vier Wochen lang meinen alten Ferienjob gemacht: du weißt ja, Kinder betreuen in einem Ferienlager im Odenwald. Dafür gibt immer gutes Geld. Wie fändest du, wenn wir zwei noch eine Woche zusammen Ferien machen würden? Irgendwo, wo warm ist und wo nicht regnet. Schreib mir schnell, damit ich noch etwas Passendes finde.

Ganz liebe Grüße,   Matteo

Testen Sie sich selbst.

Peter Meier hat Geburtstag und lädt einige Leute ein, unter anderen eine sehr gute alte Freundin. Den Brief sehen Sie hier unten. Er möchte auch Professor Schulze einladen, bei dem er im nächsten Jahr Examen machen will. Der Professor braucht dieselbe Information wie Klaudia, aber der Brief muss für ihn natürlich ganz anders formuliert werden. Helfen Sie Peter beim Umschreiben.

Hallo Klaudia!

Von dir hab ich ja ewig und drei Tage nichts mehr gehört. Hast du etwa deinen alten Schulfreund vergessen?
Na, ich verzeih dir. Ich hätt mich schließlich auch mal melden kön-nen. Aber du weißt es ja: Als viel beschäftigter Germanistik-Student kommt man kaum dazu, auch seine alten Freundschaften zu pflegen. Weißt du eigentlich, dass ich auch dieses Jahr wieder Geburtstag habe?
Dir kann ich es ja sagen: am selben Tag wie letztes Jahr. Aber: Die Feier findet diesmal erst zwei Tage später statt, am Sonnabend, ab 19.00 Uhr.
Und dazu möcht ich dich ganz, ganz herzlich einladen!

Falls du an diesem nachträglichen Termin keine Zeit hast, dann komm nur schon am Donnerstag vorbei. Aber dann bitte vor 18.00 Uhr. Danach bin ich nämlich nicht mehr zu Hause. (Meine neue Flamme ist doch Statistin am Operettenhaus. Und am Donnerstag kommt sie ganz groß raus: Land des Lächelns! Da muss ich schließ-lich dabei sein. Parkett, erste Reihe!) Wenn du also später kämst, müsstest du das Geschenk beim Nachbarn abgeben. Und das wäre doch schade!

Jetzt mal im Ernst: Ich würde mich riesig freuen, wenn du am Sonn-abend mit mir feiern würdest!

Bis dann!

Küsschen

Dein   Pit

Reiselust im Stau und anderswo

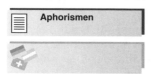 Aphorismen	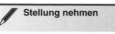	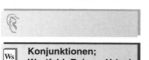 Stellung nehmen	Diskussion; (Rollenspiel)
	Ws Konjunktionen; Wortfeld: Reisen, Urlaub	**Gr** kausale, konzessive, adversative Beziehungen; [Indefinitpronomen]	Wörter ordnen und lernen

👄 Sprechen

1. Betrachten Sie die Illustrationen im Materialienbuch auf S. 65.

a) Suchen Sie die Abbildung heraus, die
- für Sie am aussagekräftigsten ist;
- eine typische Situation darstellt;
- eine Erinnerung für Sie bedeutet.

b) Geben Sie ihr einen Titel.

Ws Wortschatz

2. Welche Wörter fallen Ihnen zum Thema *Reisen/Urlaub* ein?

a) Ordnen Sie die Begriffe inhaltlich nach Gruppen und notieren Sie sie auf ein Stück Papier.

b) Ergänzen Sie diejenigen aus dem Wörterbuchartikel, die Ihnen gefallen.

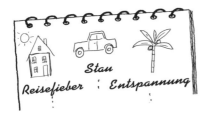

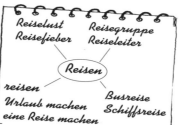

> **Wörter ordnen und lernen**
> Wörter werden von unserem Gedächtnis nie einzeln gespeichert, sondern sie werden assoziativ miteinander verbunden. Wenn auch Sie neue Wörter nach Sinngruppen ordnen, so können Sie sie besser behalten, denn sie lassen sich im Gedächtnis leichter wiederfinden. Ordnungsprinzipien können dabei Assoziationen, logische Verbindungen oder Ähnliches sein. Wichtig ist nur, dass es Ihre *eigenen* Prinzipien sind, denn jeder Mensch denkt anders!

Rei·se *die; -, -n;* **1** e-e R. (*irgendwohin*) e-e *mst* lange Fahrt (mit dem Auto, Schiff, Flugzeug o. Ä.) von einem Ort zum anderen ⟨auf e-r R.; e-e weite, lange, große, kurze, kleine, angenehme, interessante R.; e-e R. buchen, antreten, machen; seine R. unterbrechen; von e-r R. zurückkehren, erzählen; e-e R. ans Meer, um die Welt; j-m e-e gute R. wünschen; gute R.!⟩: *Wohin geht die R.?* ‖ K-: *Reise-, -abenteuer, -andenken, -antritt, -begleiter, -bericht, -beschreibung, -bus, -erlebnis, -gefährte, -gepäck, -koffer, -pläne, -prospekt, -proviant, -route, -scheck, -spesen, -tasche, -tipp, -unterlagen, -vorbereitungen, -ziel* ‖ -K: *Auto-, Bahn-, Bus-, Flug-, Schiffs-; Bildungs-, Dienst-, Entdeckungs-, Ferien-, Forschungs-, Geschäfts-, Hochzeits-, Pilger-, Urlaubs-, Vergnügungs-, Vortrags-; Auslands-, Welt-; Afrika-, Italien-, Wien- usw; Gruppen-* ‖ NB: *e-e R. nach* verwendet man, wenn der Orts- od. Ländername ohne Artikel gebraucht wird: *e-e R. nach Frankreich, Athen usw; wenn der bestimmte Artikel beim Ländernamen verwendet wird, sagt man *e-e R. in*: *e-e R. in die USA* **2** *auf Reisen sein* geschr; e-e R. (1) machen ≈ *verreist sein* **3** *auf Reisen gehen* geschr ≈ *verreisen* **4** *auf der R.* ≈ unterwegs: *Wir haben auf der R. viele Leute kennen gelernt* ‖ ID *Wenn einer / j-d e-e R. tut, so kann er was erzählen* wenn j-d e-e R. (1) macht, dann erlebt er viel u. lernt viel Neues kennen ‖ NB: ↑ *Ausflug, Fahrt*
Rei·se·be·kannt·schaft *die;* j-d, den man auf e-r Reise kennen gelernt hat

Rei·se·bü·ro *das;* ein Geschäft, in dem man Reisen (u. alles, was dazu gehört) buchen u. kaufen kann
Rei·se·fie·ber *das;* das Gefühl der Nervosität vor e-r Reise ⟨j-n packt das R.⟩
Rei·se·füh·rer *der;* **1** ein Buch, das über alles informiert, was in e-m Land od. in e-r Stadt (für den Touristen) wichtig ist: *ein zuverlässiger R.* **2** ≈ Reiseleiter ‖ *zu* **2** *Rei·se·füh·re·rin die*
Rei·se·ge·sell·schaft *die;* ≈ Reisegruppe
Rei·se·grup·pe *die;* e-e Gruppe von Menschen, die miteinander e-e Reise machen, die *mst* von e-m Reisebüro organisiert worden ist
Rei·se·lei·ter *der;* j-d, der e-e Gruppe von Menschen auf e-r Reise begleitet u. für die Organisation verantwortlich ist ‖ *hierzu* *Rei·se·lei·te·rin die*
Rei·se·lust *die; nur Sg;* der starke Wunsch, (immer wieder) zu reisen ⟨von R. gepackt sein, werden⟩ ‖ *hierzu* *rei·se·lus·tig Adj*
rei·sen; *reiste, ist gereist;* Ⓥ (*irgendwohin*) **r.** e-e (*mst* lange) Fahrt von e-m Ort zum anderen machen ≈ e-e Reise machen ⟨gern, viel, bequem, dienstlich r.; mit dem Zug, mit dem Auto r.; erster, zweiter Klasse r.; ins Gebirge r.; um die Welt r.⟩ ‖ ▶ *bereisen, verreisen*
Rei·sen·de *der / die; -n, -n;* **1** j-d, der gerade e-e Reise macht: *Die Reisenden werden gebeten, an der Grenze ihre Pässe bereitzuhalten* ‖ -K: *Afrika-, Europa-, Welt- usw; Dienst-, Ferien-, Forschungs-, Geschäfts-, Vergnügungs-; Auto-, Flug-, Schiffs-, Zug-; Allein-* **2** veraltend ≈ Handelsvertreter ‖ -K:

Ur·laub *der; -(e)s, -e;* **1** die Zeit, in der man in seinem Beruf nicht arbeiten muss (damit man sich erholen kann) ⟨(un)bezahlter, ein mehrwöchiger U.; U. beantragen, bekommen; (sich *Dat*) U. nehmen; in U. gehen; seinen U. antreten; U. haben, machen; in / im U. sein⟩: *im U. ans Meer, in die Berge fahren; Sie ist gestern gut erholt aus dem U. zurückgekommen* ‖ K-: *Urlaubs-, -anspruch, -antrag, -dauer, -gesuch, -plan, -reise, -saison, -tag; Erziehungs-* **2** ein (Erholungs)Aufenthalt weg von der Arbeit und weg von zu Hause ≈ Ferien ⟨in U. fahren; irgendwo U. machen, auf / in U. sein⟩: *ein kurzer U. am Meer* ‖ K-: *Urlaubs-, -adresse, -anschrift, -land, -ort, -ziel* ‖ -K: *Abenteuer-, Bildungs-, Erholungs-, Kurz-* **3** *U. von j-m / etw. machen* e-e Zeit nicht mit j-m / etw. verbringen, um sich zu erholen
Ur·lau·ber *der; -s, -;* j-d, der gerade seinen Urlaub irgendwo verbringt ≈ Tourist: *Viele Urlauber gehen nach Spanien*
Ur·laubs·geld *das;* e-e bestimmte (Geld)Summe, die der Arbeitgeber dem Arbeitnehmer für den Urlaub zusätzlich zum Lohn / Gehalt zahlt
ur·laubs·reif *Adj; mst präd, gespr;* in e-m Zustand, in dem man Urlaub braucht, um sich zu erholen
Ur·laubs·zeit *die;* **1** die Zeit, in der j-d Urlaub hat od. macht **2** die Zeit, in der sehr viele Leute Urlaub machen ≈ Hauptreisezeit, Saison

Langenscheidts Großwörterbuch
Deutsch als Fremdsprache

3. Wie machen Sie Urlaub? Erzählen Sie.

---

4. Lesen Sie die Zitate im Materialienbuch auf S. 66.

Markieren Sie die Aussagen, die für das Reisen sprechen, mit **+** und diejenigen, die dagegen sprechen, mit **–**.

Begründen, einschränken, kontrastieren: kausale, konzessive, adversative Beziehungen   *Gr*

5. Einigen Sie sich in Kleingruppen auf drei Zitate, die Ihnen besonders gut gefallen.

a) Stellen Sie anschließend Ihre Auswahl der gesamten Kursgruppe vor.
   Begründen Sie dabei Ihre Wahl.

b) Widersprechen Sie gegebenenfalls der Meinung der anderen Gruppen, indem Sie die Aussagen der anderen einschränken oder zwei Aussagen miteinander kontrastieren.

Begründen:

> a) Ich finde das Zitat von ... gut, **denn** das Reisen ist wirklich das Schönste im Leben.
>
> b) Mir gefällt das Zitat von ... besonders gut, es beschreibt **nämlich** genau meine Einstellung.
>
> c) Ich reise auch gerne, **deswegen** gefällt mir das Zitat von ... am besten.
>
> d) Ich kann ... nur zustimmen, **da** verreisen zu können für mich persönlich auch sehr wichtig ist.

➤ MB, GR 3.1, S. 133 + 134
➤ MB, RM 3.3.2, S. 163

Widersprechen:

> a) Was ... sagt, ist **zwar** richtig, **aber** man muss auch die Nachteile des Reiseverkehrs sehen.
>
> b) Was ... sagt, mag wohl stimmen, **allerdings** habe ich persönlich andere Erfahrungen gemacht.
>
> c) ... sieht das Reisen sehr problematisch, **dennoch** glaube ich, dass es auch viel Positives mit sich bringt.
>
> d) **Auch wenn** ... Recht hat, bin ich doch anderer Meinung.
>
> e) **Während** die meisten Leute ständig verreisen, bleibe ich lieber zu Hause.

➤ MB, GR 3.3, S. 136
➤ MB, RM 3.3.3, S. 163

6. Erinnern Sie sich, welche Satzstellung die hervorgehobenen Wörter nach sich ziehen?

a) Markieren Sie die Verben in den oben stehenden Beispielsätzen.

b) Tragen Sie dann die Adverbien und Konjunktionen in folgendes Raster ein:

Konjunktionen		Adverbien
koordinierend ➤ MB, Gr. 2.1, S. 132	**subordinierend** ➤ MB, Gr. 2.2, S. 133	
..., denn ...	*..., weil ...*	*..., allerdings ...*

✎ **Schreiben**

7. **Welche weiteren Zitate, Redewendungen oder Sprichwörter zum Thema „Reisen" kennen Sie ? Sammeln Sie.**

8. **Nehmen Sie Stellung. Schreiben Sie eine Klassenkorrespondenz.**

   a) Bilden Sie Kleingruppen und nehmen Sie pro Gruppe ein Blatt Papier.

   b) Ein Gruppenmitglied notiert seine Meinung zum Thema *Reisen* und schiebt es dem Nachbarn/der Nachbarin weiter. Dieser/Diese nimmt nun zu der Aussage des Vorgängers Stellung und schiebt das Blatt wiederum weiter.

   c) Verwenden Sie dabei so viele verschiedene sprachliche Varianten der Begründung oder des Widerspruchs wie möglich!

   d) Korrigieren Sie Ihre Texte am Ende gemeinsam und tauschen Sie die Ergebnisse mit den anderen Kleingruppen aus!

   Beispiel:

   Ich reise für mein Leben gern, zumal ich immer etwas Neues entdecken will.

   → Ich auch. Es stimmt: ferne Länder sind zwar interessant, aber im eigenen Land gibt es auch viel Sehenswertes.

   Ich reise für mein Leben gern, zumal ich immer etwas Neues entdecken will.

   Ich auch. Es stimmt: ferne Länder sind zwar interessant, aber im eigenen Land gibt es auch viel Sehenswertes.

   Ich reise für mein Leben gern, zumal ich immer etwas Neues entdecken will.

   Ich auch. Es stimmt: ferne Länder sind zwar interessant, aber im eigenen Land gibt es auch viel Sehenswertes.

   → *Das finde ich auch. Viele kennen nämlich ihr Heimatland gar nicht!*

👄 **Sprechen**

► LHB, S. 165

9. **Wählen Sie einen Partner/eine Partnerin und entscheiden Sie sich für eine der beiden folgenden Aufgaben:**

   A Reisebericht

   Berichten Sie Ihrem Partner/Ihrer Partnerin von einem unvergesslichen Reiseerlebnis!

   Als ich das letzte Mal in … war, ist mir wirklich etwas Unglaubliches passiert! Stell Dir vor: Als ich …

   B Rollenspiel

   1. Sie sind ein überzeugter Reisemuffel und noch nie verreist. Sie haben auch gute Gründe dafür. Ihr(e) Freund(in) will Sie trotzdem unbedingt zu einem gemeinsamen Urlaub überreden. Versuchen Sie ihn/sie davon zu überzeugen, dass das keine gute Idee ist!

   2. Sie sind ein absoluter Abenteurer und können es einfach nicht mehr ertragen, dass Ihr(e) Freund(in) die ganze Ferienzeit zu Hause verbringt, ohne etwas zu unternehmen. Sie schlagen ihm/ihr deshalb vor, gemeinsam in Urlaub zu fahren. Überzeugen Sie ihn/sie davon, dass das eine gute Idee ist!

   ► MB, RM 3.2.4 / 3.3.3, S. 163

Nur Reisen – nicht irgendwo ankommen

| | Hörcollage | Werbeanzeige | Diskussion; (Rollenspiel) |
| Wie Jugendliche in Europa reisen; regionale Sprachfärbungen | Ws | Gr | „Worum geht's? – orientierendes Hören; sich Verstehensinseln schaffen |

Hören

1. **Stellen Sie sich vor, Sie schalten das Radio ein und hören folgende Sendung.**

   a) Hören Sie kurz in die Sendung hinein.

   b) Konzentrieren Sie sich nicht auf Details, sondern versuchen Sie sich nur ein Bild davon zu machen, was das Thema ist und um was für eine Sendung es sich handelt.

   c) Tauschen Sie in der Kleingruppe Ihre ersten Höreindrücke aus.

2. **Bevor Sie die ganze Sendung hören, sammeln Sie in der Kleingruppe,**

   a) was Sie bereits über das Thema wissen. (Sie können auch die Informationen darüber im Materialienbuch auf S. 67 lesen.)

   b) welche Informationen Sie erwarten.

3. **Hören Sie nun die Sendung insgesamt zweimal.**

   a) Versuchen Sie, mindestens zwei Aussagen, Argumente oder Stellungnahmen aufzunehmen.

   b) Notieren Sie nach dem ersten Hören, was Sie verstanden haben.

   c) Ergänzen Sie beim zweiten Hören Ihre Notizen.

> **„Worum geht's?" – orientierendes Hören**
>
> Das Verstehen eines Hörtextes ist zu Beginn immer ein Sich-orientieren. Wir fragen uns:
>
> - Worum geht's?
> - Wer spricht?
> - Was für eine Art von Hörtext ist das?
> - Was ist die Intention des Textes?
> - Wie sehr interessiert mich das Thema?
>
> Um das herauszufinden, hilft es uns, auf Nichtsprachliches zu achten, beispielsweise auf Geräusche, auf die Anzahl, das Alter und die Herkunft der Personen, auf die Lautstärke der Stimmen und vieles mehr. Wenn wir die sprechenden Personen sehen, achten wir auch auf Mimik und Gestik.
>
> Erst nachdem diese erste Orientierung stattgefunden hat – dazu reichen manchmal schon ein paar Sekunden –, können wir uns auf die Einzelheiten konzentrieren, die uns interessieren. Es erleichtert das Verständnis, wenn wir die Details in den Gesamtkontext einordnen können.

4. **Gehen Sie im Kurs herum und suchen Sie jemanden, der dieselbe Aussage notiert hat wie Sie. Vergleichen Sie Ihre Notizen.**

► Ratgeber „Hören", S. 176

> **Verstehensinseln schaffen**
>
> Wollen Sie einen Hörtext genau verstehen, so notieren Sie beim ersten Hören die Sprachfetzen, die Sie verstanden haben, ergänzen Sie diese beim zweiten Hören und fügen Sie die Puzzlestücke am Ende zusammen.
> Fehlt Ihnen immer noch ein Wort, ein Satz oder eine wichtige Aussage, so versuchen Sie zunächst, die Lücke durch den Kontext zu füllen oder überlegen Sie, wie der Text aller Wahrscheinlichkeit nach weitergehen könnte.
> Kontrollieren Sie schließlich Ihre Notizen durch ein weiteres Hören.

5. Versuchen Sie folgende drei Notizen sinngemäß zu ergänzen:

Hier Paris Nord. Alle Reisenden bitte

Vergewissern Sie sich, dass Sie nichts im

Zug ------------------------------------

----------------------- ein Gefühl der Freiheit.

Keiner kann einem -----------------------

machen, man kann tun und lassen, was

Es kommt ganz darauf an. Wie wir Lust haben! Vielleicht

machen wir auch ----------------------------- in die Türkei.

Diskussion

6. Sortieren Sie die Aussagen der Jugendlichen, die Sie beim Hören des Radiotextes mitnotiert haben, in Argumente

pro   INTERRAIL   contra

7. Wie ist Ihre Meinung dazu?

a) Wählen Sie die Argumente, die Ihnen am besten gefallen oder die Sie am ehesten überzeugen.

b) Ergänzen Sie diese durch Ihre eigenen Argumente. Bedenken Sie auch die möglichen Folgen des InterRail-Tourismus für Ihr Land.

Sprechen oder Schreiben

8. Wählen Sie eine der beiden folgenden Aufgaben aus:

A Rollenspiel

a) Teilen Sie die Kursgruppe in Befürworter und in Gegner von InterRail.

b) Wählen Sie eine Diskussionsleitung, die eine Rednerliste führt und die Redezeit begrenzt.

c) Versuchen Sie, die andere Gruppe von Ihrem Standpunkt zu überzeugen.

d) Nehmen Sie Redemittel aus dem Materialienbuch zu Hilfe.

➤ MB, RM 3.3, S. 163

B Werbeanzeigen

pro: Verfassen Sie eine Anzeigenseite für InterRail oder einen Werbespot im Fernsehen, den Sie dann spielen.

contra: Verfassen Sie ein informatives Faltblatt, in dem Sie vor den Gefahren dieser Art zu verreisen warnen.

Und Gott besah sich seinen Apfelbaum

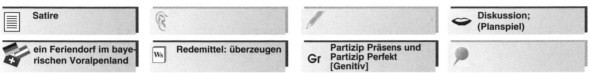

📄 Satire	👂
✉ ein Feriendorf im bayerischen Voralpenland	Ws Redemittel: überzeugen
🖊	Gr Partizip Präsens und Partizip Perfekt [Genitiv]
👄 Diskussion; (Planspiel)	🔎

Lesen

1. **Lesen Sie folgenden Textausschnitt und versuchen Sie, die Lücken aufzufüllen. Sehen Sie gegebenenfalls im unten stehenden Kasten nach.**

> *Mit Freude betrachtete (1) … seinen alten Apfelbaum. Obwohl der seit Jahren keine Früchte mehr trug, war er immer noch der schönste Baum des Parks. Schmunzelnd dachte (2) … an das Pärchen, das er vor langer Zeit aus diesem Park hinausgeworfen hatte. Sie gehörten zu den Lebewesen, die er vor langer Zeit aus Langeweile gemacht hatte, die aber, wie er später bemerkte, frech und unangenehm waren. Auch nachdem er sie hinausgeworfen hatte, hatte es immer wieder Ärger mit ihnen gegeben; die Sache mit (3) … zum Beispiel und danach noch manches andere, auch daß er ihnen aus Wut die (4) … geschickt hatte, hatte nur wenig daran geändert.*
>
> *Dann geschah irgendwann – die Zeit erschien (5) … sehr lang – diese furchtbare Geschichte mit (6) …. Seither hatte (7) … von der Welt genug, übergenug. Er ließ die Dinge geschehen, und die Menschen auf der Erde kümmerten sich so wenig um ihn wie er sich um sie. Damit wäre die Sache eigentlich in Ordnung gewesen, da (8) … sich über seinen Garten freute und – wie gesagt – immer wieder gerne seinen alten Apfelbaum ansah.*
>
> *So auch jetzt, da ein plötzliches Geräusch seine Ruhe störte. Er drehte sich um und sah einen (9) ….*

die Strafe – der König – Gott – Jesus – Kain – die Prinzessin – die Sintflut – der Ritter – der Frosch – der Mensch

2. **Vergleichen Sie die Ergebnisse mit denen Ihrer Nachbarn.**

   a) Besprechen Sie, wie Sie auf Ihre Lösungen gekommen sind.

   b) Lesen Sie im Materialienbuch den ersten Abschnitt des Originaltexts auf S. 68 und vergleichen Sie Ihre Version mit der im Buch.

Sprechen 👄

3. **Rekonstruieren Sie die biblische Geschichte von der Vertreibung aus dem Paradies.**

   a) Bringen Sie dazu die Bilder auf S. 106 in die richtige Reihenfolge.

   b) Geben Sie der Geschichte einen Titel.

   c) Verwenden Sie beim Erzählen gegebenenfalls die Wörter aus der Wortbox.

► LHB, S. 166

Gott - Adam und Eva - das Paradies - die Schlange - in Versuchung führen - von dem Apfelbaum essen - der Baum der Erkenntnis - vertrieben werden aus - die Vertreibung - der Erzengel - das Flammenschwert

Lesen

4. **Stellen Sie im Kurs Vermutungen zu folgenden Fragen an. Notieren Sie Ihre Hypothesen und lesen Sie erst dann die entsprechenden Abschnitte des Textes im Materialienbuch. Waren Ihre Vermutungen richtig?**

   a) Wer ist der Besucher Gottes, und mit welchem Anliegen kommt er? (Zeile 27-39)

   b) Wie reagiert Gott auf die Anfrage des Besuchers? (Zeile 40-85)

   c) Welche Gedanken macht sich Gott, als er wieder alleine ist? (Zeile 95-102)

   ➤ LHB, S. 167

Wortschatz: Überzeugen

5. **Lesen Sie den Text noch einmal.**

   a) Wie versucht Herr Adam, Gott von seinem Plan zu überzeugen?

   b) Sammeln Sie seine Argumente und notieren Sie, welche sprachlichen Mittel er verwendet, um Gott zu überzeugen.

   c) Ergänzen Sie diese durch diejenigen aus der Redemittelübersicht im Materialienbuch, die Ihnen hier geeignet erscheinen und die Sie lernen möchten.

   ➤ MB, RM 3.1 + 3.2, S. 161-163

inhaltliche Argumentation	Redemittel
Der Ärger mit dem Apfelbaum war schon vor langer Zeit.	*Nun, das tut mir leid, obschon ich …*
...	...

6. **Wie interpretieren Sie den Titel: „Das letzte Paradies?"**

Grammatik: Partizip Präsens und Partizip Perfekt　*Gr*

7. **Wie werden folgende Sätze im Text ausgedrückt?**

   a) Suchen Sie die entsprechenden Stellen im Text und tragen Sie sie ein.

   b) Kreuzen Sie an, welche Bedeutung die Partizipien im Text haben.

	aktiv	passiv	gleichzeitig	vorzeitig
a) Gott schmunzelte und gedachte des Pärchens … (Z. 4) *Schmunzelnd gedachte Gott des Pärchens*	☒	☐	☒	☐
b) … es waren Geschöpfe, die von ihm gefertigt worden waren, … (Z. 6/7)	☐	☐	☐	☐
c) … die Sintflut, die in einem Wutanfall angeordnet worden war, … (Z. 11/12)	☐	☐	☐	☐
d) … wie schon erwähnt wurde, … (Z. 22)	☐	☐	☐	☐
e) Er wendete den Kopf und erblickte einen Menschen. (Z. 26)	☐	☐	☐	☐
f) … wegen des Tonfalls, der den andern beschwichtigen sollte, … (Z. 50)	☐	☐	☐	☐

8. **Erinnern Sie sich:**

   a) Wie werden Partizip Präsens und Partizip Perfekt gebildet?

   b) Welche unterschiedliche Bedeutung haben sie?

➤ MB, GR 9.2, S. 153

9. **Versuchen Sie folgende Sätze entsprechend den Beispielen in Übung 7, aber im umgekehrten Verfahren, umzuformulieren.**

   a) Da war ein unvermuteter Gast an der Tür.

   b) Sich räuspernd sagte der Eindringling …

   c) Der von starken Händen zum Ausgang gestoßene Eindringling rief laut.

   d) Wir bauen eine äußerst Gewinn bringende Anlage.

   e) Er nannte Gott wenig überzeugende Argumente.

   f) Gott musste die in ihm aufgestiegene Wut unterdrücken.

   g) Der vor langer Zeit gemachte Fehler ließ sich nicht mehr ändern.

   h) Den Kopf schüttelnd ging Gott wieder in seinen Garten zurück.

➤ LHB, S. 168

Diskussion: Planspiel

10. Versuchen Sie sich in folgende Situation hineinzudenken:

In einem kleinen Dorf im bayerischen Voralpenland sind Maßnahmen zur Förderung des Tourismus geplant. Es soll ein Feriendorf mit 180 Appartements und angrenzendem Gesundheits- und Freizeitpark mit Tennis, Sauna, Schwimmbad, Squash, Minigolf, Kneippkur, Physiotherapie errichtet werden.

In der Bevölkerung gibt es verschiedene Interessengruppen, die diesen Plan ganz unterschiedlich beurteilen. Deshalb beruft der Bürgermeister des Orts die Vertreter dieser Gruppen zu einer Gemeinderatssitzung ein, auf der alle Argumente für und gegen den Bau vorgetragen werden können.

Bei der Sitzung soll, wenn möglich, eine einvernehmliche Lösung gefunden werden, die alle Parteien zufriedenstellt.

> Sie können auch statt des fiktiven Orts in Bayern Ihren Kursort oder einen Ort in Ihrem Heimatland wählen. Dafür müssen Sie selbst die Gegebenheiten und die Interessen der verschiedenen Bevölkerungsgruppen festlegen.

11. Treffen Sie folgende Spielvorbereitungen:

a) Bilden Sie Kleingruppen. Wählen Sie eine der im Folgenden aufgeführten Interessengruppen, deren Interessen Sie in der Gemeinde vertreten wollen.

b) Informieren Sie sich über die geographische und wirtschaftliche Situation des Dorfes und über die Interessen der anderen Gruppen.

c) Sammeln Sie in der Kleingruppe Argumente für Ihre Position.

d) Sollten Ihnen noch Argumente fehlen, nehmen Sie nacheinander jeweils eines der Kärtchen zu Hilfe, die Ihnen der Kursleiter/die Kursleiterin zu Beginn ausgeteilt hat.

➤ LHB, S. 169 + 170, 5

e) Bereiten sie sich darauf vor, Ihre Position in der Sitzung zu vertreten.

Name:	Luftkurort Lechhausen, 3800 Einwohner.
Lage:	Bayerisches Voralpenland, 800 m über dem Meeresspiegel, am Fluss, hügelige idyllische Landschaft, angrenzendes Vogel- und Wasserschutzgebiet.
Wirtschaft:	hauptsächlich Landwirtschaft, kleine Handwerksbetriebe, ansässige Industrie mit Arbeitsplatzrisiko wegen Absatzschwierigkeiten (Maschinenbau) und Konkurrenz aus Billiglohnländern (Kammgarnspinnerei).
Tourismus:	großer Campingplatz am Stausee, vor allem im Sommer von Dauercampern genutzt, seit Jahren Ausbau geplant, aber umstritten wegen der angrenzenden Naturschutzgebiete, des erhöhten Verkehrsaufkommens und der Proteste der Fischer. Freizeitangebot: Wassersport, Fischen, Wandern, Skilauf.
Verkehrssituation:	hohes Verkehrsaufkommen, starker Durchreiseverkehr, enge Ortsdurchfahrt, Behinderung durch landwirtschaftliche Nutzfahrzeuge, bisher keine Ortsumgehung.

Interessengruppen:

Bürgermeister: von Beruf Landwirt, politisch sehr ehrgeizig, seit 5 Jahren im Besitz des Bodens, auf dem das Feriendorf errichtet werden soll; er ist für den Bau des Feriendorfes.

Bauträger-Gesellschaft: nicht aus dem Ort, große Erfahrung mit der Errichtung von Feriendörfern, momentan wirtschaftliche Schwierigkeiten wegen der Rezession, ist für den Bau des Feriendorfes.

Gewerbeverein: Kleinunternehmer und Arbeitgeber der ortsansässigen Industrie und des Handels, interessiert an höherer Attraktivität des Standorts und an Umsatzsteigerung, kämpft seit Jahren für den Ausbau des Verkehrsnetzes, ist für den Bau des Feriendorfes.

Bauernverband: Vereinigung der Bauern des Orts, konservativ, wirtschaftlich schwierige Situation, fürchtet Probleme durch Tourismus, da sich im Nachbarort beispielsweise wiederholt Touristen wegen Lärmbelästigung durch Kuhglocken und Geruchsbelästigung beschwert haben, ist gegen den Bau der Feriensiedlung.

Gewerkschaft: Arbeiter- und Angestelltenvertretung, sehr beunruhigt, da im Moment 65 Arbeitsplätze in Gefahr sind, kämpft seit Jahren für die Strukturverbesserung der ortsansässigen Industrie und für Arbeitsplatzsicherung, befürchtet, dass der Bau der Feriensiedlung keine Verbesserung der Beschäftigungssituation bedeutet. Ist gegen den Bau der Feriensiedlung.

Bürgerinitiative Umweltschutz: Vertreter aller Gesellschaftsschichten (Lehrer, Ärzte, Hausfrauen, Schüler usw.), gegründet vor 6 Jahren, kämpft seither dafür, die ganze Region zum Naturschutzgebiet zu erklären (Brutstätten für Vögel, Gewässerschutz). Ist deshalb gegen den Bau.

12. Spielen Sie nun die Gemeinderatssitzung

a) Wählen Sie Sprecher für Ihre Gruppen.

b) Versuchen Sie, die Anwesenden von Ihrer Meinung zu überzeugen.

c) Wählen sie einen Unparteiischen, der die Sitzung leitet und wenn nötig Streit schlichtet.

d) Versuchen Sie, zum Schluss eine einvernehmliche Lösung zu finden.

e) Veröffentlichen Sie diese in Form eines Plans, der öffentlich ausgehängt wird.

Testen Sie sich selbst.

1. Erinnern Sie sich:

   a) Versuchen Sie, ein Zitat zum Thema *Reisen* wörtlich aus dem Kopf wiederzugeben.

   b) Notieren Sie zehn Wörter zum Thema *Reisen*, die neu für Sie waren.

   c) Notieren Sie jeweils zwei Redemittel zur Begründung, zum Widerspruch und zum Überzeugen, die Sie in diesem Kapitel kennengelernt haben.

2. Zur Arbeit mit dem Wörterbuch:

   a) Bilden Sie Kleingruppen.

   b) Wählen Sie aus den folgenden drei Themen eines aus und erstellen Sie mithilfe des Wörterbuchs einen Wortstern.

   –   Reisen   +

   1. Ist der Tourismus heute ein bedeutender Wirtschaftszweig?

   2. Welche positiven beziehungsweise negativen Auswirkungen kann der Tourismus auf die Entwicklung eines Landes haben?

   3. Ein deutsches Sprichwort sagt: „Reisen bildet." – Stimmen Sie dem zu?

   c) Präsentieren Sie Ihre Ergebnisse der gesamten Kursgruppe.

3. Schreiben:

   a) Berichten Sie von der schönsten Reise in Ihrem Leben.

   b) Stellen Sie in einem Zeitungsartikel die Bedeutung des Tourismus für Ihr Heimatland dar.

4. Formulieren Sie die kursiv gedruckten Satzteile um, indem Sie Partizipien verwenden. Schreiben Sie den Krimi weiter:

   Er saß im Liegestuhl und betrachtete die Sonne, *die gerade vor ihm aufging*. Ein wenig wehmutsvoll dachte er an die Frau, *die er zurückgelassen hatte*. Doch dann fiel ihm wieder der Satz ein, *der ihn vernichtete*: „Du bist ein Versager!". *Er wendete seinen Kopf und* erblickte plötzlich hinter sich ein Auto, *das die Straße zum Strand herunterfuhr*. Er sah zwei Frauenbeine, *die sich aus dem Auto schwangen*. Doch *kaum war diese Gestalt ausgestiegen*, so …

Unterwegs:

Befragen Sie möglichst viele deutschsprachige Bekannte oder Freunde nach ihrem Reiseverhalten.
Werten Sie Ihre Ergebnisse aus und stellen Sie sie der Kursgruppe vor.
Vergleichen Sie Ihre Ergebnisse mit der Statistik.

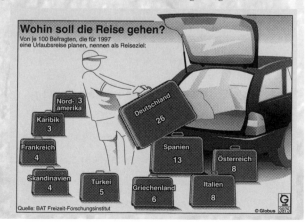

Wohin soll die Reise gehen?
Von je 100 Befragten, die für 1997
eine Urlaubsreise planen, nennen als Reiseziel:

Nord- 3
amerika

Karibik 3

Frankreich 4

Skandinavien 4

Türkei 5

Griechenland 6

Deutschland 26

Spanien 13

Italien 8

Österreich 8

Quelle: BAT Freizeit-Forschungsinstitut
© Globus 3975

Wir lernen heute: heiraten

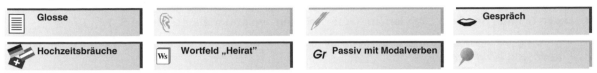

Glosse	Gespräch
Hochzeitsbräuche	Ws Wortfeld „Heirat" Gr Passiv mit Modalverben

Sprechen ◡

1. **Betrachten Sie im Materialienbuch auf S. 72 die beiden Fotos und das Schaubild.**

   Wie würden Sie am liebsten leben?

   ➤ LHB, S. 170, 1

2. **Erstellen Sie im Kurs eine Statistik.**

   a) Wie viel Prozent der Kursmitglieder sind verheiratet? Wie leben die anderen? Als Single? Als unverheiratete Paare? In Wohngemeinschaften?

   b) Vergleichen Sie das Ergebnis mit der Statistik zur Situation in Deutschland.

   c) Wie viel Prozent der Bevölkerung in Ihrem Heimatland sind Ihrer Schätzung nach verheiratet?

3. **Teilen Sie den Kurs in die Gruppe der Verheirateten und die der Singles.**

   a) Sie gehören jetzt entweder den „fanatischen Verfechtern der Ehe" an, den „unverbesserlichen Singles" oder auch der dritten Gruppe.

   b) Fragen Sie nun die andere(n) Gruppe(n),

      1. wieso sie trotz der klaren Nachteile bei der Ehe/unverheiratet bleiben,

      2. ob sie sich wieder genauso entscheiden würden, wenn noch einmal die Möglichkeit bestünde.

Wortschatz: Heiraten

vor der Hochzeit	während der Hochzeit	nach der Hochzeit

4. **Ordnen Sie folgende Wörter in die obigen Rubriken.**

jemanden heiraten	verheiratet sein mit	die Ehe	das Ja-Wort geben
eine Ehe führen mit	der Bräutigam	sich verloben mit	sich scheiden lassen von
sich verlieben in	der Trauzeuge	die Heiratsurkunde	die Braut
die Scheidung	die Hochzeit	der Trauring	das Standesamt

5. **Formulieren Sie sieben Sätze mit den folgenden Redemitteln:**

Wenn Sie heiraten wollen, …	… benötigen Sie …	… müssen Sie …
Bevor Sie heiraten, …	… ist es ausgeschlossen, …	… sollten Sie …
Beim Heiraten …	… ist es unerlässlich, …	… sollten Sie darauf achten, dass …
		… ist es von Vorteil, …

Lesen

6. Lesen Sie nun den Text „Wir lernen heute: heiraten" im Materialienbuch auf S. 73.

(Achtung: Verlag und Autoren übernehmen keine Gewähr für die Ernsthaftigkeit der folgenden Fragen und Übungen.)

   a) *Von der Gruppe der fanatisch Verheirateten zu beantworten:*
      Ganz ehrlich, sind Sie bei Ihrer Heirat mit ebenso viel Sachverstand vorgegangen?

   b) *Von der Gruppe der unverbesserlich Unverheirateten zu beantworten:*
      Ganz ehrlich, wenn Sie das gewusst hätten, hätten Sie dann nicht längst geheiratet?

7. Markieren Sie die Reihenfolge, in der folgende Aussagen in anderer Form und etwas anderer Bedeutung im Text stehen, und geben Sie die Textzeile an.

☐ Dennoch sollten wir uns nicht davon abhalten lassen zu heiraten. _____

☐ Der Partner sollte Ihre Probleme immer verstehen. _____

☐ Finden Sie jemanden, der alle diese Eigenschaften besitzt, so sprechen Sie ihn sofort an. _____

☐ Haben Sie keine Angst, das nächste Standesamt zu fragen. _____

☐ Heiraten ist heutzutage freiwillig. _____

☐ Heiraten muss man persönlich. _____

☐ Man kann das Geschlecht von Menschen aufgrund äußerlicher Merkmale bestimmen. _____

☐ Man sollte vor allem darauf achten, dass der Partner außergewöhnlich schön ist. _____

☐ Normalerweise stellt man den Partner zur Geschlechtsbestimmung nicht dem Arzt vor. _____

☐ Zum Heiraten brauchen Sie einen anderen Menschen. _____

☐ Sie sollten sich die Erklärungen des Arztes gut merken. _____

☐ Wir sollten uns mit der Hauptschwierigkeit beschäftigen. _____

8. Wählen Sie die drei witzigsten Ratschläge aus dem Text.

Projekt

9. Hochzeitsbräuche

   a) Berichten Sie der Kursgruppe von traditionellen Hochzeitsbräuchen in Ihrer Heimat.

   b) Kennen Sie Hochzeitsbräuche aus dem deutschsprachigen Raum? Lesen Sie dazu die Seite 75 im Materialienbuch.

   c) Informieren Sie sich, wie in Deutschland, Österreich oder der Schweiz geheiratet wird. Gehen Sie in Bibliotheken, auf Standesämter oder in Pfarrbüros.

   d) Suchen Sie Zeitungsnotizen, Statistiken, Cartoons zum Thema *Heirat*, über die Sie sprechen wollen.

   Berichten Sie im Kurs über Ihre Ergebnisse.

10. Wir nehmen an, dass Sie inzwischen auf der Grundlage des Textes „Wir lernen heute ..." das Heiraten gelernt haben.

a) Vielleicht sind Sie dann irgendwann auch im Besitz des „Produktes", für dessen Pflege Sie einige Hinweise im Materialienbuch auf S. 77 finden. Lesen Sie den Text.

b) Klären Sie mit jemand anderem aus dem Kurs den Sinn der einzelnen Pflegehinweise.

Grammatik: Passiv mit Modalverben *Gr*

11. Kennzeichnen Sie im folgenden Text alle Verben und heben Sie die finiten Verben besonders hervor.

Bei auftretenden Problemen mit dem Produkt | **können** | in Pflegeanleitungen häufig auch Hinweise auf Ursachen und Lösungsmöglichkeiten | gefunden werden.

Bei diesem Produkt ist es schon öfter zu Störungen gekommen.

Bisher hätte dann der Schaden ohne Anleitung selbst behoben werden müssen.

Dies ist ärgerlich, weil solche Hilfen häufig gut gebraucht werden konnten.

Diese Tipps bei Fehlfunktionen können also noch ergänzt werden.

Bislang dürften sie einfach vergessen worden sein.

Versuchen Sie, die Regeln für die Stellung und die Formenbildung der Modalverben im Passiv herauszufinden und zu beschreiben. Nehmen Sie die Übersicht in der Grammatik zu Hilfe.

➤ MB, GR 7.1., S. 148 und 1.2.2, S. 130

12. Ergänzen Sie die folgenden „Gebrauchsanweisungen" und verwenden Sie dazu das Passiv.

Störung	Bedienungsfehler	Lösung
Aus den beiden Luftlöchern oberhalb der Vorderklappe tritt Flüssigkeit aus.	Das Produkt **hätte** keinen niedrigen Temperaturen **ausgesetzt werden dürfen.**	Das Produkt **sollte**, z.B. zum Transport, stets gut **verpackt werden.**
Nach dem Nachfüllen ertönt der Signalton nicht.	Zum Klopfen auf die Rückseite hätte das Produkt umgedreht _____	Es sollte vorsichtig bewegt und wiederholt leicht auf die Rückseite _____
Nach dem Nachfüllen tritt der Inhalt zum Teil aus der Nachfüllklappe wieder aus.	Der Signalton hätte _____ müssen.	Nach dem Nachfüllen sollte das Produkt nur vorsichtig _____ werden.
Die Nachfüllklappe öffnet sich nicht.	Die Füllung hätte erst später _____	Die Füllung sollte _____
Die Verunreinigungen an der Auslassöffnung treten durch die äußere Verpackung aus.	Die Auffangvorrichtungen hätten häufiger _____	Die Auffangvorrichtungen dürfen nicht _____

Gerhard Schöne, Glück oder Unglück

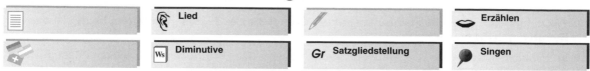

	Lied		Erzählen
	Ws Diminutive	**Gr** Satzgliedstellung	Singen

Hören

1. **Hören Sie das Lied „Glück oder Unglück" von der Kassette.**

   a) Erzählen Sie Ihrem Nachbarn/Ihrer Nachbarin anschließend zwei Minuten lang ohne Pause alles, was Ihnen spontan zu dem Lied einfällt, z.B. wie Sie die Musik finden, was Sie von dem Text behalten haben, usw.

   b) Danach ist Ihr(e) Nachbar(in) an der Reihe.

2. **Hören Sie das Lied noch einmal.**
   Bearbeiten Sie eine der drei folgenden Aufgaben A, B oder C.

   A **Achten Sie nur auf den Refrain und darauf, wie die Nachbarn des Bauern reagieren.**
   Schreiben Sie die zwei Textvarianten des Refrains möglichst *wörtlich* auf.

   a) Wie reagieren die Nachbarn, wenn dem Bauern etwas Schlechtes passiert ist?

   Kamen alle Nachbarn an
   -
   -

   b) Und wie reagieren sie, wenn ihm etwas Gutes passiert ist?

   -
   -

   B **Achten Sie nur auf den zweiten Teil des Refrains, wie der Bauer auf die Kommentare seiner Nachbarn reagiert.**
   Schreiben Sie die zwei Textvarianten des Refrains möglichst *wörtlich* auf.

   a) Wie antwortet der Bauer den Nachbarn, wenn ihm etwas Schlechtes passiert ist?

   Doch das Bäuerlein sprach leis,
   -

   b) Und wie antwortet er, wenn ihm etwas Gutes passiert ist?

   -
   -

   C **Achten Sie nicht auf den Refrain, sondern nur auf die ersten vier Strophen des Liedes.**
   Notieren Sie in Stichworten, was dem Bauern in diesen Strophen passiert.

   1. einziges Pferd / weggelaufen   3.
   -
   2.   *4.*
   -

Sprechen

3. **Haben Sie auch schon einmal so etwas erlebt: Sie hatten Pech, und das hat sich später in Glück verwandelt? Oder umgekehrt? Erzählen Sie in der Kursgruppe.**

Einmal *Kürzlich* *Vor* *… Tagen* *… Jahren* *… Wochen*	*hatte ich großes Pech: …* *war ich vom Pech verfolgt: …* *ging mir alles schief: …* *ist mir* | *etwas sehr Schlimmes passiert: …* *ein Missgeschick* *ein Unglück* *…*	*Aber dann* *Später* *Am Ende* *Zu guter Letzt* *Ende gut, alles gut: …*	*hatte ich Glück* *im Unglück: …* *ging doch noch* *alles gut aus: …* *hat sich das Blatt* *gewendet:* *…* *…*

Hören

4. **In der letzten Strophe wird, gewissermaßen als „Moral der Geschichte", eine bestimmte Lebenseinstellung empfohlen.**
   Hören Sie die Strophe und diskutieren Sie in der Kursgruppe, ob Sie mit dieser Empfehlung einverstanden sind.

Sprechen

5. **Sprechen Sie über die Bedeutung der folgenden deutschen Sprichwörter zum Thema *Glück*.**

> *Jeder ist seines Glückes Schmied.*   *Scherben bringen Glück.*
>
> *Dem Glücklichen schlägt keine Stunde.*   *Wer den Pfennig nicht ehrt, ist des Talers nicht wert.*
>
> *Die dümmsten Bauern haben die dicksten Kartoffeln.*   *Wer Pech hat im Spiel, hat Glück in der Liebe.*
>
> *Glück und Glas, wie leicht bricht das.*   *Hochmut kommt vor dem Fall.*

Berichten Sie über entsprechende oder ähnliche Sprichwörter aus Ihrer Sprache.

Singen

6. **Hören Sie noch einmal das Lied und singen Sie mit.**

   Singen Sie es dann – wenn Sie mögen – auch ohne die Kassette.
   Sie finden dazu den Text (mit den Gitarrengriffen) im Materialienbuch auf S. 77.

Singen

Eine tolle Sache, wenn es Ihnen auch Spaß macht: Durch die Verknüpfung von Text und Musik und durch die wiederholte eigene Reproduktion prägen sich Ihnen beim Singen die sprachlichen Muster – Intonation, Syntax, Idiomatik usw.– besonders gut ein. Wer ein Lied oft und gern singt, wird einige Phrasen und Strukturen daraus vielleicht nie vergessen.

✎ **Projekt**

7. **Sammeln Sie Aufnahmen von deutschsprachigen Liedern und erarbeiten Sie sich die Texte selbst.**

   Zum Beispiel so:

   Immer ein kleines Stück hören, soviel wie möglich mitschreiben, Kassette anhalten, das Textstück weiterschreiben, zurückspulen, noch mal hören, korrigieren, weiterhören usw., bis Sie den Text vollständig aufgeschrieben haben.
   Dann – wenn nötig – Unbekanntes im Lexikon nachschlagen, eventuell Ihre Lehrerin / Ihren Lehrer fragen, bis Sie alles verstanden haben.
   Dann öfter mal wieder hören, mitlesen, mitsingen, *genießen* …

Gr **Grammatik: Satzgliedstellung – Ellipse in gesprochener Sprache**

1. Vorfeld (Ellipse)	2. finites Verb	3. Mittelfeld	4. infinites Verb / Ergänz.
(Vor vielen Jahren) *(Wie erzählt wird,)* *(Einst)*	*war*	*ein Bäuerlein in Franken.*	
(Da)	*lief*	*das Pferd*	*davon.*
(Es)	*kommt*	*ein Mann*	*zum Arzt.*
(Da)	*treffe*	*ich neulich Fritz.*	

8. **In mündlichen Erzählungen, Anekdoten und Witzen findet sich mitunter eine auffällige Satzgliedstellung: Der Satz beginnt mit dem finiten Verb (ist aber *keine* Frage) und das Vorfeld bleibt leer. Relativ inhaltsarme Wörter wie *da* oder *es* können dabei weggelassen werden.**

   a) Denken Sie sich für jeden Satz in der obigen Tabelle drei verschiedene Satzanfänge aus, die in die Auslassung passen würden.

   b) Suchen Sie in dem Liedtext weitere Sätze mit solchen Anfangsellipsen.

9. **Achten Sie bei dem folgenden Witz auf die beschriebenen Auslassungen. Probieren Sie, diese auszufüllen.**

   Welche Wirkung hat das auf den Text?

Kommt ein Kreuzfahrt-Schiff in stürmische See, und eine schöne junge Frau geht über Bord.
Fliegt sofort einer hinterher und hilft ihr, über Wasser zu bleiben.
Werden Rettungsboote runtergelassen, die beiden rausgezogen und wieder an Bord gebracht.
Und wer ist nun der Lebensretter?
Ein alter Mann von achtzig Jahren!
Am nächsten Tag im Speisesaal gibt es eine kleine Feier.
Hält der Kapitän eine Ansprache auf den mutigen Lebensretter.
Wird der alte Herr auf die Bühne gebeten, soll ein paar Worte an die Festgesellschaft richten.
Steht der langsam von seinem Platz auf und guckt mit zusammengekniffenen Augen in die Runde.
Sagt der Alte: „Ich mach keine großen Worte. Aber eins will ich jetzt wissen: Wer hat mich reingeschmissen?"

10. Vielleicht kennen Sie selbst noch andere Witze.

Erzählen Sie diese einigen Leuten im Kurs. Versuchen Sie, beim Erzählen das Stilmittel der Auslassungen anzuwenden.

Wortschatz: Diminutive `Ws`

11. Nennen Sie zu einigen Wörtern, die Sie kennen, Diminutive auf *-lein* oder *-chen*.

Beispiele: *Kind<u>lein</u>*, *Täsch<u>chen</u>*, …

Zu vielen Nomen gibt es zwei Diminutive:

1. *Bäuer <u>lein</u>*, 2. *Bäuer <u>chen</u>*

Bei manchen Wörtern ändert das Diminutiv die Wortbedeutung. So hat die Form *Bäuer<u>chen</u>* neben der wörtlichen Bedeutung *kleiner Bauer* eine zusätzliche eigene Bedeutung bekommen: Bei Kleinkindern bedeutet *Bäuerchen machen*: *rülpsen, aufstoßen*.

12. Informieren Sie sich im Wörterbuch über die Nebenbedeutungen der Diminutive von:

Frau, Mann, Herr, Freund, Brot, Topf, Kopf, Suppe

Zeit zum Flirten

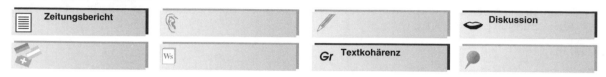

| Zeitungsbericht | | | Diskussion |

| | Ws | Gr Textkohärenz | |

Sprechen

1. Tauschen Sie sich mit Ihrem Nachbarn/Ihrer Nachbarin aus.

a) Gibt es in Ihrem Land Schulen, in denen die Kinder nach Geschlechtern getrennt unterrichtet werden?

b) Sind Sie selbst in gemischten Klassen unterrichtet worden?

c) Können Sie sich in dem Zusammenhang an besondere Erlebnisse erinnern?

Lesen

Die beiden ersten Absätze aus dem Text im Materialienbuch auf S. 79 sind hier etwas anders formuliert. Arbeiten Sie in zwei Gruppen.

Vergleichen Sie entweder den folgenden Text 1 oder 2 mit dem entsprechenden Absatz im Originaltext.

1

Die Koedukation war vor rund 90 Jahren eine revolutionäre Forderung der Frauenbewegung. Die Koedukation hielt Mitte der sechziger Jahre Einzug in deutschen Schulen. Die Koedukation stand unter dem Banner der Chancengleichheit. Lehrer und Erziehungswissenschaftler stellen heute die Koedukation teilweise infrage. Sie sagen, dass die Koedukation die Rollenstereotype verstärkt. Niemand will die Koedukation vollständig abschaffen. Die Koedukation gilt als reformbedürftig. An zahlreichen Schulen gibt es in manchen Fächern keine Koedukation mehr. Vor hundert Jahren gab es an zahlreichen Schulen keine Koedukation.

2

Kritiker meinen, dass von der Koedukation nur die männlichen Schüler profitieren. Wissenschaftler haben herausgefunden: Bei Koedukation werden Jungen häufiger aufgerufen, gelobt und getadelt als Mädchen. Jungen drängen sich oft aggressiv in den Vordergrund. Lehrer schenken den Schülerinnen nur ein Drittel ihrer Aufmerksamkeit. Schülerinnen kommen seltener zu Wort. Schülerinnen werden häufiger unterbrochen. Schülerinnen werden von vielen Lehrern als „Sozialschmiere" missbraucht. Besonders nette Schülerinnen werden neben rüpelhafte Jungen gesetzt, um die Jungen ruhig zu halten.

2. Worin unterscheidet sich diese Version jeweils vom Originaltext? Halten Sie für Ihren Absatz fest, welche Merkmale der ursprünglichen Version hier fehlen.

a) zusätzliche Ausdrücke: *noch, aber, weil, zwar, ...*

b) andere Ausdrücke:

– für „Koedukation": *der gemeinsame Unterricht, sie, ...*

– für das Gegenteil von Koedukation: ...

– für Sonstiges: ...

c) weitere Unterschiede: ...

Grammatik: Textkohärenz *Gr*

3. **Sprechen Sie mit anderen Kursteilnehmern, die auch Ihren Abschnitt bearbeitet haben, über die Wirkung der von Ihnen gefundenen Textmerkmale im Originaltext.**

Vergleichen Sie Ihre Ergebnisse in der Kursgruppe.

4. **Ordnen Sie die folgenden satzverbindenden Ausdrücke nach ihrer Bedeutung in die Tabelle ein. Ergänzen Sie weitere.**

> *außerdem, darüber hinaus, deshalb, doch, einerseits – andererseits, infolgedessen, insbesondere, jedoch, nämlich, schließlich, trotzdem, zum Beispiel.*

Folge Koedukation → Benachteiligung	Kontrast Jungen ↔ Mädchen	Addition Mathe + Physik + Deutsch
deshalb folglich also demnach	zwar ... aber dagegen allerdings bloß	ferner erstens ... zweitens beispielsweise hinzu kommt
-------------------------------	-------------------------------	-------------------------------
-------------------------------	-------------------------------	-------------------------------

➤ MB, RM 3.3, S. 163–164

➤ MB, GR 3.1, S. 133–134 + 3.2, S. 135 + 3.3, S.136

5. **Versuchen Sie, „Ihren" Abschnitt ohne Zuhilfenahme des Originaltextes so weit mit satzverbindenden Ausdrücken anzureichern, bis Sie ihn für einen normal lesbaren Text halten.**

Vergleichen Sie Ihr Ergebnis mit dem eines anderen Kursmitglieds, das denselben Absatz bearbeitet hat, und zum Schluss mit dem Originaltext.

Projekt *Gr*

6. **Basteln Sie selbst eine Partner-Übung.**

Suchen Sie aus einer deutschsprachigen Zeitung einen kurzen Artikel, schreiben Sie ihn ab und lassen Sie dabei alle satzverbindenden Ausdrücke weg. Geben Sie diese Textversion einem Nachbarn, der sie wieder mit Verbindungswörtern anreichern soll – entweder aus dem Kopf oder aus einer Wortliste, in der Sie alle ausgelassenen oder ersetzten Wörter des Zeitungsartikels aufgeschrieben haben.

Diskussion

7. **Lesen Sie nun den Text im Materialienbuch auf S. 79 zu Ende und diskutieren Sie darüber.**

a) Bilden Sie zwei Gruppen: Koedukationsgegner und Koedukationsbefürworter.

b) Formulieren Sie gemeinsam ein Plädoyer für Ihren Standpunkt, in dem Sie sowohl die im Text genannten Informationen als auch ihre eigenen Erfahrungen berücksichtigen.

c) Jede Gruppe trägt circa fünf Minuten lang ihren Standpunkt vor und stellt sich anschließend der Diskussion.

Testen Sie sich selbst.

1. **Fügen Sie in der folgenden Übung die eingeklammerten Verben in der richtigen Form an die richtigen Stellen im Satz.**

   a) { *können werden hatte* } Eine peinliche Ente im Winsener Abendblatt gerade noch durch einen Drucker-Lehrling verhindert:

   b) { *hatte werden sollen* } Ein Spendenaufruf zugunsten der Witwe des Unbekannten Soldaten, der in der Zeitung abgedruckt, { *worden war* } von dem jungen Mann während seiner Frühstückspause gelesen und zum Chefredakteur gebracht.

   c) { *gelobt wurde* } Der Lehrling für seine Wachsamkeit.

   d) { *werden können hätte* } Er fragte den Chefredakteur, ob es vorstellbar sei, dass so ein Aufruf befolgt.

   e) { *sein werden* }. { *können werden* }. { *werden dürfte* } „Ich glaube kaum," sagte der Chefredakteur, „dass unsere Leser so dumm. Die Leute sich denken, dass dieser Frau sicherlich seit Jahren eine angemessene Witwenrente gezahlt."

2. **Ergänzen Sie die satzverbindenden Ausdrücke im folgenden Brief an das Kultusministerium.**

```
Gymnasium Neustadt
Klasse 10b (Mädchen)
68431 Neustadt


An den Kultusminister
von Baden-Württemberg


Sehr geehrter Herr Kultusminister,

Sie haben uns gebeten, Ihnen unsere Erfahrungen im Modellprojekt „Getrennter Un-
terricht am Lukas-Gymnasium" mitzuteilen. _____ wollten Sie von uns wissen,
wie wir die Meinungen der Jungen der Klasse einschätzen. _____ schicken wir
Ihnen hier unseren zusammenfassenden Bericht.

_____ : Das Projekt war für uns ganz spannend, _____ haben wir viel
gelernt über uns selbst.

_____ : Wir sind ganz unterschiedlicher Meinung.

_____ finden alle, dass man im Unterricht ohne die Jungen ungestörter und
leichter lernt, _____ einige von uns vermissen die Spannung und finden den
Unterricht ohne Jungs langweilig: Der gemeinsame Unterricht ist _____ ihrer
Meinung nach viel witziger, weil man flirten kann. _____ finden andere Mäd-
chen, dass die Jungens sie dazu herausfordern, selbst besser zu sein, und dass
sie sich _____ besonders anstrengen, _____ in Fächern wie Chemie und
Physik. _____ können wir keine eindeutige Empfehlung pro oder contra aus-
sprechen. Die Jungen _____ fanden, nachdem wir sie befragt haben, alle, dass
Ihnen Unterricht mit Mädchen besser gefällt: _____ mit hübschen Mädchen!


Mit freundlichen Grüßen

    Klasse 10b
```

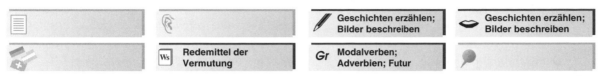
Skurriles

📄	👂	✏️ Geschichten erzählen; Bilder beschreiben
🩹	Ws Redemittel der Vermutung	Gr Modalverben; Adverbien; Futur

👄 Geschichten erzählen; Bilder beschreiben	📍

Grammatik: Wahrscheinlichkeiten (Modalverben, Adverbien, Futur)   Gr

1. **Betrachten Sie das nebenstehende Foto. Auf welche Gedanken bringt es Sie?**

   Vielleicht sind Ihnen auch folgende Überlegungen durch den Kopf gegangen:

   a) *„Der Mann muss verrückt sein."*

   b) *„Es dürfte ziemlich schwierig sein, nicht ins Wasser zu rutschen."*

   c) *„Vielleicht repariert der Mann etwas."*

   d) *„Der Mann könnte ein Akrobat sein."*

   e) *„So eine gefährliche Arbeit wird sicher gut bezahlt."*

   f) *„Möglicherweise ist es auch ein Protest."*

2. **Wer etwas so formuliert, ist nicht ganz sicher, ob seine Aussage zutrifft: er vermutet lediglich.**

   a) Welche Ausdrücke sind es, die Unsicherheit anzeigen? Markieren Sie diese in den obigen Bei-spielsätzen.

   b) Ordnen Sie diese Ausdrücke in die folgende Tabelle ein.

	Modalverben	Futur	Adverbien
fast sicher/ zu 95% überzeugt	*muss*		
einigermaßen sicher/ zu 75% überzeugt			
ein bisschen unsicher/ höchstens zu 50% überzeugt			

➤ MB, GR 6.1, S. 142–143
➤ MB, RM 3.1.3 - 3.1.5, S. 161

   c) Ergänzen Sie die Tabelle um weitere Beispiele, die Sie kennen oder die Sie den Übersichten im Materialienbuch entnehmen können.

3. **Vergleichen Sie folgende unterschiedliche Ausdrucksweisen für Vermutungen über vergangene Ereignisse. Mit welchen sprachlichen Mitteln werden sie jeweils ausgedrückt?**

a) *Der Mann hatte Liebeskummer.*

→ *Der Mann hatte möglicherweise Liebeskummer.*
→ *Der Mann könnte Liebeskummer gehabt haben.*

b) *Der Mann hat getrunken.*

→ *Der Mann hat wahrscheinlich getrunken.*
→ *Der Mann dürfte getrunken haben.*

c) *Das Foto wurde gefälscht.*

→ *Das Foto ist höchstwahrscheinlich gefälscht worden.*
→ *Das Foto wird gefälscht worden sein.*

➤ **MB, GR 6.1, S. 142–143**

✎ **Schreiben**

4. **Ein Fall für Kommissar Derrick.**

Im Anwesen der Familie Fluck ist eingebrochen worden. Der Hausherr und Firmenerbe liegt erschossen im Salon. Es gibt einige Spuren: sämtliche Türen verschlossen, ein Fenster zerbrochen, Glasscherben liegen innen und außen, zwei leere Weingläser und ein voller Aschenbecher im Salon (der Hausherr war Nichtraucher), der Safe ist nicht aufgebrochen.

Es gibt drei Verdächtige, die kein wirkliches Alibi für die Tatzeit haben:

1. Den Bruder des Toten: Raucher, ständig knapp bei Kasse, cholerisch, kennt das Anwesen gut.

2. Die Schwester des Toten: verheiratet, drei Kinder, ihr Mann hat eine Geliebte (sie weiß aber nicht, wer das ist), verstand sich sehr gut mit ihrem Bruder.

3. Die Gattin des Toten: sehr jung, hat einen drogensüchtigen Bruder, führte eine gute Ehe mit dem Verstorbenen, in letzter Zeit aber auffällig nervös und viel außer Haus.

a) Stellen Sie Vermutungen an über die Tat, den Täter, das Motiv und schreiben Sie Ihre Hypothesen auf. So könnte es gewesen sein:

Der Täter muss ..... gewesen sein. Er/sie hat wahrscheinlich .....

Das Motiv dürfte ..... sein. .....

Möglicherweise hat ..... geholfen .....

.....

b) Vergleichen Sie Ihre Hypothesen mit denen der anderen Kursmitglieder.

👄 **Sprechen**

5. **Sehen Sie sich die Seiten 80 und 81 im Materialienbuch an. Welches Bild spricht Sie an? Wählen Sie ein Bild aus.**

6. **Suchen Sie andere Kursteilnehmer, die dasselbe Bild ausgesucht haben. Unterhalten Sie sich:**

a) Warum haben Sie dieses Bild ausgewählt?

b) Was passiert auf dem Bild? Sammeln Sie Ihre Vermutungen. Verwenden Sie die Redemittel aus Aufgabe 2 auf S. 121.

7. **Aus welcher Vermutung könnte man eine spannende, lustige oder skurrile Geschichte machen?**

Entscheiden Sie sich für eine Ihrer Hypothesen. Sammeln Sie dann gemeinsam Wörter, die Sie für die Beschreibung der Personen, Gegenstände und Handlungen des Bildes und für Ihre Geschichte brauchen.

Sprechen oder Schreiben

8. **Formulieren Sie die Geschichte aus. Sie können sie mündlich erzählen (A) oder aufschreiben (B).**

A Erzählen

a) Bereiten Sie sich in Ihrer Gruppe darauf vor, die Geschichte zu Ihrem „gemeinsamen" Foto zu erzählen.

b) Bilden Sie neue Gruppen, in denen nun alle Fotos je einmal vertreten sind.

c) Beschreiben Sie in dieser Gruppe zunächst Ihr Bild. Erzählen Sie dann Ihre Geschichte.

d) Tauschen Sie sich anschließend über die verschiedenen Geschichten aus. Wie gefallen Ihnen die Geschichten? Kommentieren Sie.

B Schreiben

a) Schreiben Sie zu zweit eine Geschichte zu dem von Ihnen ausgewählten Foto.

b) Geben Sie einer anderen Zweiergruppe Ihren Text zum Lesen. Lesen Sie den Text der anderen.

c) Machen Sie sich gegenseitig Vorschläge, wie man die Texte verbessern könnte.

Projekt

9. **Bereiten Sie sich allein darauf vor, von etwas Skurrilem zu berichten.**

a) Wählen Sie auch hier Aufgabe **A** oder **B**.

A Erinnern Sie sich an eine skurrile Situation, die Sie erlebt haben? Bereiten Sie Ihre Schilderung der Situation vor.

B Suchen Sie ein skurriles Bild aus einer Zeitung, einer Zeitschrift oder einem Buch. Bereiten Sie die Beschreibung des Bildes vor.

➤ LHB, S. 171

b) Sammeln Sie Ideen, suchen Sie die notwendigen Wörter, schreiben Sie Ihren Text in Stichwörtern auf und tragen Sie ihn sich selbst vor.

10. **Erzählen Sie Ihre (Bilder-)Geschichte in Ihrer Kursgruppe.**

Lotto – Millionäre

| Zeitungsmeldungen | Gespräch | | (Inszenieren) |

Hören

1. Hören Sie einen Dialog. Worum geht es? Wie könnte die Geschichte weiter gehen?

Lesen

2. Lesen Sie auf Seite 82 und 83 im Materialienbuch die Zeitungsmeldungen und -berichte über verschiedene Lottogewinner.

   Finden Sie, dass das Glück in jedem Fall den Richtigen getroffen hat?

Sprechen

3. Tauschen Sie sich aus:

   a) Was würden Sie machen, wenn Sie Millionen im Lotto gewonnen hätten?

   b) Machen Sie eine Hitliste für Lottogewinner: Tragen Sie alles ein, was die Kursmitglieder mit ihren Lottogewinnen machen würden.

   Wenn ich im Lotto gewonnen hätte, würde ich ...

   ➤ MB, GR 3.2, S. 135

Inszenieren

4. Suchen Sie sich in Kleingruppen den Zeitungsartikel aus, der Sie am meisten anspricht, und veranstalten Sie eine kleine Inszenierung.

   Wählen Sie aus drei verschiedenen Möglichkeiten aus:

   A Sketch

   Sie können völlig frei in Anlehnung an einen der Artikel einen Sketch erfinden, einüben und ihn der Kursgruppe vorspielen. Zur Vorbereitung beschreiben Sie sich gegenseitig vorher die Personen: Alter, Beruf, Hobby, Beziehung zueinander, finanzielle Verhältnisse, Grund für Lottospiel usw.

   ➤ LHB, S. 172

   B Pantomime

   Sie können einen der Zeitungsberichte Wort für Wort pantomimisch „übersetzen". Das heißt, Sie stellen jedes einzelne Wort als eine Geste, eine Gebärde, eine Körperbewegung dar. Sammeln Sie dazu in der Gruppe Ideen, probieren Sie verschiedene „Übersetzungsvorschläge", und zeigen Sie Ihr Ergebnis: Eine/r liest langsam den Artikel vor, die anderen spielen synchron dazu die „Übersetzung". Die Zuschauer werden begeistert sein!

   C „Glücksbote"

   Sie malen sich z.B. die Situation aus, wie die Frau, die nichts von dem Lottogewinn ahnt, den „Glücksboten" abzuwimmeln versucht. Aber der besteht darauf, eingelassen zu werden. Spielen Sie anschließend diese Szene mit einem Partner/einer Partnerin.

Einsteins Augäpfel im Marmeladenglas

▤ Zeitungsmeldung	👂 Gerichtsverhandlung	✏ Bericht	👄
🗒🇨🇭	Ws Redemittel zur Wiedergabe von Äußerungen anderer	Gr indirekte Rede	💬

Sprechen 👄

1. **Sie lesen in einer Tageszeitung folgende Überschrift:**

> ## Einsteins Augäpfel im Marmeladenglas

Worum könnte es in diesem Artikel gehen? Unterhalten Sie sich mit Ihrer Nachbarin/Ihrem Nachbarn.

Lesen ▤

2. **Überfliegen Sie den Zeitungsartikel im Materialienbuch auf S. 84. Waren Ihre Vermutungen richtig?**

Grammatik: indirekte Redewiedergabe Gr

3. **Grundlage für viele Zeitungsartikel ist ein Interview mit einer betroffenen Person. So war es wahrscheinlich auch in diesem Fall.**

So ähnlich könnte das Interview mit Dr. Abrams verlaufen sein. Was hat er wohl gesagt? Ergänzen Sie.

Reporter: „Herr Dr. Abrams, woher kannten Sie Albert Einstein?"

Dr. Abrams: „Nun, wie Sie *(a)* ....., *(b)* ..... ich von 1941 bis 1943 sein Hausarzt."

Reporter: „Sie haben ja vor kurzem behauptet, im Besitz von Einsteins Augäpfeln zu sein. Wie ist es denn dazu gekommen?"

Dr. Abrams: „Nach Einsteins Tod, im April 1955, *(c)* ..... ich mir die Augen bei der Autopsie. Als ich von Einsteins Tod *(d)* ....., *(e)* ..... ich sofort ins Krankenhaus von Princeton. Dort *(f)* ..... sich der Leichnam. Ich *(g)* ..... um Erlaubnis, die Augäpfel entfernen und mit mir nach Hause nehmen zu *(h)* ..... . Seitdem *(i)* ..... sie sich in einem Marmeladenglas mit Konservierungsmittel. Übrigens *(j)* ..... der letzte Hausarzt Einsteins, Dr. Guy Dean, die Echtheit der Augen *(k)* ..... .

4. **Aus welcher Quelle stammen die Informationen des Zeitungsartikels im Materialienbuch auf S. 84?**

Welche Ausdrücke zeigen an, dass Aussagen anderer Personen wiedergegeben werden? Unterstreichen Sie diese Wörter. Vergleichen Sie mit Ihrer Nachbarin / Ihrem Nachbarn.

Hören

5. **Gibt man Äußerungen anderer wieder, so kann man das durch eine Einleitung kennzeichnen, die deutlich macht, dass man zitiert. Meist nennt man dabei auch den Urheber der Äußerung:**

   Beispiel: *Dr. Abrams berichtete, ...*

   a) Hören Sie Ausschnitte aus einer Gerichtsverhandlung, über die Protokoll geführt wird. Welches sind die Verben, mit denen das Protokoll eingeleitet wird?

   b) Sammeln Sie mit Ihrem Nachbarn weitere Verben, die eine Redewiedergabe einleiten können.

   _____*angeben*_____   _____   _____

   _____*sagen*_____   _____   _____

   _____*berichten*_____   _____   _____

   c) Notieren Sie beim nochmaligen Hören der Kassette die Verbformen des abhängigen Satzes und geben Sie die grammatische Form dieser Verben an.

Der Zeuge gibt an,	*er kenne den Angeklagten,*
	er treffe sich mit ihm ...
	...

6. **Der Journalist der Zeitungsmeldung entnimmt seine Informationen einem Artikel der britischen Zeitung „The Guardian", er berichtet also aus zweiter Hand*. Aber manches glaubt er wohl selbst nicht ganz. Lesen Sie den Artikel noch einmal und kennzeichnen Sie alle Ausdrücke, mit denen der Journalist deutlich macht, dass er hier die Aussagen anderer wiedergibt und damit seine eigene Distanz gegenüber dem Berichteten verdeutlicht** (vgl. auch Aufgabe 3 auf S. 125).

   ➤ MB, GR 5.1 + 5.2, S. 140 + 141

   * *etwas aus zweiter Hand wissen/berichten:* es nicht selbst gesehen oder erlebt haben, sondern durch den Bericht einer anderen Person davon erfahren haben

7. **Erinnern Sie sich an die Redewiedergabe mit Vergangenheit? Formulieren Sie die Sätze als Redewiedergabe.**

   ➤ MB, GR 5.4, S. 141 + 142

Information aus erster Hand	**Information aus zweiter Hand**
a) Dr. Abrams: „Ich habe die Augen."	*Der Guardian berichtet, Dr. Abrams*
	_____
b) Dr. Abrams: „Ich sicherte mir die Augen."	*Der Guardian berichtet, Dr. Abrams*
	_____
c) Dr. Abrams: „Ich habe mir die Augen gesichert."	*Der Guardian berichtet, Dr. Abrams*
	_____
d) Dr. Abrams: „Ich hatte mir die Augen gesichert."	*Der Guardian berichtet, Dr. Abrams*
	_____
e) Michael Jackson: „Ich werde die Augen kaufen."	*M. Jackson erklärt, er* _____
	_____

8. Kennen Sie nun die verschiedenen Möglichkeiten für die Redewiedergabe? Beraten Sie sich mit Ihrem Nachbarn/Ihrer Nachbarin.

a) Stellen Sie zusammen: An welchen sprachlichen Signalen kann man erkennen, dass Äußerungen anderer wiedergegeben werden? Setzen Sie passende Beispiele ein.

1. Entweder an einem redeeinleitenden Verb: _____

   und an der Nebensatzstellung nach *dass* und *ob*: _____

2. und/oder an der Konjunktivform bzw. Ersatzform: _____

   Abrams erklärt, _____

   _____

3. oder an der Verwendung von *sollen* oder *wollen*: _____

b) Eine Zusammenfassung finden Sie im Materialienbuch GR 5.1-4, S. 140-142.

9. Wie könnte also ein weiterer Bericht über das Interview aus Aufgabe 3 (S. 125) lauten? Ergänzen Sie.

Dr. Abrams erklärt, er (a) _____ im Besitz von Albert Einsteins Augäpfeln.

Er (b) _____ sie im Krankenhaus von Princeton dem Leichnam entnommen.

Dort (c) _____ die Ärzte ihm die Erlaubnis dazu gegeben.

Seitdem (d) _____ die Augen zu Hause in einem Konservierungsmittel schwimmen.

Abrams erzählt weiter, dass er von 1941 bis 1943 Hausarzt von Einstein (e) _____

Projekt ✑ ▤

10. Wählen Sie eine der folgenden drei Aufgaben aus.

A Einen Zeitungsartikel wiedergeben

Suchen Sie eine kuriose Meldung in der Zeitung/den Zeitungen, die Sie normalerweise (in der Muttersprache) lesen. Schreiben Sie einen kleinen Bericht über diese Meldung. Bringen Sie Ihren Text in den Unterricht mit. Tauschen Sie Ihre verschiedenen „Zeitungsmeldungen" untereinander aus und lesen Sie sie. Welcher Text ist der absurdeste? Welcher könnte am ehesten zutreffen? Welcher ist der lustigste?

B Einen Reader erstellen

Suchen Sie in deutschsprachigen Zeitungen und Zeitschriften ähnliche kuriose Meldungen. Bringen Sie diese Artikel in den Unterricht mit. Sammeln Sie die verschiedenen Artikel. Machen Sie daraus einen Reader für jedes Kursmitglied. Welcher Artikel gefällt Ihnen am besten?

C Ein Interview wiedergeben

Suchen Sie in einer (muttersprachlichen) Zeitung oder einer Zeitschrift ein Interview oder hören Sie eins im Radio. Verfassen Sie dazu einen Bericht auf Deutsch.

► LHB, S. 173

Testen Sie sich selbst.

1. Was ist passiert?

Ein dreißigjähriger Mann gewinnt am 1. April eine Million Mark im Lotto. Am 1. Mai besitzt er keinen Pfennig mehr. Was könnte er gemacht haben?

Stellen Sie so viele Vermutungen an wie möglich. Benutzen Sie möglichst verschiedene sprachliche Strukturen und Ausdrücke.

2. Lesen Sie die Zeitungsmeldung *Eine Entführung von der anderen Art* im Materialienbuch auf S. 84.

a) An welchen Stellen ist zu ersehen, dass die Meldung Aussagen anderer Personen wiedergibt? Markieren Sie diese.

b) Wie mag der Elektriker die Geschichte dem Versicherungsvertreter erzählt haben. Rekonstruieren Sie das Gespräch.

3. Geben Sie die folgenden Auszüge aus den Briefen Einsteins wieder.

a) *Am 14. März 1879 wurde ich in Ulm geboren und gelangte im Alter von einem Jahr nach München, wo ich bis zum Winter 1894/95 wohnte. Dort besuchte ich die Elementarschule und das Luitpoldgymnasium bis zur 7. Klasse (exklusive). Dann lebte ich bis zum Herbste vorigen Jahres in Mailand, wo ich privatim weiterstudierte. Seit letztem Herbst besuche ich die Kantonsschule in Aarau und erlaube mir nun, mich zur Maturitätsprüfung anzumelden. Ich gedenke dann an der 6. Abteilung des eidgenössischen Polytechnikums Mathematik und Physik zu studieren.*

Bei der Anmeldung zum Abitur musste Einstein einen Lebenslauf einreichen. Darin schrieb er, ...

b) *Machen Sie sich keine Sorgen über Ihre Schwierigkeiten in Mathematik; ich kann Ihnen versichern, meine sind noch größer.*

An eine junge Studentin, die ihn um Rat fragte, schrieb er 1943, ...

c) *Man ist in eine Büffelherde geboren und muß froh sein, wenn man nicht vorzeitig zertrampelt wird.*

Einstein schrieb 1952 an Cornelius Lanczos, ...

d) *Sich verlieben ist gar nicht das Dümmste, was der Mensch tut – die Gravitation kann aber nicht dafür verantwortlich gemacht werden.*

An einen jungen Studenten schrieb Einstein 1933, ...

4. In welchen Texten dieses Kapitels finden sich die folgenden Informationen?

a) Ein Gewinner las die gute Nachricht in der Zeitung.

b) Die Lieblingsspeise eines Lotto-Millionärs sind Nudeln mit Tomatensoße.

c) Ein Gewinner wollte den Vertreter der Lotterie nicht in die Wohnung lassen.

d) Die Neujahrslotterie ist eine der wichtigsten Ziehungen des Jahres.

Geschäftsbesuch

| ☰ Kurzprosa | 👂 | ✏ | 👄 Gespräch |
| ☒ Schimpfwörter | Ws bürokratische Floskeln | Gr Konditionalsätze mit Konjunktiv | 📌 |

1. **Stellen Sie sich vor, Sie gehen in Ihrer Straße spazieren. Da kommt jemand in Uniform auf Sie zu, um Sie zu kontrollieren. Sie sehen nicht ein, wieso er dazu das Recht hat. In einer anderen Situation könnten Sie mit so einer Kontrolle einverstanden sein. Im Folgenden einige Beispiele für solche Situationen.**
Kennzeichnen Sie: Welche der folgenden Beschreibungen passen zusammen?

Ich will …　　　　　　　　　　　Der da auf mich zukommt, ist …

1. auf einen Flugplatz　　　　　　a) ein Polizist

2. über eine Grenze　　　　　　　b) ein Pförtner

3. in ein Firmengebäude　　　　　c) ein Wächter

4. zu Besuch in ein Gefängnis.　　d) ein Zöllner.

Grammatik: Konditionalsätze mit Konjunktiv　　**Gr**

2. **Formulieren Sie zu jeder der obigen Situationen passende „Wenn-dann-Sätze" mit dem Konjunktiv II.**

> **Wenn** ich … gehen *würde*, **dann** *wären* da … ,
>
> die *müssten* mich kontrollieren, weil …
>
> Sie *dürften* mich nicht ohne … durchlassen, weil …
>
> Ein ernsthafter … *würde* da auch keine Ausnahme machen, denn …
>
> *Wollte* ich … und *wären* da …, **dann** … .

➤ MB, GR 3.2, S. 135

Lesen　☰

3. **Arbeiten Sie jetzt zu zweit.**

a) Lesen Sie den Text „Geschäftsbesuch" im Materialienbuch auf S. 87 zunächst allein, dann mit verteilten Rollen. Finden Sie heraus, wann die beiden Sprecher wechseln.

b) Markieren Sie die Sprecherwechsel durch Anführungsstriche, und schreiben Sie an den Rand ein J für Johann oder ein K für seinen Gesprächspartner.

c) Es gibt zwei unvollständige Sätze. – Welche sind das? – Besprechen Sie, wie diese Sätze weitergehen könnten.

Sprechen　👄

4. **Haben Sie so eine vergleichbare/ähnliche Situation schon einmal erlebt? Erzählen Sie Ihrem Nachbarn/Ihrer Nachbarin davon.**

5. Diskutieren Sie folgende Fragen:

a) Warum wollen sich beide Seiten unbedingt durchsetzen?

b) Gibt es auch noch andere Möglichkeiten, die eigenen Interessen zu wahren bzw. durchzusetzen: a) für den Pförtner b) für Johann? Sammeln Sie verschiedene Vorschläge.

➤ LHB, S. 174

c) Sollte man überhaupt in der Rolle von Johann versuchen, sich durchzusetzen?

Wortschatz

6. Der Text enthält einige bürokratisch wirkende Formulierungen. Ordnen Sie den folgenden Ausdrücken je eine synonyme Formulierung aus der darunter stehenden Wortbox zu.

Es verhält sich so, dass ...   Nach Lage der Dinge ...   **Unterschrift leisten**

sich legitimieren   *Nachweis erbringen*   *Tagespassierschein ausstellen*   beglaubigen

> *Ausweis vorzeigen ... sich rechtfertigen ... Recht bekommen ... beweisen ... So wie es ist ...*
> *unterschreiben ... bestätigen ... Tagespassierschein geben ... es ist so, dass ...*
> *Passierschein zeigen ... jemandem glauben ...*

Stilfragen

7. Hier sind noch einige etwas bürokratisch klingende Formulierungen.

An Bushaltestellen kann man manchmal lesen:

Reisende **haben** die Fahrkarte im Bus **zu** stempeln (, damit sie gültig wird).	das heißt:	Sie **müssen** die Fahrkarte im Bus stempeln, damit sie gültig wird.

Diese bürokratische Formulierung im Text	**heißt also**
... daß Sie ... den Nachweis **zu erbringen** haben (Z. 9f.)	*dass Sie* _____

Manchmal liest sich der Busfahrkartenhinweis auch so:

Die Fahrkarte **ist** im Bus **zu** stempeln (, damit sie gültig wird).	das heißt:	Die Fahrkarte **muss** im Bus gestempelt **werden**, damit sie gültig wird.

Diese bürokratische Formulierung im Text	**heißt also**
... dass ... sein Besuch durch eine Unterschrift **zu beglaubigen ist** (Z. 16f.)	_____

8. Schreiben Sie auch die folgenden Formulierungen um.

1. Kinder haben zu gehorchen. _____

2. Fußgängern ist auszuweichen. _____

3. Der Soldat hat sein Gewehr ordnungsgemäß zu pflegen. _____

4. Paragraph 21, Absatz 3 ist hier sinngemäß anzuwenden. _____

5. Die Gebühr ist binnen einer Woche zu entrichten. _____

Wut am Steuer? Nerven bewahren!

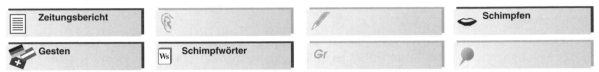

Zeitungsbericht			Schimpfen
Gesten	Schimpfwörter	Gr	

Lesen

1. Lesen Sie den Text „Wut am Steuer? Nerven bewahren!" im Materialienbuch auf Seite 88 und schreiben Sie eine Preisliste:

Bußgeld	Beleidigung	Bußgeld	Beleidigung
3.000,-- DM	*Trottel in Uniform*		
2.000,-- DM			
1.500,-- DM			

2. Fügen Sie in die Liste auch die Strafen ein, die laut folgenden Zeitungsmeldungen zwei prominente Deutsche für ihre Wut am Steuer zahlen mussten.

Der aus Film und Fernsehen bekannte Schauspieler Manfred Krug wurde wegen Nötigung zu einer Geldstrafe von 25.000 Mark verurteilt. Er hatte einen Autofahrer, der ihn beim Überholen behindert haben soll, am Ohr gezogen und ihn als „Schwein" und als „Arschloch" bezeichnet.

Weil er sich durch einen Autofahrer beim Spurwechsel behindert fühlte, hat Fußball-Star Franz Beckenbauer den Fahrer durch dessen geöffnetes Fenster geohrfeigt. Beckenbauer wurde zu einer Geldstrafe von 10.000 Mark verurteilt.

Gesten

3. Zeichnen Sie zu zweit mit einfachen Mitteln a) die im Text genannten „Fingerübungen" b) weitere „deutsche" Gesten und klären Sie deren Bedeutung.

   a) Überlegen Sie dabei auch, ob sich die Bedeutungen dieser Körpersprache von der in Ihrem Land unterscheiden.

   b) Prämieren Sie im Kurs die besten Bilder nach den Kategorien „schönste Zeichnung" und „teuerste Geste".

4. Sprechen Sie im Plenum über folgende Fragen:

a) Kennen Sie eindeutig „deutschsprachige" Gesten? Sind Sie Ihnen eher vertraut oder eher fremd?

b) Können Sie „auf Deutsch" gestikulieren? Im Vergleich zu Ihrer Sprache: Ist das Deutsche eher reich oder eher arm an Gesten? Gibt es im Deutschen „große" oder eher „kleine" Gesten?

 Ws **Schimpfen**

5. Arbeiten Sie zu zweit.

a) Stellen Sie eine Liste interessanter Schimpfwörter, Flüche usw. in Ihrer Sprache zusammen.

b) Benutzen Sie ein zweisprachiges Lexikon und suchen Sie die deutschen Entsprechungen heraus. Machen Sie auch Gegenproben im deutschen Wörterverzeichnis und versuchen Sie, die deutschen Entsprechungen in Ihre Sprache zurückzuübersetzen.

c) Gibt es interessante Abweichungen?

d) Welche thematischen Schwerpunkte gibt es bei den Schimpfwörtern (Anatomie, Sexualität, Tierreich …) in Ihrer und in der deutschen Sprache?

e) Haben Sie den Eindruck, dass Ihre oder die deutsche Sprache kräftigere Schimpfwörter hat?

6. Denken Sie sich zu zweit Situationen aus, in denen Sie Ihre neu gewonnenen Kenntnisse über das Schimpfen anwenden können.

Sie sind z.B. zwei alte Freunde, die sich beim Kartenspiel streiten, oder zwei Verkehrsteilnehmer, die zusammengestoßen sind, weil der eine dem anderen die Vorfahrt genommen hat, oder ein Polizist und ein Radfahrer, der von dem Polizisten angehalten wird, weil Licht und Klingel nicht funktionieren, oder Sie haben einen Ehekrach, oder … oder …

Das Ganze ist ein Spiel: Sie dürfen ausnahmsweise vulgär sein. Schimpfen Sie, was das Zeug hält! Wenn Sie wollen, können Sie die folgenden Listen vervollständigen und sich beim Schimpfen nach Herzenslust daraus bedienen.

Kategorie A: *Hau ab!*

 (Verdufte! – Verpiss dich! – Zieh Leine! –
Verschwinde, wie der Furz im Winde!)
Machen Sie bloß, dass Sie wegkommen!
Gehn Sie zum Teufel!

Kategorie B: *Mund halten!*

 (Halt's Maul! – Halt die Fresse! – Schnauze!)
Halten Sie den Mund, wenn Sie mit mir reden!
Halten Sie hier keine Volksreden!
Quatsch keine Opern!

Kategorie C: *Du hast ja 'nen Vogel!*

Du bist doch nicht ganz dicht!
Bei Ihnen piept's wohl!
Haben Sie noch alle Tassen im Schrank?
Bei dir ist ja 'ne Schraube locker!

Kategorie D: *Wer's glaubt!*

Wer's glaubt, wird selig!
Das können Sie jemandem erzählen, der sich die Hose mit der Kneifzange anzieht!
Und ich bin der Kaiser von China!
Können Sie das nicht Ihrem Friseur erzählen?

Kategorie E: *Was fällt Ihnen ein?!*

Du spinnst wohl!
Hast du'n Hammer?!
Sind Sie verrückt geworden?!
Hast du 'ne Meise?
…

Kategorie F: _____

…
…

Des Freundes Brief

	Satire	Formelle Briefe	Diskussion
	Brief-Floskeln	Gr	formeller Brief

Hören

1. **Das kennen Sie sicher auch: Sie müssen dringend einen Brief schreiben und finden nicht den richtigen Anfang! Hören Sie den Dialog „Des Freundes Brief" von der Kassette.**

   a) Worum geht es in diesem Dialog? – Sprechen Sie darüber mit Ihrem Nachbarn / Ihrer Nachbarin.

   b) Was ist passiert? – Denken Sie sich zu zweit eine Szene aus, die vorher passiert sein könnte. Notieren Sie Ihre Ideen und sprechen Sie darüber in der Kursgruppe.

2. **Hören Sie den Dialog noch einmal und machen Sie Notizen:**

   Warum wird so viel Papier verbraucht? Notieren Sie die Begründung für jeden Neuanfang. Vergleichen Sie anschließend Ihre Ergebnisse in der Kursgruppe.

Schreiben oder Sprechen ✎ 👄

3. **Bearbeiten Sie eine der folgenden Aufgaben A, B oder C.**

   A Diktat

   Hören Sie noch einmal den Dialog und schreiben Sie mit, was Herr Minnek seiner Frau Cäcilie diktiert.

   B Unterscheidung der Briefanfänge

   Bewerten Sie die verschiedenen Entwürfe und die endgültige Fassung.

   C Selbst einen Brief schreiben

   Sie sind Oskar Minnek. Ihnen ist das passiert, was Sie sich bei der Aufgabe 1b) ausgedacht haben. Reagieren Sie darauf mit einem Brief.

> Im formellen deutschen Brief gibt es zu der offiziellen Anrede *Sehr geehrte Frau Müller* oder *Sehr geehrter Herr Schulze* oder *Sehr geehrte Damen und Herren* kaum eine Alternative. Schon geringste Abweichungen, wie etwa *Sehr verehrte Frau Müller*, Hinzufügungen wie *Meine sehr geehrte Frau Meier*, Auslassungen wie *Geehrter Herr* oder *Werter Herr Schulze* können als anmaßend oder beleidigend empfunden werden.
> Die Grußformel am Schluss des formellen Briefes lautet heute: *Mit freundlichen Grüßen.*
> Sie steht ohne Überleitung einzeln auf einer Zeile unter dem Text und sollte ebenfalls nicht abgewandelt werden. Die alte Formel *Hochachtungsvoll* wirkt im modernen Brief verstaubt und wird kaum noch benutzt.

Ws **Einen formellen Brief schreiben**

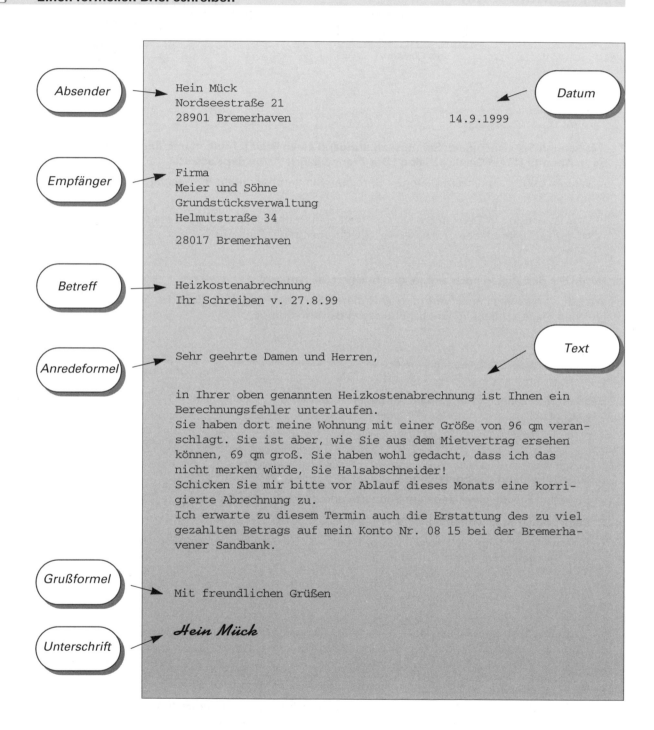

Absender ➤ Hein Mück
Nordseestraße 21
28901 Bremerhaven   14.9.1999   *Datum*

Empfänger ➤ Firma
Meier und Söhne
Grundstücksverwaltung
Helmutstraße 34

28017 Bremerhaven

Betreff ➤ Heizkostenabrechnung
Ihr Schreiben v. 27.8.99

Anredeformel ➤ Sehr geehrte Damen und Herren,   *Text*

in Ihrer oben genannten Heizkostenabrechnung ist Ihnen ein
Berechnungsfehler unterlaufen.
Sie haben dort meine Wohnung mit einer Größe von 96 qm veran-
schlagt. Sie ist aber, wie Sie aus dem Mietvertrag ersehen
können, 69 qm groß. Sie haben wohl gedacht, dass ich das
nicht merken würde, Sie Halsabschneider!
Schicken Sie mir bitte vor Ablauf dieses Monats eine korri-
gierte Abrechnung zu.
Ich erwarte zu diesem Termin auch die Erstattung des zu viel
gezahlten Betrags auf mein Konto Nr. 08 15 bei der Bremerha-
vener Sandbank.

Grußformel ➤ Mit freundlichen Grüßen

Unterschrift ➤ *Hein Mück*

**Achtung! Ein Satz in diesem Brief ist ein nicht tolerierbarer Ausrutscher. Den müssen Sie unbedingt
herausstreichen!**

4. Nach diesem Muster für formelle deutsche Briefe sollen Sie eine der folgenden Aufgaben A, B, C oder D bearbeiten.

Sie haben Post bekommen: (**A**) ein Päckchen mit einem Buch plus Rechnung, (**B**) eine Rechnung von Ihrem Autoclub, (**C**) eine Rechnung für einen bereits gelieferten Tisch und (**D**) eine Verwarnung von der Polizei wegen falschen Parkens.

Leider ist keine dieser Postsendungen in Ordnung, und Sie müssen mit entsprechenden formellen Briefen reagieren. Teilen Sie sich die Arbeit mit den anderen Kursteilnehmern: Jeder zieht ein Los mit einem der Buchstaben **A** bis **D**. Suchen Sie dann im Kursraum einen Partner/eine Partnerin mit Ihrem Losbuchstaben, und schreiben Sie zu zweit einen Antwortbrief. Sie erhalten jeweils die entsprechenden Unterlagen von Ihrer Kursleitung.

A Sie hatten beim Schnedder-Verlag den Kriminalroman von Heinrich Reimers, „Die Leiche im Kartoffelkeller" für 14,95 DM bestellt.
   Reagieren Sie auf die Büchersendung und Verlagsrechnung.

➤ **LHB, S. 175**

B Sie haben vor sechs Monaten Ihr Auto verkauft. Das können Sie mit dem Kaufvertrag beweisen. Seitdem fahren Sie nur noch mit der Bahn und mit Ihrem Fahrrad.
   Da Sie nun kein Auto mehr fahren, brauchen Sie auch nicht mehr den Beistand eines Autoclubs und wollen austreten.
   Reagieren Sie auf die Rechnung des DAC.

➤ **LHB, S. 176, 2**

C Der von Rallstedt gelieferte Tisch hat einen Lackfehler im Fuß, den Sie bei der Auslieferung auch gleich bemängelt haben. Der Fahrer hat Ihnen empfohlen, schriftlich zu reklamieren.
   Der Fehler stört Sie nicht sehr, aber wenn Sie schon den vollen Preis bezahlen, soll der Tisch auch makellos sein. Wenn die Firma Ihnen allerdings einen Preisnachlass zugestehen würde, wären Sie bereit, den Fehler in Kauf zu nehmen.
   Reagieren Sie auf die Rechnung.

➤ **LHB, S. 176, 3**

D Sie haben vor sechs Monaten Ihr Auto verkauft. Das können Sie mit dem Kaufvertrag beweisen. Seitdem fahren Sie nur noch mit der Bahn und mit Ihrem Fahrrad.
   Reagieren Sie auf ein Verwarnungsschreiben der Polizei.

➤ **LHB, S. 177**

Diskussion

5. Nehmen wir einmal an, Sie erleben in Ihrem Land eine der auf der folgenden Seite beschriebenen Situationen.

Suchen Sie sich zu dritt oder viert einen der Fälle aus, diskutieren Sie die folgenden Fragen und tauschen Sie Ihre Ergebnisse in der Kursgruppe aus.

a) Würden Sie mit einem Beschwerdebrief reagieren?

b) Wenn ja, wie würden Sie einen solchen Brief formulieren?

c) Welche anderen Möglichkeiten gibt es, auf diese Vorfälle zu reagieren?

d) Wie würden Sie sich in einem deutschsprachigen Land verhalten?

A *In einem teuren Restaurant hat Ihnen der Kellner Tomatensuppe aufs Hemd geschüttet. Er hat sich kaum entschuldigt und ist Ihnen bei der Beseitigung des Flecks nicht behilflich gewesen. Das Steak, das Sie „medium" bestellt hatten, war dann noch sehr blutig, Ihre Reklamation hat der Kellner mit den Worten abgelehnt, so sehe hier ein ‚Steak medium' immer aus.*

B *Ihr Nachbar parkt regelmäßig verbotswidrig sein Auto auf dem Fußweg, sodass Sie mit Ihrem Kinderwagen nicht durchkommen und auf die Straße ausweichen müssen. Sie haben mit Ihrem Nachbarn darüber gesprochen, aber er lehnt es ab, sein Auto woanders abzustellen.*

C *In einem Supermarkt ist nur eine von drei Kassen besetzt. Die Warteschlange ist über dreißig Meter lang. Zwei Kassiererinnen lehnen an einem Verkaufsregal und unterhalten sich. Auf Ihre Bitte, die beiden anderen Kassen zu besetzen, geben Ihnen die beiden zur Antwort, Sie hätten ihnen überhaupt nichts zu sagen, und schwatzen munter weiter.*

D *Gestern hat Ihnen zum dritten Mal in diesem Monat ein Nachbar einen richtig an Sie adressierten Brief gebracht, der dort falsch von der Post zugestellt worden ist. Und heute finden Sie einen Brief an Sie auf der Fußmatte eines anderen Nachbarn. Sie laufen dem Briefträger hinterher und sprechen ihn darauf an. Er behauptet, alles richtig zugestellt zu haben.*

Testen Sie sich selbst.

1. **Bilden Sie Konditionalsätze. Entscheiden Sie, ob die Bedingung zutrifft, zutreffen könnte oder nie zugetroffen hat, und bilden Sie entsprechende Wenn-dann-Satzverbindungen. Verwenden Sie dazu den Indikativ, den Konjunktiv oder den Konjunktiv der Vergangenheit.**

Wenn ...,

a) Ich bin du.

b) Du störst mich nicht ständig.

c) Der Papst ist eine Frau.

d) Du kaufst dir noch mehr Handtaschen.

e) Ich bin König von Deutschland.

f) Die Sängerin kommt nochmal auf die Bühne.

g) Das stimmt, was du da sagst.

h) Es regnet Häute.

i) Der Hund hat nicht die Wurst gefressen.

dann ...

1. Er lebt länger.

2. Ich rufe ihn heute noch an.

3. Schulze küsst mir die Füße.

4. Die Tomaten fliegen.

5. Bald wird das Leder billiger.

6. Er hat den Dieb erwischt.

7. Ich habe den Brief schon lange geschrieben.

8. Wir müssen demnächst anbauen.

9. Ich fresse einen Besen.

2. **Machen Sie einen formal akzeptablen Brief aus Hein Mücks „Ostergrüßen" an das Arbeitsamt. Korrigieren und ergänzen Sie alle üblichen Formalien. Reduzieren Sie den Text auf drei bis vier sachliche Sätze, in denen Sie Hein Mücks Anliegen formulieren.**

```
Sehr geehrtes Arbeitsamt,

kurz vor Weihnachten bin ich ja bei Ihnen gewesen und hab mich arbeitslos
gemeldet: Ich hab alle meine Papiere vorgezeigt und Ihr netter Herr Moritz
hat auch alles kontrolliert und extra eine Akte angelegt und meine Nummer
draufgeschrieben, und dann hat er zu mir gesagt: „Herr Mück, Anfang des
Jahres haben Sie Ihr Arbeitslosengeld."

Ja, jetzt ist schon bald Ostern, und ich hab mein Geld immer noch nicht!
Wie stellen Sie sich das eigentlich vor? Wovon soll ich meinen Kindern denn
ihre Ostereier kaufen? Ich find das richtig fies von Ihnen. Jahrelang hat
man in die Arbeitslosenversicherung eingezahlt, und wenn man dann mal was
braucht, was ist dann?

Ich habe schon paar Mal Ihren Herrn Moritz angerufen, und der sagt immer,
Sie wären alle so überlastet, aber an ihm liegt es nicht, er hat alles fer-
tig gemacht. Und er meint auch, nun könnt es allmählich mal was werden.

Also bitte, nun machen Sie mal bisschen fix. Ich brauch doch das Geld.

Trotzdem viele Grüße

   Ihr


Hein Mück
```

Grenzenlos glücklich

Hören

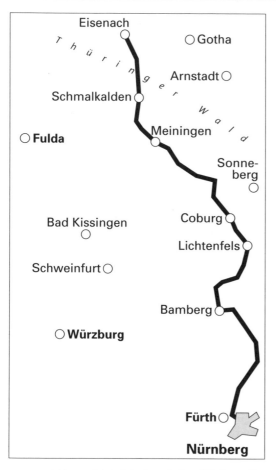

1. **Hören Sie von der Kassette zunächst die Einleitung zu dem Rundfunkinterview mit dem Pendler
René.**

   a) Besprechen Sie dann mit Ihrem Nachbarn/Ihrer
   Nachbarin die vom Reporter beschriebene Situation und versuchen Sie, folgende Fragen zu
   beantworten:

   1. Was für Leute sitzen im Bus?

   2. Was ist „Quelle"?

   3. Warum ist es schwer für den Reporter, einen
   Interview-Partner zu finden?

   b) Tauschen Sie Ihre Ergebnisse in der Kursgruppe
   aus.

2. **Hören Sie nun das Interview bis zum Schluss und
dann noch ein weiteres Mal abschnittweise.**

zu Teil 1:

3. **Legen Sie (an der Tafel) eine Tabelle an mit allen
Angaben zu der Person des Interviewten, zu seiner Arbeit und zu seinen Arbeitsbedingungen.**

4. **Hören Sie, was Herr Dittmar auf die Frage antwortet, wie es mit seiner Arbeit bei „Quelle" angefangen hat.**

a) Er spricht dabei auf eine Weise, die auch als „Telegrammstil" bezeichnet wird. Versuchen Sie
mit Ihrem Nachbarn/Ihrer Nachbarin zu klären, was das Besondere an dieser Sprechweise ist
und warum man sie „Telegrammstil" nennt.

b) Ergänzen Sie den folgenden Text, sodass er dem normalen Sprachstil entspricht.

c) Sprechen Sie in der Gesamtgruppe über Ihre Ergebnisse.

> Ja, wie hat's angefangen?
> Ja, ... kam die Wende, ... ehemaliger Betrieb zugemacht, über die Zeitung, ... mich beworben
> bei der Quelle, ... Zusage gekriegt für ʼne Aushilfstätigkeit, ... ʼn Vierteljahr gearbeitet und dann
> ... Stammvertrag gekriegt.
> Und, seitdem läuft's.

5. Hören Sie jetzt noch einmal diesen Teil 1 und füllen Sie dann den nebenstehenden Stundenplan von Herrn Dittmar aus.

2.00	2.40	6.00			10.00	20.30
Auf-stehen	¬ bus	t Arbeits-beginn	Arbeits-ende		Ankunft bus	Schlafen-gehen

zu Teil 2:

6. Hören Sie nun Teil 2 des Interviews und kreuzen Sie die richtigen Aussagen an:

	ja	nein
a) *Herrn Dittmar gefällt die Arbeit bei seiner Firma.*	❑	❑
b) *Er ist mit seinem Leben in den letzten Jahren zufrieden.*	❑	❑
c) *Er hat seine Ziele erreicht.*	❑	❑
d) *Sein neues Auto ist kaputt gegangen.*	❑	❑
e) *Seinen weiten Arbeitsweg akzeptiert er.*	❑	❑

7. Klären Sie die Bedeutung folgender Begriffe:

Kumpel / verschleißen / auf einen Sprung / wie das so abgeht / Zapfenstreich.

8. Hören Sie noch einmal, wie Herr Dittmar seinen Feierabend beschreibt, sehen Sie dabei seinen Stundenplan an und rechnen Sie mit Ihrem Nachbarn/Ihrer Nachbarin zusammen aus, wie viel Zeit ihm und seiner Frau zum Einkaufen bleibt, wenn er auch die anderen Pläne verwirklichen will.

Gespräch

9. Wählen Sie eine der folgenden Fragen aus, über die Sie gerne sprechen möchten.

Suchen Sie sich dann interessierte Gesprächspartner und versuchen Sie, im Gespräch zu ein bis zwei Thesen zu kommen, die Sie groß auf ein Blatt Papier schreiben und im Kursraum aushängen. Anschließend erklären Sie in der Gesamtgruppe Ihre Thesen und gehen auf Fragen und Einwände anderer Teilnehmer/-innen ein

a) In seiner ersten Antwort in Teil 2 des Interviews passiert Herrn Dittmar ein Versprecher. Nun gibt es die Theorie, dass solche Fehlleistungen nicht zufällig, sondern durch unbewusste Wünsche, Ängste usw. gesteuert sind (Lesen Sie dazu, wenn Sie mögen, den Text im Materialienbuch auf S. 126 oder hören Sie die Rundfunksendung in Kapitel 16 „Buddhistisches Standesamt statt Statistisches Bundesamt ..." auf der Kassette.). Wie kann man diesen Versprecher erklären?

b) Wozu braucht Herr Dittmar ein Auto?

c) Denken Sie an die Geschichte „Das Hemd des Glücklichen" (vgl. S. 49 f.). Finden Sie, dass die Geschichte auch etwas mit dem Leben von Herrn Dittmar zu tun hat?

d) Illustriert der Alltag von Herrn Dittmar das, was Wolf Biermann in seinem „Berliner Liedchen" (Materialienbuch, S. 44) beschreibt? Oder umgekehrt: könnte das Lied diesen Alltag erklären?

e) In dem Interview mit Frau Albrecht (vgl. S. 54 f.) sagt die alte Dame: „Es war nicht erschütternd, das ganze Leben." Was mag wohl Herr Dittmar am Ende seines Lebens sagen, wenn es weiter so verläuft?

f) Können Sie sich vorstellen, ein Leben wie Herr Dittmar zu führen?

g) ...

➤ LHB, S. 178

Zwei Fahrer

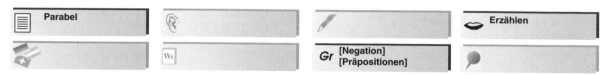

1. Beginnen Sie entweder mit dem Rollenspiel oder mit der Diskussion.

A Rollenspiel

Suchen Sie sich einen Partner/eine Partnerin. Stellen Sie sich vor, Sie sind Fahrer/-in und Beifahrer/-in in einem Auto bei dichtem Verkehr. Besprechen Sie, wer welche Rolle übernimmt. Lesen Sie die Rollenkarte, die Sie von der Kursleitung erhalten. Führen Sie dann die Auseinandersetzung zwischen Fahrer und Beifahrer über die beschriebene Fahrweise. Erklären und begründen Sie Ihre Standpunkte.

➤ **LHB, S. 179, 2**

B Diskussion

Arbeiten Sie zu dritt oder viert. Diskutieren Sie über die beiden folgenden Standpunkte zum Verkehrsverhalten von Autofahrern.

> *Wenn sich alle so verhalten würden wie einige Autofahrer, hätten wir Krieg im Straßenverkehr. Sie fahren aggressiv, sehen nur ihren Vorteil und nehmen keine Rücksicht auf die anderen. Diese anderen, die vorsichtig und rücksichtsvoll fahren, werden ausgenutzt, sodass sie kaum noch vorwärts kommen.*

> *Einige Autofahrer sind nur auf die Einhaltung der Vorschriften bedacht. Sie fahren superkorrekt und ängstlich und behindern den fließenden Verkehr. Hinter ihnen bilden sich Schlangen von Autos, die nicht vorwärtskommen und deren Fahrer daher zu gefährlichen Reaktionen provoziert werden.*

➤ **LHB, S. 179, 3**

Lesen

2. Lesen Sie jetzt sehr genau den Text „Zwei Fahrer" auf S. 95 im Materialienbuch.

a) Vergleichen Sie die Autofahrer aus dem Rollenspiel oder diejenigen, die in der Diskussion vorkamen, mit den beiden Fahrern in der Parabel von Brecht.

b) Diskutieren Sie darüber in der Kursgruppe.

➤ **LHB, S. 180**

Erzählen

3. In der Tabelle auf S. 141 bilden die Stichwörter in der Spalte „Verkehr" ein Gerüst, nach dem Sie die Geschichte von den zwei Fahrern erzählen könnten.

a) Setzen Sie in eine der anderen Spalten, analog zu den Begriffen aus dem Text zum Thema „Verkehr", Begriffe aus einem anderen thematischen Bereich ein. Bauen Sie sich so das Gerüst für eine ähnliche Geschichte.

b) Erzählen Sie diese Geschichte der Kursgruppe.

c) Beraten Sie in der Kursgruppe, ob und wie die erzählten Geschichten mit Brechts Parabel korrespondieren.

Verkehr	Firma	Deutschkurs	Fußball	
1. Fahrer	1. Kollege		1. Spieler	
Verkehrsregeln	Geschäftsabläufe			
vorpreschen	viel Arbeit weg-schaffen			
regelmäßige Geschwindigkeit	ruhig arbeiten			
Motor schonen	Kräfte sparen			
Weg zwischen den anderen	Karriere vor den anderen Kollegen			
2. Fahrer	2. Kollege			
sein Weg	seine Karriere			
Gesamter Verkehr	gesamter Betrieb			
im Geist mit den anderen				
Vorwärtskommen aller				
Fußgänger	Kunden			

4. **Tragen Sie in der Kursgruppe zusammen, was Sie über den Flug von Zugvögeln (Störchen, Staren, Wildgänsen usw.) wissen.**

   a) Jetzt überlegen Sie jede/r für sich:

   1. Was würde passieren, wenn das Verhalten der einzelnen Zugvögel beim Vogelflug dem Verhalten des ersten Fahrers entspräche? Oder:

   2. Was würde passieren, wenn im dichten Verkehr und bei Nebel die Fahrweise der Autofahrer dem Vogelflug entspräche?

   b) Notieren Sie Ihre Gedanken und berichten Sie anschließend darüber der Kursgruppe.

   c) Vergleichen Sie in der Kursgruppe diese Berichte mit der Parabel von den zwei Fahrern.

► LHB, S. 181

Ich denke, ich bin meiner Zeit voraus

Zeitungsreportage			Diskussion
	Wortfelder: Auto, Justiz	Gr	

1. Bildbetrachtung: Arbeiten Sie zu viert.

a) Beschreiben Sie zunächst nur, was auf dem Bild zu sehen ist. Sehen Sie sich dazu die Position der Autos und der Person auf der Straße genau an: Kleidung, Körperhaltung, Bewegungen.

b) Versuchen Sie dann im Gespräch zu klären, was in der abgebildeten Situation passiert.

c) Inszenieren: Jetzt stellt einer/e von Ihnen die Person mit dem Rucksack in der Mitte dar, die anderen könnten z. B. die Personen in den Autos darstellen. Klären Sie jeweils Ihre eigenen Interessen und Absichten im Verhältnis zu den Absichten und Interessen der anderen Personen. Spielen Sie dann die Situation. Inszenieren Sie einen kleinen Sketch.

Vielleicht finden Sie hier passende Redemittel:

Was machen Sie denn hier ...? / Sie können hier nicht einfach ...! / Wollen Sie etwa ...? / Sie werden doch wohl nicht ... / Das ist ja unglaublich! / Das darf doch nicht wahr sein! / Seien Sie doch vernünftig und ...! / Würden Sie bitte sofort ...! / Wenn Sie jetzt nicht gleich ..., dann ... / Das glaub ich einfach nicht! / Das gibt's nicht! / Hören Sie, ich muss hier unbedingt ... / Ich werde doch wohl noch ... dürfen! / Tut mir leid, aber ich werde jetzt ... . / Sie glauben doch wohl nicht, dass ich ... / Das ist aber interessant!

d) Erzählen Sie der Gesamtgruppe, was Sie sich zu viert erarbeitet haben und wie Sie die abgebildete Situation interpretieren. Wenn Sie mögen, spielen Sie der Gesamtgruppe Ihren Sketch vor.

Lesen

2. Lesen Sie jetzt im Materialienbuch den Zeitungsartikel auf S. 96 f. und sprechen Sie anschließend in der Kursgruppe noch einmal über die Situation auf dem Foto.

3. Sprechen Sie mit Ihrem Nachbarn/Ihrer Nachbarin über folgende Fragen:

a) „Carwalking" und „Streetwalking" – was ist das?

b) Warum macht Michael Hartmann das?

c) Wie ist er auf diese „Erfindungen" gekommen?

4. Informieren Sie sich in Ihrem Wörterbuch über die Bedeutung der Redewendung „über Leichen gehen".

a) Lesen Sie dann den Untertitel der Zeitungs-reportage. Wie verändert sich die Bedeutung dieser Zeile, wenn Sie diese Redewendung mitberücksichtigen? Sprechen Sie in der Kursgruppe über Ihre Arbeitsergebnisse.

Natürlich w...
Aber da hatte man v...
Schulze macht das nicht mit, ...
denkt überhaupt nicht daran.
Er ist ein Mann, der über Leichen geht
Am nächsten Morgen in aller Frühe n...
...inen Füller aus dem Schrank, zie...
...nt nicht mehr ...te er...

5. Wortfelder: *Auto* **und** *Justiz*. **Bearbeiten Sie eine der Aufgaben A, B oder C.**

A Füllen Sie mit den folgenden Wörtern das unten stehende Schema aus.

Straße, Teile, Fahrer, Blech, BMW, Gaspedal, Gehweg, Parkstreifen, Steuer, Beule, Ford, Bürgersteig, abstellen, Fahrzeugfenster, Verkehr, Delle, Kofferraum, zurückspringen, Ferrari, Auto, herunterkurbeln, Fahrbahn, Marken

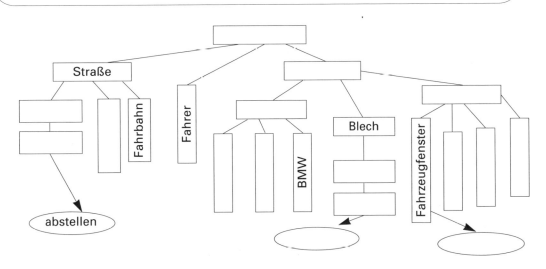

B Suchen Sie aus dem Text die im Schema fehlenden Begriffe zu dem Bereich „Justiz" heraus und ordnen Sie sie ein.

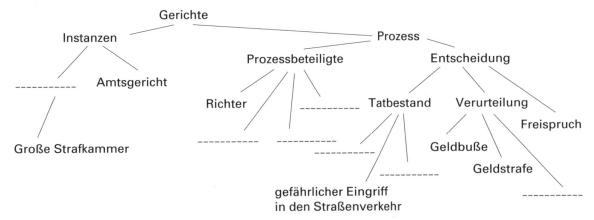

C Erarbeiten Sie ein eigenes „Wortnetz" zu einem Themenbereich Ihrer Wahl. Der Lerntipp auf S. 100 kann Ihnen dabei helfen.

Diskussion oder Planspiel

6. Bearbeiten Sie entweder Aufgabe A oder B.

A Diskussion

a) Bilden Sie sich zunächst eine Meinung zu folgenden Fragen:

1. Was für ein Mensch ist Michael Hartmann?

2. Wie beurteilen Sie seine Handlungsweise?

b) Suchen Sie für eine Diskussion zwei Kursteilnehmer/-innen, die entgegengesetzte Meinungen vertreten, sowie einen, der Ihrer Meinung ist. Dann brauchen Sie noch eine fünfte neutrale Person. Die neutrale Person führt einen Beobachtungsbogen über Ihr Diskussionsverhalten, den sie am Ende mit Ihnen auswertet. Helfen kann ihr dafür der Lerntipp zum Sprecherwechsel auf S. 97.

B Planspiel

Es hat in den letzten Jahren handfeste Auseinandersetzungen zwischen Befürwortern und Gegnern Michael Hartmanns gegeben. Stellen Sie sich vor, dass auch Sie darin verwickelt waren: Prügeleien, Verhaftungen, Gerichtsverhandlungen …

a) Entscheiden Sie sich, welche der folgenden Personengruppen Sie in ihrer Einstellung zu Michael Hartmanns Aktionen am meisten interessiert:

– die Autofahrer

– die Polizei

– die Psychiater

– die Richter

– mit Hartmann Sympathisierende.

b) Bilden Sie entsprechende Arbeitsgruppen und prüfen Sie noch einmal im Text:

1. Wie reagiert „Ihre" Personengruppe auf die Aktionen Hartmanns?

2. Welche anderen Bewertungen und Reaktionsweisen sind aufgrund des Textes vorstellbar?

➤ LHB, S. 182

c) Lesen Sie nun die für Ihre Arbeitsgruppe bestimmte Anweisung.

d) Formulieren Sie das dort genannte Schreiben gemeinsam und beantworten Sie alle an Ihre Gruppe gerichteten Schreiben.

e) Veranstalten Sie eine Abschlussrunde, in der Sie noch einmal Ihre ausgetauschte Korrespondenz besprechen und kritisieren.

Testen Sie sich selbst.

1. **Fügen Sie in den folgenden Zeitungsartikel die fehlenden Wörter ein.**

> Beule • Antrag • Fernsehen • Überqueren • Protest • Parken • Meinungen • Erfolg • Vorwurf •
> Sachbeschädigung • Presse • Fahrlässigkeit

Über Autos steigen – das ist doch keine Kunst
Neues vom Car- und Street-Walker

Hamburg / eigener Bericht

Michael Hartmann, inzwischen über dreißig Jahre alt, hat es mittlerweile zu einer gewissen Prominenz gebracht. Es wird regelmäßig in der (1) ..... über ihn berichtet, das (2) ..... hat einen Film über ihn gedreht, vielen Leuten sind seine (3) .....-Aktionen bekannt.

Allerdings gehen die (4) ..... über seinen Kampf gegen das Auto weit auseinander. Gerichtlich ist Michael Hartmann letztendlich relativ unbescholten geblieben:

Ein oberstes Gericht hat ihn von dem schweren (5) ..... des „gefährlichen Eingriffs in den Straßenverkehr" freigesprochen, und so werden seine Aktionen juristisch, ähnlich wie z.B. sonst auch falsches

(6) ....., als geringfügigere Ordnungswidrigkeiten gewertet.

Selbst wenn bei seinem „Car-Walking" eine (7) ..... in einem Auto zurückbleibt, so wurde ihm gerichtlich bestätigt, kann man ihm das nicht etwa als eine vorsätzliche (8) ....., sondern nur als (9) ..... anlasten.

In einem Punkt hatte er noch keinen (10) ..... . Da er das Street-Walking, das Versetzen parkender Autos, das diagonale (11) ..... von Kreuzungen usw. als Aktionskunst sieht, hatte er den (12) ..... gestellt, in die Künstler-Sozialversicherung aufgenommen zu werden.

Dies wurde ihm bisher – auch gerichtlich – verweigert.

cb

2. **Biographie Bertold Brechts:**

Setzen Sie aus den folgenden Wörtern sechs Sätze zusammen. Benutzen Sie dabei das Präteritum.

1. leben / von / bis / 1956 / 1898

2. beginnen / als / in / und / Berlin / München / Dramaturg / jung

3. sich aufhalten / in / von / bis / das Exil / 1933 / 1947

4. gründen / in / danach / Ost-Berlin / das Brecht-Ensemble / berühmt

5. erhalten / als / Weltbedeutung / Dichter / marxistisch

6. schaffen / z.B. / wie / oder / Theaterstücke / „Die Dreigroschenoper" / „Mutter Courage und ihre Kinder" / „Herr Puntila und sein Knecht Matti" / „Der gute Mensch von Sezuan".

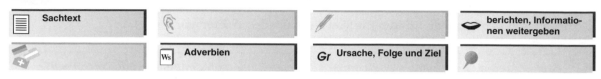

Tiere

📄 Sachtext	👂	✏️	💬 berichten, Informationen weitergeben
🔬	Ws Adverbien	Gr Ursache, Folge und Ziel	📍

1. Wählen Sie Aufgabe A oder B

A Sehen Sie sich die Seiten 100 und 101 im Materialienbuch an. Besprechen Sie dann von den folgenden Fragen diejenigen, die Sie interessieren, mit Ihrem Nachbarn/Ihrer Nachbarin.

a) Welche Assoziationen rufen diese Seiten bei Ihnen hervor?

b) Welches waren in der Schule Ihre Lieblingsfächer?

c) Für welche Forschungsgebiete interessieren Sie sich heute?

d) Haben Sie in letzter Zeit von besonders interessanten Forschungs-
ergebnissen gehört oder gelesen?

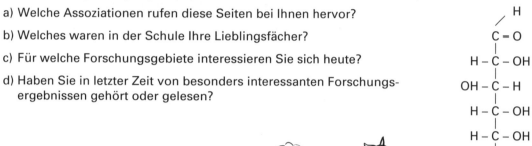

B Denken Sie an ein Tier.

Beschreiben Sie dieses Tier der Gruppe,
ohne seinen Namen zu nennen.
Die Gruppe muss erraten,
um welches Tier es sich handelt.

📄 **Lesen**

2. Im Materialienbuch gibt es zwei Sachtexte mit den Titeln *Meeressäuger lösen ihre Schlafprobleme*
(S. 102) und *Das listige Gesindel* **(S. 103). Schauen Sie sich beide Texte kurz an. Sie haben dazu
zwei Minuten Zeit.
Entscheiden Sie dann, mit welchem Text Sie sich weiter beschäftigen wollen.**

(vgl. auch den Lerntipp „Orientierendes Lesen" auf S. 54.)

3. Bilden Sie mit anderen, die denselben Text lesen wollen, kleine Gruppen.

a) Tauschen Sie sich untereinander aus, warum Sie diesen Text gewählt haben.

b) Tragen Sie zusammen, was Sie beim ersten Überfliegen des Textes verstanden haben.

c) Einigen Sie sich auf drei Fragen, die Sie bei einer weiteren Lektüre klären wollen.

1. _____

2. _____

3. _____

**4. Suchen Sie im Text gemeinsam nach Informationen zu Ihren Fragen. Markieren Sie die betreffen-
den Stellen. Halten Sie die offen gebliebenen Fragen fest.**

Sprechen

5. Suchen Sie jemanden, der Ihren Text nicht bearbeitet hat.

a) Berichten Sie ihm/ihr, was Sie an Ihrem Text interessiert hat und welche Fragen Sie verfolgt haben. Beantworten Sie eventuelle Nachfragen.

b) Lassen Sie sich von dem anderen Text berichten. Fragen Sie nach, wenn Sie etwas nicht verstehen oder gern mehr wissen möchten.

6. Welche Fragen sind offen geblieben?

a) Gibt es vielleicht jemanden in Ihrer Lerngruppe, der auf eine dieser Fragen eine Antwort weiß?

b) Sammeln Sie anschließend die noch immer offenen Fragen. Sie können sie in Aufgabe A des Projekts auf S. 150 bearbeiten.

Grammatik: Ursachen, Folgen, Ziele nennen   *Gr*

7. Verschiedene Personen sprechen über ein Ereignis.

In jeder der folgenden Aussagen werden jeweils zwei Sachverhalte zueinander in Beziehung gesetzt. Markieren Sie die Wörter, die diese Beziehung jeweils ausdrücken. Welche Bedeutungsunterschiede lassen sich feststellen?

Junge: 1) „Ich puste, damit die Ameise vom Blatt fällt."

Ameise: 2) „Ich falle vom Blatt, weil der Junge pustet."

Beobachter: 3) „Der Junge pustet, sodass die Ameise vom Blatt fällt."

             4) „Weil der Junge pustet, fällt die Ameise vom Blatt."

             5) Der Junge pustet, damit die Ameise vom Blatt fällt."

8. In den folgenden sechs Sätzen fehlt jeweils das Wort, das den inhaltlichen Zusammenhang zwischen den einzelnen Aussagen ausdrückt.

Ergänzen Sie die Sätze mit einem der Wörter aus der Wortbox.

> *aufgrund, aus, da, dafür, daher, darum, dazu, denn, deshalb, deswegen, folglich, für, infolge, infolgedessen, nämlich, sodass, so (...) dass, somit, um ... zu, vor, wegen, weil, zu*

a) Ratten sind sehr friedliche Tiere, ... sie Vegetarier sind.

b) Ratten sind sehr kluge Tiere. ..... bereiten sie dem Menschen einige Probleme.

c) Ratten haben scharfe Zähne, ... sie sogar durch Beton beißen können.

d) ..... der Gefahr von Seuchen muss jedes Auftreten von Ratten sofort gemeldet werden.

e) Ein Zoologe beobachtete Delphine, ... ihr Schlafverhalten ..... erforschen.

f) Delphine bewegen sich ständig, ... Feinde sie nicht überraschen können.

9. **In den Sätzen aus Aufgabe 8 werden jeweils die Ursache (*weil*), die Folge (*infolgedessen*) oder das Ziel (*um ... zu*) hervorgehoben. Ordnen Sie die Wörter aus dem Kasten von Aufgabe 8 je nach Bedeutung und Satzstruktur in das folgende Schema ein.**

Sollten Sie Zweifel haben, können Sie in einem Wörterbuch nach einem Beispielsatz suchen.

	koordinierende Verbindung	subordinierende Verbindung	Verbindungen mit Adverbien und Präpositionen	
URSACHE (Kausalsatz)		*weil*		*wegen*
FOLGE (Konsekutivsatz)			*folglich*	
ZIEL (Finalsatz)		*um zu*		

➤ MB, GR 3.1, S. 133 + 134

Vergleichen Sie anschließend mit der Übersicht im Materialienbuch.

10. **Verbinden Sie nun die folgenden Aussagen so, dass Ursache, Folge oder Ziel ausgedrückt werden.**

c) Forscher beobachten Ratten auf freier Wildbahn.

b) In einem Versuch werden Ratten immer wieder beim Fressen gestört.

a) Ratten sind sozial.

e) In Chaos-Situationen herrscht eine Ratte diktatorisch über die anderen.

f) Dem Rattenfutter werden Gifte beigemischt.

d) Jedes Auftreten von Ratten ist zu melden.

4. Seuchen werden vermieden.

3. Sie wollen dem Sozialverhalten der Tiere näherkommen.

2. Die Tiere werden schließlich wahnsinnig.

6. Die Tiere verbluten innerlich.

1. Die Männchen geben die besten Futterstücke an die Weibchen ab.

5. Die Ordnung wird wiederhergestellt.

11. **Satzanfänge fortsetzen.**

a) Denken Sie sich drei Satzanfänge aus, z.B. *Elefanten sollten rosa sein, ... / Aus Angst ... / Ich schaue die ganze Nacht in den Himmel, ...*

b) Gehen Sie durch den Kursraum. Nennen Sie demjenigen, auf den Sie gerade treffen, nacheinander Ihre Satzanfänge. Er/Sie muss passende Fortsetzungen finden und dabei die Wörter aus Aufgabe 9 verwenden.

➤ LHB, S. 183, 1

12. Lesen Sie die beiden Texte. Wie unterscheidet sich Text A von Text B? Was bewirken die Unterschiede?

A

Zum Schlafen gibt es für Delphine eigentlich keine Gelegenheit. Sie müssen regelmäßig auftauchen, um Luft zu holen, und könnten außerdem im Schlaf gegen einen Felsen gespült werden. Bestätigt das die Theorie, dass Schlaf eigentlich gar nicht notwendig ist? Im Gegenteil: Schlaf ist offenbar so notwendig, dass er sich auch bei Meeressäugetieren einstellt. Obwohl der Schlaf bei allen Säugern weitgehend regelmäßig verläuft, wurde bei Delphinen eine gänzlich andere Art des Schlafes beobachtet.

B

Zum Schlafen gibt es für Delphine keine Gelegenheit. Sie müssen regelmäßig auftauchen, um Luft zu holen, und könnten im Schlaf gegen einen Felsen gespült werden. Bestätigt das die Theorie, dass Schlaf nicht notwendig ist? Im Gegenteil: Schlaf ist so notwendig, dass er sich auch bei Meeressäugetieren einstellt. Obwohl der Schlaf bei allen Säugern regelmäßig verläuft, wurde bei Delphinen eine andere Art des Schlafes beobachtet.

13. Gleichen Sie Text B Text A an, indem Sie ihn um folgende Wörter ergänzen:

> an und für sich in Wirklichkeit völlig zusätzlich
>
> größtenteils dem Anschein nach

14. Ergänzen Sie die Lücken im folgenden Text mit den Adverbien aus der Wortbox.

> anscheinend durchschnittlich gerade meistens ohnehin
>
> ebenfalls vollkommen offensichtlich
>
> im Grunde vollkommen ziemlich

Menschen lösen ihre Schlafprobleme

(1.) ..... gehören Menschen und Delphine zur selben Familie: beide sind Säugetiere. Doch sie haben (2.) ..... andere Schlafprobleme. Der Mensch braucht (3.) ..... sieben bis acht Stunden Schlaf pro Tag. Doch (4.) ..... darin liegt das Problem. Obwohl wir nach einem langen, anstrengenden Tag völlig erschöpft ins Bett fallen, können wir (5.) ..... nicht sofort einschlafen. Also nehmen wir das dicke Buch vom Nachttisch, lesen ein bisschen und sind so wach wie zuvor. (6.) ..... war das nicht die richtige Methode. Auch der zweite Versuch ist erfolglos. Schafe zählen nützt (7.) ..... nichts. An autogenes Training haben wir (8.) ..... noch nie geglaubt. (9.) ..... verzweifelt stehen wir also wieder auf, um uns gähnend in den Wohnzimmersessel zu setzen. Manchmal sehen wir durch das Fenster in die Nachbarwohnung. Auch dort sitzt ein Mensch nachts um zwei im Pyjama. „Der arme Kerl hat (10.) ..... Schlafprobleme", denken wir.

Sprechen

15. Ist Schlafen ein Problem für Sie?

Tauschen Sie sich mit Ihren Nachbarn aus. Verwenden Sie dabei einige der oben genannten Adverbien!

Projekt

Bearbeiten Sie Aufgabe A oder B.

A Offene Fragen klären

Haben Sie in Aufgabe 3c) auf S. 146 eine oder mehrere Fragen formuliert, auf die sie bisher keine Antwort gefunden haben? Suchen Sie in Lexika oder Sachbüchern nach Informationen zu diesen Fragen. Stellen Sie Ihre Ergebnisse der Gruppe vor.

B Recherchieren

Welches Thema aus Forschung und Wissenschaft interessiert Sie? Wählen Sie unter den folgenden Aufgaben eine aus.

Vorbereitung:

1. Suchen Sie zu diesem Thema aus Büchern oder Zeitschriften einen oder mehrere deutschsprachige Texte.		2. Sammeln Sie zu Ihrem Thema eine Reihe von Bildern aus Zeitungen, Zeitschriften oder Büchern.*
a) Lesen Sie den Text bzw. die Texte zu Ihrer persönlichen Information.	b) Beschäftigen Sie sich so mit ihm/ihnen*, dass Sie andere im Kurs auf Deutsch über das Thema informieren können: Sie können z.B. für die anderen − entweder einen kleinen Text, „Zeitschriftenartikel" (ca. 1 Seite) schreiben, − oder einen kurzen Vortrag (ca. 5 - 10 Minuten) vorbereiten.	Arrangieren Sie diese Bilder so, dass daraus eine Dokumentation wird. Sie können nun für die anderen im Kurs − entweder einen kleinen Informationstext (ca. 1 Seite) schreiben, − oder eine kurze Präsentation (ca. 5 - 10 Minuten) vorbereiten.

*Sie können für die Varianten 1.b) und 2. auch Texte in Ihrer Muttersprache verwenden.

Präsentation:

	1.b) Verteilen Sie Ihren Text oder halten Sie Ihren Vortrag. Lesen Sie die Texte der anderen oder hören Sie deren Vorträge. Haben Sie Fragen? Fragen Sie die Verfasser des Textes oder die Vortragenden.	2. Hängen Sie Ihre Bildercollage im Kursraum aus. Stellen Sie Ihre Dokumentation dem Kurs vor oder verteilen Sie Ihren Text. Schauen Sie sich die verschiedenen Collagen an. Lesen Sie die betreffenden Texte. Haben Sie Fragen? Richten Sie diese an die Verfasser.

Plädoyer gegen Ohropax

	📻 Hörfeature	✏️	👄
🇨🇭	Ws Wortfeld: *Hören / Geräusche*	Gr	🔍 deutschsprachige Radiosendungen

1. Wählen Sie eine der drei Aufgaben A, B oder C aus.

A Lesen

Lesen Sie im Materialienbuch auf S. 105 den Text Nr. 3. Auf welche Gedanken bringen Sie diese Zeilen? Tauschen Sie sich mit Ihrer Nachbarin/Ihrem Nachbarn aus.

B Hören

a) Hören Sie eine Tonaufnahme. Was hören Sie?

b) Setzen Sie sich in Gruppen zusammen. Erfinden Sie eine Geschichte zu den Geräuschen. Oder fertigen Sie eine Zeichnung dazu an.

c) Erzählen Sie Ihre Geschichte den anderen Gruppen. Oder erklären Sie den anderen Ihre Zeichnung.

C Austausch über das Gehör

Was wissen Sie über die Bestandteile und das Funktionieren des Gehörs? Tauschen Sie sich mit Ihrer Nachbarin/Ihrem Nachbarn aus. Sie können dazu im Materialienbuch auf S. 105 z.B. die Texte 1 und 4 lesen.

📻

2. Hören Sie den Anfang einer Radiosendung: Worum geht es?

❏ a) um Straßenlärm

❏ b) um die Ursache von Taubheit

❏ c) um die besonderen Eigenschaften des Gehörs

❏ d) um Hörverstehen im Fremdsprachenunterricht.

3. Hören Sie die weitere Sendung zweimal. Sie besteht aus sieben Abschnitten. Legen Sie sich dazu ein Raster an.

Abschnitt	beim 1. Hören: Stichwort	beim 2. Hören: Notizen machen
1.	-------------------------	--- ---
...	-------------------------	
...	-------------------------	
7.		---
	-------------------------	---

a) Notieren Sie während des ersten Hörens zu jedem Abschnitt ein Stichwort.

b) Hören Sie die Sendung noch einmal. Sammeln Sie dabei zu jedem Abschnitt weitere Informationen. Tragen Sie diese Notizen in die zweite Spalte ein.

4. Vergleichen Sie Ihre Notizen mit denen Ihrer Nachbarin/Ihres Nachbarn. Ergänzen Sie gegebenenfalls Ihre eigenen.

5. Überprüfen Sie Ihre Notizen. Hören Sie dazu den Text noch ein drittes Mal. Ergänzen Sie eventuell Ihre Notizen.

✎ Schreiben

6. Formulieren Sie gemeinsam mit Ihrer Nachbarin/Ihrem Nachbarn zu jedem Abschnitt einen Satz. Alle Sätze zusammen geben die wichtigsten Aussagen des Hörfeatures wieder. Vergleichen Sie Ihre Sätze mit denen anderer Paare.

7. Einigen Sie sich im Kurs auf eine gemeinsame Zusammenfassung.

👄 Sprechen

8. Wählen Sie im Kurs eine der beiden folgenden Aufgaben aus:

   a) Welche Beispiele aus der eigenen Erfahrung fallen Ihnen ein, die den Hörtext illustrieren können?

   b) Führen Sie selbst Hörexperimente durch.

Hörexperiment A

Räumen Sie Tische und Stühle an die Seiten des Kursraums. Teilen Sie sich in zwei Gruppen: „Sehende" und „Blinde". Lesen Sie dann die Ihre Gruppe betreffenden Anweisungen:

„Sehende"

Denken Sie sich ein Wort aus. Wählen Sie einen der „blinden" Teilnehmer aus und sagen Sie ihm Ihr Wort ins Ohr. Entfernen Sie sich dann ein wenig von ihm/ihr und wiederholen Sie in Abständen Ihr Wort aus einer gewissen Entfernung. Ihr Partner/Ihre Partnerin muss nun Sie, gelenkt durch Ihr Wort, im Raum finden und Ihnen folgen. Führen Sie jetzt Ihren „blinden" Partner/Ihre „blinde" Partnerin mit Ihrem Wort im Raum umher. Dabei tragen *Sie* die Verantwortung, dass Ihr Partner/Ihre Partnerin nirgends anstößt und dass ihm/ihr auch sonst nichts passiert. Tun Sie das so lange, bis Sie beide an das andere Ende des Raumes gekommen sind.

„Blinde"

Setzen Sie sich in eine Ecke des Raumes. Verbinden Sie sich die Augen. Einer der „sehenden" Teilnehmer wird Ihnen ein Wort ins Ohr sagen und sich dann entfernen. Dieses Wort soll Ihre Orientierung sein. Ihr Partner/Ihre Partnerin wird es in Abständen wiederholen, und Sie sollen sich im Raum in die Richtung dieses Wortes bewegen. Ihr Partner/Ihre Partnerin wird Sie mithilfe Ihres „gemeinsamen" Wortes im Raum und sogar außerhalb des Raumes umherführen. Dabei wird er/sie aufpassen, dass Sie nirgends anstoßen und dass Ihnen auch sonst nichts passiert. Vertrauen Sie sich ihm/ihr an.

Führen Sie das Experiment anschließend mit vertauschten Rollen durch. Unterhalten sie sich dann über Ihre Erfahrungen.

Hörexperiment B

Ihr Lehrer/Ihre Lehrerin gibt Ihnen und drei anderen Kursteilnehmern/-innen kleine Zettel. Auf Ihrem Zettel steht eine Silbe aus einem Wort. Die drei anderen Teilnehmer haben die übrigen Silben dieses Wortes auf ihren Zetteln. Auf das Kommando Ihrer Lehrkraft sprechen Sie gleichzeitig mit den drei anderen laut und deutlich Ihre Silbe. Alle anderen Kursmitglieder müssen nun das ganze Wort erraten.

9. **Hören und Fremdsprachenlernen**

   a) Denken Sie jede/r für sich über folgende Fragen nach:

      1. Welche Radiosendungen oder Audiokassetten hören Sie in Ihrer Muttersprache?

      2. Welche deutschen Hörtexte haben Sie außerhalb des Unterrichts schon einmal gehört?

      3. Was würden Sie gern auf Deutsch hören und verstehen können?

      4. Wie wichtig ist es für Sie, deutschsprachige Hörtexte zu verstehen?

      5. Wieviel Stress verursacht es Ihnen, wenn Sie einem Gespräch zwischen Deutsch sprechenden Partnern oder einer deutschsprachigen Sendung zuhören müssen?

      6. Womit haben Sie beim Hören Schwierigkeiten?

      7. Haben Sie das Hören deutschsprachiger Texte bisher besonders geübt? Wenn ja, wie?

   b) Bilden Sie Gruppen und tauschen Sie Ihre Antworten aus.

   c) Sammeln Sie in der Gruppe Vorschläge, wie man das Hören deutschsprachiger Texte üben kann. Schauen Sie sich dazu auch die Lerntipps auf S. 39, 51 und 103 an.

   d) Stellen Sie Ihre persönlichen Tipps den anderen Gruppen vor.

➤ LHB, S. 183, 2

Projekt

Suchen Sie sich einen Hörtext aus. Nehmen Sie eine Sendung aus dem Radio auf oder besorgen Sie sich eine Kassette aus Ihrer Bibliothek/Mediothek.

Bearbeiten Sie den Text so, wie Sie es im Unterricht getan haben:

   1. den Anfang des Textes hören: Worum geht es?

   2. erstes Hören (des ganzen Textes): Stichwörter aufschreiben

   3. zweites Hören: Notizen machen

   4. drittes Hören: Notizen komplettieren.

Berichten Sie in einer der nächsten Stunden über den Inhalt „Ihres" Hörtextes.

Deutschsprachige Radiosendungen

Weltweit können Sie auf Kurzwelle mit der *Deutschen Welle*, dem *Österreichischen Rundfunk* und der *Schweizerischen Rundspruchgesellschaft* deutschsprachige Radiosendungen hören.

In Europa können Sie außerdem zumindest abends deutschsprachige Sender über Mittelwelle empfangen.

In grenznahen Gebieten haben Sie ganztags das komplette Hörfunkangebot.

➤ LHB, S. 184, 3

Nicht nur scharfe Zähne

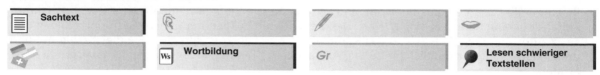

	Sachtext		
	Ws Wortbildung	*Gr*	Lesen schwieriger Textstellen

1. **Woran denken Sie, wenn Sie das Wort *Hai* hören? Sammeln Sie Ihre Assoziationen im Kurs. Ordnen Sie die Begriffe.**

Wasser

H A I

Blut

Lesen

2. **Im Materialienbuch finden Sie auf S. 106 einen Text über Haie. Lesen Sie ihn einmal durch, ohne bei unbekannten Wörtern stehenzubleiben.**

   Was haben Sie verstanden? Worum geht es? Tauschen Sie sich mit Ihrer Nachbarin/Ihrem Nachbarn darüber aus.

3. **Der Artikel beschreibt insbesondere zwei Sinnesorgane, das „Seitenohr" (Z. 12-22) und die „Lorenzinischen Ampullen" (Z. 23-30). Wählen Sie einen der beiden Abschnitte.**

   Lesen Sie ihn dann so gründlich, dass Sie Ihrem Nachbarn/Ihrer Nachbarin das Sinnesorgan beschreiben und seine Funktionsweise erklären können.

   Bevor Sie damit beginnen, können Sie ein Verfahren zum Verstehen schwieriger Texte üben: Folgen Sie Aufgabe 6 auf S. 155.

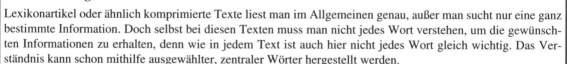

   Lesen schwieriger Textstellen

   Lexikonartikel oder ähnlich komprimierte Texte liest man im Allgemeinen genau, außer man sucht nur eine ganz bestimmte Information. Doch selbst bei diesen Texten muss man nicht jedes Wort verstehen, um die gewünschten Informationen zu erhalten, denn wie in jedem Text ist auch hier nicht jedes Wort gleich wichtig. Das Verständnis kann schon mithilfe ausgewählter, zentraler Wörter hergestellt werden.

Sprechen

4. **Setzen Sie sich mit anderen aus dem Kurs zusammen, die denselben Abschnitt bearbeitet haben. Tauschen Sie sich über den Inhalt aus.**

   Verstehen Sie die Ausführungen? Können Sie sie in einfachen Worten wiedergeben?

5. **Suchen Sie eine Person, die den anderen Abschnitt gelesen hat. Erklären Sie sich gegenseitig Ihre Textabschnitte in eigenen Worten.**

6. **Wollen Sie die Methode zum Verstehen schwieriger Texte, die schon in Aufgabe 3 auf S. 154 angesprochen wurde, einmal ausprobieren? Gehen Sie den von Ihnen gewählten Textabschnitt durch. Streichen Sie dabei als erstes alle Wörter, die Ihnen zum Verständnis des Textes nicht wichtig erscheinen.**

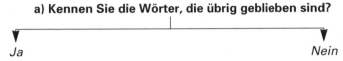

a) Kennen Sie die Wörter, die übrig geblieben sind?

Ja   *Nein*

Sie können eigentlich mit Aufgabe 4 auf S. 154 weitermachen. Interessiert Sie jedoch das Lesen schwieriger Texte, dann machen Sie rechts unter *Nein* weiter.

Gehen Sie zum ersten unbekannten Wort.

b) Ist dieses Wort für Ihr Verständnis des Textes wirklich wichtig?

(Ein Wort kann wirklich wichtig sein, wenn es z.B. häufig vorkommt oder wenn Ihnen Ihr bisheriges Verständnis des Textes nicht stimmig erscheint.)

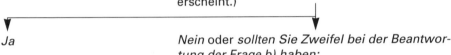

Ja   *Nein* oder *sollten Sie Zweifel bei der Beantwortung der Frage b) haben:*

c) Lässt sich das Wort aus dem Kontext erklären?

Lesen Sie erst einmal weiter in Ihrem Text, vielleicht löst sich das Problem in den folgenden Zeilen von selbst. Wenn nicht, gehen Sie zurück und machen weiter mit Frage c).

Ja   *Nein*

Gehen Sie weiter im Text. Wahrscheinlich werden Sie zurechtkommen. Sollten doch Probleme auftauchen, gehen Sie zurück und machen weiter mit d).

d) Besteht das Wort aus mehreren Teilen?

Ja   *Nein* ◄

e) Kennen Sie die jeweiligen Bestandteile?

Sehen Sie im Wörterbuch nach.

Es können immer zwei oder mehr Nomen, Verben oder Adjektive sein.
(vgl. auch die Aufgaben 10 und die folgenden)

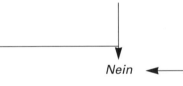

Ja   *Nein* —

f) Können Sie den Zusammenhang oder die Bestandteile erklären?

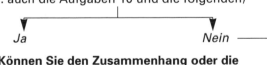

Ja   *Nein* —

g) Passt diese Erklärung in den Kontext des Textes?

Ja   *Nein* —

Gehen Sie weiter im Text, wenn Sie wieder auf ein unbekanntes Wort stoßen, beginnen Sie von Neuem mit Frage b).

vgl. auch „Ratgeber Lernen", S. 175 + 180

7. Arbeiten Sie mit dem Wörterbuch.

Welche Wörter haben Sie beim Lesen des Hai-Textes auf S. 106 nachgeschlagen? Kamen Sie mit dem Wörterbuch zurecht? Stellen Sie sich vor, jemand fragt Sie um Hilfe. Können Sie alle Eintragungen, Zeichen und Abkürzungen des Wörterbuchartikels erklären? Wählen Sie zwei Worterklärungen aus und erklären Sie alle Einzelheiten. (vgl. *Mit dem Wörterbuch arbeiten* im „Ratgeber Lernen" S. 180).

Lesen

8. Lesen Sie nun den letzten Teil des Textes im Materialienbuch auf S. 106 (Z. 34-56).

Verfahren Sie dabei so wie in Aufgabe 6. Streichen Sie alles Unwichtige. Sehen Sie sich dann die unbekannten Wörter an. Können Sie die zusammengesetzten Wörter „knacken"? Schlagen Sie – wenn nötig – im Wörterbuch nach.

Schreiben

9. Formulieren Sie, ausgehend von Ihrem gekürzten Text und den Worterklärungen, die Grundaussagen der beiden Textteile in einfachen Worten.

Wortschatz: zusammengesetzte Wörter

Bestehen Wörter aus verschiedenen Teilen, so können es zusammengesetzte Wörter sein, wie z.B. *Sinnesorgan* (zusammengesetzt aus *der Sinn* und *das Organ*), oder abgeleitete, wie z. B. *Leistung* (von *leisten*). Diese Wörter sind im Deutschen sehr häufig anzutreffen. Während abgeleitete Wörter meist im Wörterbuch zu finden sind, werden viele zusammengesetzte selbst in großen Wörterbüchern oft nicht erklärt. Es sind keine festen Verbindungen und ihre Bedeutung lässt sich direkt aus den einzelnen Teilen herleiten. Ist aber aus den verschiedenen Wörtern eine neue feste Verbindung geworden, deren Bedeutung von der ihrer Einzelteile mehr oder minder stark abweichen kann, so finden Sie diese Wörter wieder im Wörterbuch erklärt.

Beispiele:

Wort	Erklärung aus den Bestandteilen	Bedeutung	steht im Wörterbuch
Nasengrube	Grube, in der die Nase liegt oder Grube an/in der Nase	(vgl. die Erklärung)	❏
Geruchsspur	eine Spur von Geruch	ein bisschen Geruch	❏
Sinnesorgan	ein Organ der Sinne	Auge, Ohr usw., d.h. ein Organ, das Wahrnehmungen aufnimmt und an das Gehirn weiterleitet	❏
Handschuh	ein „Schuh" für die Hand	ein Kleidungstück aus Leder, Stoff oder Wolle, das man über die Hände zieht	❏

➤ MB GR 10.1, S. 154

10. Der Text „Nicht nur scharfe Zähne" enthält viele zusammengesetzte Nomen. Suchen Sie weitere Nomen heraus und tragen Sie deren Bestandteile in die untenstehende Tabelle ein.

Bestimmungs-wort	Fugen-element	Grundwort	Bestimmungs-wort	Fugen-element	Grundwort
das Sinn	es	organ	....	...	....
die Nase	n	grube	....	...	....
die Geruch	s	spur	....	...	....
das Wasser		molekül	....	...	....
....	...	....	....	...	....
....	...	....	....	...	....

11. Spiel: Wortschlange

Nennen Sie ein zusammengesetztes Wort. Ihr Nachbar/Ihre Nachbarin muss mit dem Grundwort oder Bestimmungswort ein neues Kompositum finden und es erklären. Jetzt müssen Sie wieder ein neues Wort finden, usw. Lassen Sie Ihre Phantasie spielen: Erfinden Sie auch ganz neue Wörter.

12. Suchen Sie in einem Wörterbuch Komposita mit den Bestimmungswörtern *Kind, Hund, Bild, Kleid, Hand, Tag.*

Welche anderen Fugenelemente finden Sie dabei?

Kinderspielzeug, --

13. Ergänzen Sie bei den folgenden Wörtern aus dem Kasten jeweils den Artikel und überlegen Sie, welcher Bestandteil des zusammengesetzten Nomens das Grundwort und welcher das Bestim-mungswort ist. Füllen Sie anschließend das folgende Schema aus.

Kopfarbeit   Kopfschmerzen   Kopfweh   Kopfzerbrechen   Kopflosigkeit
Kopfverletzung   Kopfjäger   Wirrkopf
Kopfsalat   Kindskopf   Quatschkopf   Dummkopf   Trotzkopf   Hitzkopf

Bei zusammengesetzten Nomen	Bestimmungswort	Grundwort
– wird der Artikel bestimmt durch das	❑	❑
– wird die Gegenstandsklasse angezeigt durch das	❑	❑
– wird die besondere Art des Gegenstands angezeigt durch das	❑	❑

► LHB, S. 184, 4

Testen Sie sich selbst.

1. Welche der folgenden Aussagen stimmen mit den verschiedenen Texten des Kapitels 14 überein?

a) Delphine schlafen durchschnittlich sieben Stunden pro Hirnhälfte. ❏

b) Im Gegensatz zum Menschen steuert jede Hirnhälfte den gesamten Körper. ❏

c) Die raschen Augenbewegungen der Delphine sind Anzeichen für Traumphasen des Schlafs. ❏

d) In Notsituationen übernimmt eine Ratte die strenge Führung des gesamten Volkes. ❏

e) Ratten lernen sehr schnell, auf bedrohliche Situationen zu reagieren. ❏

f) Ratten können auch in radioaktiv verstrahlten Gebieten leben. ❏

g) Das Ohr des Hais nimmt äußerst geringe Veränderungen des Wasserdrucks wahr. ❏

h) Haie orten ihre Beute auch durch Veränderungen in der elektrischen Spannung im Wasser. ❏

i) Haie benutzen ihre verschiedenen Wahrnehmungssysteme immer gleichzeitig. ❏

2. Setzen Sie das jeweils richtige Verb ein:

> angehören   anhören   aufhören   gehören   hinhören   umhören
>
> weghören   zuhören   zusammengehören

a) Das Buch ..... zur Standardliteratur.

b) Er ..... einem Orchester ..... .

c) Sie tauchten immer zu zweit auf, taten aber trotzdem immer so, als ..... sie nicht .....

d) Jetzt war Schluss. Sie mussten ..... .

e) Ich war schrecklich müde. Das ..... fiel unendlich schwer.

f) Ich weiß nicht, ob wir die Wohnung wirklich nehmen sollen. Ich will mich noch weiter ..... .

g) Heute war er wieder einmal unmöglich. Ich wollte mich nicht ärgern und ..... .

h) Bevor ich mich entscheide, möchte ich erst noch die anderen Beteiligten ..... .

i) Er war sehr schwer zu verstehen, man musste wirklich genau ..... .

3. Ergänzen Sie den folgenden Text.

Säugetiere, die im Meer leben, können nicht einfach schlafen, (a) ..... sie z.B. regelmäßig zum Atmen auftauchen müssen. (b) ..... sie sowohl ausruhen als auch Lebensnotwendiges tun können, schläft nur ein Hirnhälfte, (c) ..... die andere alle Funktionen übernimmt. Delphine schlafen (d) ..... lang wie andere Säugetiere, doch träumen sie dabei (e) ..... nicht.

Ratten fressen so gut wie alles, (f) ..... sie auch in sehr feindlichen Umgebungen überleben können. Der Mensch hat schon (g) ..... alles versucht, (h) ..... die Ratten auszurotten. (i) ..... hat es nichts genutzt, (j) ..... die Ratten haben bisher immer wieder überlebt.

Busfahren

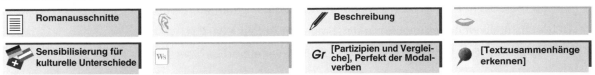

	Romanausschnitte				Beschreibung		

| | Sensibilisierung für kulturelle Unterschiede | | Ws | | *Gr* [Partizipien und Vergleiche], Perfekt der Modalverben | | [Textzusammenhänge erkennen] |

1. Klären Sie die Bedeutung der folgenden Verben.

a) Wählen Sie mit Ihrem Partner/Ihrer Partnerin ein Verb, das Sie ohne Worte darstellen möchten.

b) Lassen Sie die anderen raten, um welches Verb es sich handelt.

schep·pern; *schepperte, hat gescheppert; gespr;* [Vi] **1** *etw. scheppert* etw. steht, wenn Dinge aus Metall zu Boden fallen ≈ etw. klappert, klirrt ⟨Büchsen, Eimer, Milchkannen⟩; [Vimp] **2** *es scheppert* *gespr;* es gibt e-n Unfall, Autos stoßen zusammen.

rat·tern; *ratterte, hat gerattert;* [Vi] *etw. rattert* etw. macht die Geräusche, die z. B. entstehen, wenn große Metallstücke schnell u. oft gegeneinander stoßen ⟨das Maschinengewehr, der Zug⟩

knab·bern; *knabberte, hat geknabbert;* [Vi/t] **1** (etw.) k. kleine Stücke von etw. (z. B. Schokolade, Nüssen) essen: *Vor dem Fernseher knabbert er gern* ⟨Salzstangen⟩; [Vt] **2** *an etw.* (Dat) *k.* kleine Stücke von etw. Hartem (ab)beißen: *an e-m Keks k.; Der Hase knabbert an der Mohrrübe* ‖ ID *an etw.* (Dat) *zu k. haben gespr;* **a)** lange brauchen, bis man mit etw. (mst e-m Problem) seelisch fertig wird; **b)** sich mit etw. (lange) abmühen müssen

rattern	knacken
scheppern	knabbern
stöhnen	gestikulieren
ohnmächtig werden	anrempeln
wimmern	fuchteln
tief atmen	beiseite rücken

fuch·teln; *fuchtelte, hat gefuchtelt;* [Vi] *mit den Armen f. gespr;* die Arme schnell in der Luft hin u. her bewegen

kna·cken; *knackte, hat geknackt;* [Vt] **1** *etw. k.* e-e Frucht öffnen, die mit e-r harten Schale umgeben ist ⟨Nüsse, Mandeln k.⟩ **2** *etw. k. gespr;* etw. mit Gewalt öffnen ≈ aufbrechen ⟨ein Schloss, e-n Geldschrank, ein Auto k.⟩; [Vi] **3** *etw. knackt* etw. macht e-n Ton, ein Geräusch wie trockenes Holz, das zerbrochen wird ⟨das Bett, die Holztreppe, die Dielen, das Gebälk, die dürren Äste, die trockenen Zweige⟩; [Vimp] **4** *irgendwo knackt es* etw. gibt e-n knackenden (3) Ton von sich: *Es knackt im Radio, im Telefon*

wim·mern; *wimmerte, hat gewimmert;* [Vi] leise, klagende Töne von sich geben, leise jammern

an·rem·peln *(hat)* [Vt] *j-n a.* mit der Schulter od. dem Ellbogen (absichtlich) gegen j-n stoßen, während man an ihm vorbeigeht: *im Gedränge angerempelt werden*

Langenscheidts Großwörterbuch Deutsch als Fremdsprache

2. Worum könnte es in einem Romanausschnitt gehen, in dem diese Verben vorkommen?

	Lesen

3. Bilden Sie in Ihrem Kurs zwei Gruppen A und B.

a) Gruppe A bearbeitet nun den ersten, Gruppe B den zweiten Romanausschnitt, den Ihnen Ihre Kursleitung austeilt. Überlegen Sie sich dann in Ihrer Gruppe:

► LHB, S. 185

1. In welchem Land spielt Ihr Textausschnitt wohl?

2. Was meinen Sie: Wer ist die Erzählerin/der Erzähler und was macht sie/er an dem beschriebenen Ort?

3. Welche Hinweise gibt es im Text für Ihre Vermutungen?

► MB, RM 3.1.3 + 3.1.4, S. 161

b) Suchen Sie sich jemanden aus der anderen Gruppe.

1. Beschreiben Sie kurz den Inhalt Ihres Textausschnitts.

2. Berichten Sie über Ihre Vermutungen zum Text.

4. Tauschen Sie jetzt die Texte aus und lesen Sie jeweils den anderen Textausschnitt.

a) Stimmen Sie mit den Hypothesen des Partners/der Partnerin überein?

b) Gibt es noch weitere Hinweise zu den Fragen in Aufgabe 3a)?

c) Was meinen Sie: Woher könnten wohl die Erzähler stammen? Warum?

5. Lesen Sie nun jeweils die gesamten Textausschnitte im Materialienbuch auf S. 110 und 111.

a) Sammeln Sie, was den beiden Erzählern bei dem geschilderten Erlebnis aufgefallen ist. Was erscheint ihnen jeweils fremd und ungewohnt?

➤ LHB, S. 186

b) Inwieweit lässt sich aus der Beschreibung der Geschehnisse auf die Vorstellungen der Erzähler von Höflichkeit, Sauberkeit, Spontaneität, Lautstärke, körperliche Distanz bzw. Nähe, Ordnung, Pünktlichkeit, … schließen?

◡ Sprechen

6. Wählen Sie eine der beiden folgenden Aufgaben A oder B aus:

A Wenn ich der Erzähler gewesen wäre, …

a) Bilden Sie Zweiergruppen (suchen Sie gegebenenfalls einen Partner/eine Partnerin mit der gleichen Nationalität) und besprechen Sie,

1. ob Ihnen an den Busfahrten dasselbe aufgefallen wäre oder ob das Beschriebene für Sie ganz „normal" und „vertraut" ist.

2. Nennen Sie Situationen, die Sie erlebt haben, in denen *Sie* die Verhaltensweisen anderer Menschen als „fremd" oder „ungewöhnlich" empfunden haben.
Berichten Sie sich gegenseitig darüber.

b) Tauschen Sie Ihre Ergebnisse anschließend mit den anderen im Plenum aus:

1. Gibt es unterschiedliche Sichtweisen in Ihrer Kursgruppe?

2. Worauf könnten diese zurückzuführen sein?

B Das bedeutet für mich …

a) Suchen Sie sich einen Partner/eine Partnerin und sprechen Sie über einige der folgenden Begriffe, die Ihnen besonders wichtig sind:

> *Lebensfreude, Ordnung, Entfernung, Sauberkeit, Lautstärke, Distanz und Nähe,*
> *Spontaneität, Höflichkeit, Pünktlichkeit.*

1. Was bedeuten die Begriffe für Sie? Geben Sie Beispiele.

2. In welchem Zusammenhang verbinden Sie damit etwas Positives und wann etwas Negatives?

3. Welche dieser Begriffe sind für Sie persönlich wichtiger bzw. weniger wichtig? Stellen Sie eine Reihenfolge auf.

4. Vergleichen Sie Ihre Ergebnisse untereinander. Welche Unterschiede stellen Sie fest? Gibt es dafür Erklärungen?

b) Besprechen Sie Ihre Ergebnisse anschließend im Plenum.

7. Ratespiel

Beschreiben Sie in ca. 15 Minuten auf einer halben Seite ein eigenes Erlebnis in einem Verkehrsmittel. Geben Sie alle (eventuell von der Kursleitung korrigierten) Texte in einen Hut, ziehen Sie einen Text, lesen Sie ihn und erraten Sie, wo er spielt.
Begründen Sie Ihre Hypothesen.

Grammatik: Perfekt oder Präteritum der Modalverben *Gr*

8. Der Text Handkes ist vorwiegend im Präteritum, der Nöstlingers dagegen vorwiegend im Perfekt geschrieben.

a) Wie lässt sich das vielleicht erklären?

b) Erinnern Sie sich: Wann verwendet man im Deutschen eher das Präteritum, wann das Perfekt?

c) Vergleichen Sie Ihre Ergebnisse mit den Erklärungen in der Grammatikübersicht im Materialienbuch auf S. 138.

9. In Christine Nöstlingers Text stehen auch die Modalverben im Perfekt.
Sehen Sie sich folgende Beispielsätze an und versuchen Sie, Regeln für die Bildung des Perfekts der Modalverben zu formulieren:

Perfekt der Modalverben im Hauptsatz

Doch dann haben *wir eine Stunde* warten müssen. (Z. 2)

Perfekt der Modalverben im Nebensatz

..., obwohl ich nur auf einem Bein habe stehen können. (Z. 22/23)

➤ MB, GR 1.2.2, S. 130

10. Vereinfachen Sie auf diese Weise die folgenden drei komplexen Sätze – und versuchen Sie dann einmal den umgekehrten Weg:

> Um komplizierte Satzstrukturen zu vermeiden, kann man bei Modalverben ins Präteritum ausweichen, wie es ja auch Christine Nöstlinger manchmal tut.

Perfekt	Präteritum
Doch dann haben wir eine Stunde warten müssen.	*Doch dann* _____
Da hat es die Mama bleiben lassen.	*Da* _____
Mir ist es gut gegangen, obwohl ich nur auf einem Bein habe stehen können.	*Mir ging es gut, obwohl ich nur auf einem Bein* _____
Als ich den Fuß wieder _____ _____	*Als ich den Fuß wieder hinstellen wollte, war kein Platz mehr dazu da.*

➤ LHB, S. 187 +188

Travnicek am Mittelmeer

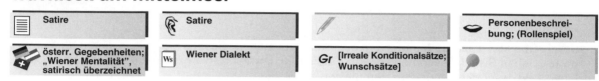

| | Satire | | Satire | | ✎ | | Personenbeschrei-bung; (Rollenspiel) |

österr. Gegebenheiten; „Wiener Mentalität", satirisch überzeichnet   **Ws** Wiener Dialekt   **Gr** [Irreale Konditionalsätze; Wunschsätze]

Landeskunde Österreich

1. **Kennen Sie Wien, kennen Sie Österreich?**

   a) Sammeln Sie in der Kursgruppe, was Sie über die Stadt und das Land wissen.

   b) Lesen Sie, wenn Sie mögen, auch das Kapitel „Abgrenzungen" im Materialienbuch auf S. 40f.

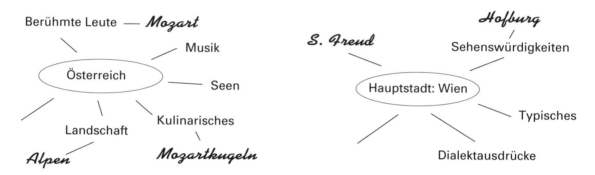

2. **Suchen Sie**

   a) auf einer Österreichkarte Wien, den Wolfgangsee und den Wörthersee.

   b) wenn vorhanden – auf einem Wiener Stadtplan die Ringstraße, das Parlament und den Stadtbezirk Simmering.

Hören

3. **Sie hören nun Teil 1 eines (sprachlich vereinfachten) satirischen Dialogs des österreichischen Kabarettisten und Schauspielers Helmut Qualtinger aus dem Jahre 1973, dessen Szenenanweisung lautet:**

   „Das Deck eines Mittelmeerschiffes. Zwei Deckstühle. Darauf zwei Österreicher. Es ist Vollmond, im Hintergrund Gitarrengeklimper."

   Wählen Sie vor dem Hören eine der beiden folgenden Aufgaben A oder B aus:

   A Beschreiben Sie die Personen.

   a) Überlegen Sie zu zweit: Wie stellen sich die Personen vor?

   b) Denken Sie auch an folgende Aspekte:

B Spielen Sie die Szene nach.

a) Überlegen Sie zu zweit, wie man die gehörte Szene spielen könnte.

b) Konzentrieren Sie sich auf das Wesentliche; Einzelheiten sind nicht wichtig!

c) Welche Körperhaltung haben die beiden Personen während des Gesprächs?

d) Wie klingt ihre Stimme?

4. Bevor Sie den Schluss des Dialogs hören, überlegen Sie:

Warum lässt sich Travnicek wohl immer wieder vom Reisebüro vermitteln?

5. Hören Sie nun die ganze Szene noch einmal.

a) Haben Sie richtig geraten? Welche war die lustigste Hypothese?

b) Versuchen Sie beim nochmaligen Hören herauszuhören,

– welche Spezialitäten bzw. welche touristischen Attraktionen der verschiedenen Urlaubs-
länder zur Sprache kommen,

– wie Travnicek diese bewertet,

– mit welchen österreichischen Gegebenheiten er sie vergleicht.

Beispiel:

Urlaubsland	a) Spezialität/Attraktion	b) Beurteilung/Bewertung	c) Österreichisches/ Wienerisches
Jugoslawien	Wein, Slibowitz Cevapcici	Sauerampfer	österreichischer Wein Schnitzel mit Kartoffelsalat

---

Lesen

**6. Lesen Sie nun den Originaltext im Materialienbuch auf S. 112. Versuchen Sie mithilfe der Worter-
klärungen noch weitere „Spezialitäten" herauszufinden.**

Hören

**7. Wenn es Sie interessiert, Wiener Dialekt kennenzulernen, so hören Sie nun die vom Autor selbst
gesprochene Originalversion auf der Kassette.**

➤ LHB, S. 188, 5

Projekt

8. Entwerfen Sie einen Werbetext für Reisen nach Österreich.

Die Satire will es, dass ausgerechnet Travnicek Chef eines Reisebüros ist. Überzeugend kann er
aber wohl nur für Reisen nach Österreich werben. Helfen Sie ihm: Setzen Sie sich zu zweit oder
dritt zusammen, entwerfen Sie einen Werbetext und gestalten Sie ein Plakat oder einen Radio-
Werbespot, den Sie auf Kassette aufnehmen, und führen Sie Ihr fertiges Reklame-Produkt der
Kursgruppe vor.

Kinder, Ampeln und Teutonen

Kommentar		beschreiben, berichten
	Ws sich zur Wehr setzen	*Gr*	Kompensations-strategien

Schreiben

1. **Schriftlicher Dialog**

   a) Bilden Sie Paare und schreiben Sie jeder einen kurzen Bericht darüber, was Sie im Umgang mit Deutschen oder bei einem Aufenthalt in Deutschland als erstaunlich, frustrierend oder positiv empfunden haben.

   b) Tauschen Sie nach etwa fünf Minuten Ihre Texte aus und lesen Sie den Ihres Partners/Ihrer Partnerin.

   c) Kommentieren Sie schriftlich den Text Ihres Partners/Ihrer Partnerin, indem Sie

   – mindestens *einen* positiven Gedanken dazu schreiben,

   – ihm/ihr ein oder zwei Fragen dazu stellen,

   – versuchen, eine Verbindung zu Ihren eigenen Erfahrungen herzustellen,

   – etwas hinzufügen, was Ihnen beim Lesen eingefallen ist.

   d) Lesen Sie anschließend den Kommentar Ihres Partners/Ihrer Partnerin und tauschen Sie sich über Ihre gegenseitigen Stellungnahmen aus .

Lesen

2. **Lesen Sie nun im Materialienbuch auf Seite 115, wie eine in Berlin lebende französische Journalistin eine ihrer Erfahrungen in Deutschland beschreibt. Kreuzen Sie an, welche Aussagen über die Autorin Ihrer Meinung nach zutreffen.**

   a) Die Autorin findet, dass die Deutschen Recht haben, wenn Sie darauf achten, dass die Gehwege für Kinderwagen frei bleiben. ❏

   b) Sie hat eine festgefügte Meinung von den Deutschen. ❏

   c) Sie schildert recht objektiv typisch deutsche Verhaltensweisen. ❏

   d) Ihr Kommentar ist stark von Vorurteilen geprägt. ❏

   e) Sie kann durchaus Selbstkritik üben. ❏

   f) Sie schreibt einen humorvollen Kommentar über die Deutschen. ❏

   g) In ihren Zeilen spürt man Sympathie für ihr Gastland. ❏

3. **Tauschen Sie sich in Kleingruppen über Ihr Verständnis des Textes aus.**

Sprechen

4. **Können Sie die Erfahrungen der Autorin bestätigen?**

5. Wählen Sie eine der beiden folgenden Aufgaben A oder B:

A Partnerinterview

Die französische Journalistin schreibt, sie reagiere auf „Fremdes" im Ausland, indem Sie ihre eigenen Gewohnheiten im Unterschied zu den Sitten im Gastland beibehalte. So versuche sie, „ein kleines Stück ihrer französischen Identität zu bewahren". Suchen Sie sich einen Partner/ eine Partnerin im Kurs, der/die bereits länger im Ausland gelebt hat, und fragen Sie ihn/sie:

a) Ist das, was die Französin tut, Ihrer Meinung/Erfahrung nach der richtige Weg?

b) Wie haben Sie bei einem längeren Auslandsaufenthalt auf „Fremdes", „Ungewohntes" reagiert? Am Anfang? Später?

c) Was würden Sie einem Menschen raten, der ins Ausland zieht und sich unsicher fühlt?

B Wie hätten Sie reagiert?

Die Autorin erzählt, sie wäre einmal bei Rot über die Straße gegangen und plötzlich habe jemand gerufen: „Haben Sie nicht gesehen, daß die Ampel ‚rot' ist?" und „Sie müssen den Kindern mit gutem Beispiel vorangehen!" Wie hätten Sie an ihrer Stelle reagiert? Kreuzen Sie an:

a) Ich hätte die Person in meiner Muttersprache beschimpft. ❏

b) Ich hätte sehr höflich gesagt: „Vielen Dank für die freundliche Information!" ❏

c) Ich wäre stehen geblieben und hätte ihr gesagt: „Bei uns in … ist man dafür höflicher!" ❏

d) Ich hätte die Frau gefragt: „Haben Sie heute schlecht geschlafen?" ❏

e) Ich hätte gesagt: „Oh, Entschuldigung, das nächste Mal passe ich besser auf." ❏

f) Ich hätte mit den Schultern gezuckt und wäre einfach weitergegangen. ❏

g) … ❏

Wortschatz: Sich zur Wehr setzen [Ws]

6. Mit welchen Redemitteln kann man sich in einer unangenehmen Situation zur Wehr setzen?

a) Ergänzen Sie die Redemittel aus Übung 5. B oder aus der Redemittelliste.

➤ MB, RM 2.2, S. 160

b) Lernen Sie fünf Standardsätze auswendig, die Ihnen gefallen.

Sich zur Wehr setzen.

Es ist schon in der Muttersprache schwer, sich schlagfertig aus schwierigen Situationen zu ziehen – um wie viel schwieriger ist es da erst in der Fremdsprache, sich zu wehren.
Vielleicht hilft es Ihnen, ein paar Standardsätze auswendig zu wissen, die Ihnen in verschiedenen Situationen helfen können und die Sie dann benutzen können, ohne lange nach Formulierungen suchen zu müssen!

7. Spiel: „Was hättest du gesagt? Was hättest du gemacht?"

a) Berichten Sie der Kursgruppe von einer schwierigen Situation, die Sie im Ausland erlebt haben.

b) Fragen Sie die anderen anschließend: „Was hättet ihr an meiner Stelle gemacht oder gesagt?"

c) Erzählen Sie erst danach, wie Sie selbst reagiert haben.

Testen Sie sich selbst.

1. Erinnern Sie sich an mindestens fünf Verben aus der Einheit „Busfahren," die Geräusche beschreiben.

2. Ergänzen Sie die Lücken im folgenden Text.

(…) Es war, als ….., trotz der vielen freien Plätze, in dem Bus mehr Leute versammelt ….. irgendwo draußen in dem ganz….. kahl….. Hochland. (…) Ein junges Mädchen knackte und knabberte, wie sonst in den (…) Kinos oder auf den Promenaden, mit ernst….. Gesicht und träumerisch weit….. Augen, ohne je einzuhalten, Sonnenblumenkerne, von ….. zugleich ein Regen von Hülsen zu Boden fiel; eine Gruppe von Burschen mit Sporttaschen brachte immer neue Kassetten ihrer Musik nach vorne zum Fahrer, ….. sie bereitwillig, statt des nachmittägig….. Radioprogramms, aus sich über jed….. Sitzpaar befindend….. Lautsprecherpaar schallen ließ; das eine alt….. Paar in dem Bus saß stumm und ohne Bewegung, und der Mann schien es gar nicht zu spüren, ….. einer der Burschen ihn im Vorbeigehen, unvorsätzlich, anrempelte.

3. Die Wörter folgender Sätze sind durcheinander geraten. Bilden Sie Sätze.

a) um / sind / gelaufen / zur / wir / neun / Bushaltestelle / Gestern /

b) wir / versäumen / Autobus / nicht / Damit / den /

c) dann / müssen / wir / Stunde / eine / haben / warten / Doch /

d) an / sich / Die / Fahrzeiten / hier / halten / Busse / nicht / die /

e) An / viele / heiß / war / Haltestelle / und / es / Leute / der / affig / waren /

f) geschimpft, / Auto / fährt / mehr / Papa / hat / ohne / er / nie /

g) Endlich / Bus / dann / der / ist / gekommen /

h) ich / Vehikel / nie / So / von / habe / einem / was / noch / gesehen /

4. Formulierungen von Travnicek: Was bedeuten sie? Kreuzen Sie an.

a) „… nix wia a Salzwasser" (Z. 3)
❑ 1. kein Salzwasser
❑ 2. nur Salzwasser

b) „… da herunten" (Z. 9)
❑ 1. dort runter
❑ 2. hier unten

c) „… nur so an Sauerampfer" (Z. 15)
❑ 1. so ein Unkraut
❑ 2. so ein saures Zeug

d) „… staubt mir scho aus die Ohren außi" (Z. 23)
❑ 1. sind mir zu laut
❑ 2. mag ich nicht mehr
❑ 3. sind mir zu teuer

e) „a matte Sache" (Z. 52)
❑ 1. langweilig
❑ 2. gefährlich.

Wie deutsch ist die deutsche Sprache?

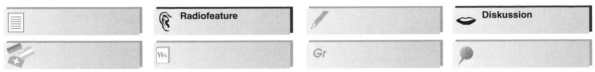

Sprechen

Im Wortschatz jeder Sprache finden sich Wörter aus anderen Sprachen. So stammt das polnische Wort *ratusz* vom deutschen *Rathaus* ab, und dem englischen *kindergarten* sieht man seine Herkunft sofort an.

1. **Welche Wörter Ihrer Muttersprache fallen Ihnen ein, die aus anderen Sprachen stammen?**

   Aus welchen Sprachen kommen sie? Wissen Sie, wann sie in Ihre Sprache gekommen sind? Wie bezeichnet man diese Wörter in Ihrer Sprache?

2. **Sie lesen in einer Radiozeitschrift die Ankündigung einer Sendung mit dem Titel *Wie deutsch ist die deutsche Sprache?***

   Der Text enthält u.a. folgende Zeilen:

   Eine deutsche Idylle!?

   Ich liege gerade auf meinem Sofa, höre Musik, eine Ballade, trinke Kaffee, zu dem ich nur Zucker nehme, nasche hin und wieder einen Keks – manchmal trinke ich allerdings lieber Tee mit Kandis und Zitrone – und gerate ins Träumen.

Hören

3. **Hören Sie einen Ausschnitt aus dieser Sendung über Fremdwörter im Deutschen.**

   a) Welche zehn Wörter aus dem obigen Text werden erwähnt? Notieren Sie mit.

   b) Aus welchen Sprachen kommen diese Wörter? Was bedeuten sie ursprünglich? Legen Sie eine Tabelle mit den erwähnten Wörtern und Spalten für ihre Herkunft und Grundbedeutung an. Hören Sie dann die Sendung noch einmal und füllen Sie Ihre Tabelle aus.

   c) Manche Wörter kamen nicht direkt, sondern auf dem Umweg über andere Sprachen ins Deutsche. Hören Sie den Ausschnitt noch einmal und erweitern Sie Ihre Tabelle um diesen Aspekt.

Sprechen

4. **Welche anderen Fremdwörter im Deutschen kennen Sie?**

5. **Der Gebrauch von Fremdwörtern war und ist in Deutschland oft Gegenstand von Diskussionen.**

   a) Welche Argumente könnten gegen den Gebrauch von Fremdwörtern sprechen und welche dafür? Sammeln Sie Argumente.

   b) Was halten Sie persönlich vom Gebrauch fremder Wörter in einer Sprache?

   c) Ist die Verwendung von Fremdwörtern in Ihrer Sprache/Ihrem Land ein viel diskutiertes Thema?

Das Leben der Sprachen

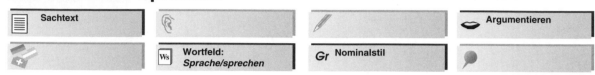

📄 Sachtext	👂	✏️	👄 Argumentieren
🃏	[Ws] Wortfeld: *Sprache/sprechen*	*Gr* Nominalstil	🔵

👄 Sprechen

1. **Lesen Sie die folgenden sechs Aussagen zum Thema *Muttersprache und andere Sprachen*. Suchen Sie sich zwei heraus, mit denen Sie am meisten übereinstimmen.**

   a) Alle Menschen sollten eine gemeinsame Sprache (z.B. Englisch) sprechen. Dann wird alles einfacher.

   b) Die eigene Muttersprache ist wichtig für die Identität. Stirbt eine Sprache, so geht eine Identität, eine Kultur verloren. Daher ist es wichtig, dass alle Sprachen und Dialekte erhalten bleiben.

   c) Die Sprache einer Nation ist ihre Kultur. Sie muss durch eine staatliche oder wissenschaftliche Institution vor fremden Einflüssen geschützt werden.

   d) Dass Sprachen Wörter aus anderen Sprachen aufnehmen, ist ein gutes Zeichen. Es zeigt, dass sich die betreffende Kultur weiterentwickelt.

   e) Die Sprache ist ein Kommunikationsmittel, das sich je nach Zweck ändern muss.

   f) Eine gute Sprache enthält nur wenige Wörter aus anderen Sprachen. Nimmt eine Sprache viele fremde Wörter auf, so verliert sie ihren Charakter und wird sterben.

2. **Suchen Sie andere Kursteilnehmer/-innen, die dieselben Aussagen ausgewählt haben.**

   a) Tauschen Sie sich über Ihre Argumente für diese Aussagen aus.

   b) Bereiten Sie sich auf mögliche Gegenargumente vor.

   ➤ MB, RM 3.1.2, S. 161

3. **Suchen Sie jetzt jemanden, der andere Aussagen ausgewählt hat. Versuchen Sie, sie oder ihn von der Richtigkeit Ihrer Aussagen zu überzeugen.**

   Sie/er wird dasselbe mit Ihren Aussagen versuchen.

📄 Lesen

4. **Im Materialienbuch finden Sie auf S. 121 und 122 zwei Texte zum Thema Sprachensterben: Einen Sachtext zum Deutschen und einen Zeitungsbericht zu den Sprachen der Welt. Schauen Sie sich beide Texte kurz an und entscheiden Sie dann, mit welchem Sie sich weiter beschäftigen wollen.**

   Sie werden anschließend den Text ganz lesen und ihn zusammenfassen.

👄 ✏️ Sprechen/Schreiben

5. **Bilden Sie zu jedem der beiden Texte eine Arbeitsgruppe. Jede Gruppe teilt ihren Text in drei Abschnitte. Verteilen Sie die einzelnen Abschnitte auf die Gruppenmitglieder.**

   a) Lesen Sie Ihren Abschnitt und entscheiden Sie zusammen mit den Gruppenmitgliedern, die denselben Abschnitt gelesen haben, welches die wichtigsten Aussagen sind.

b) Tragen Sie anschließend die wichtigsten Aussagen Ihres gesamten Textes in Ihrer Gruppe zusammen und erstellen Sie entweder:

A eine mündliche oder **B** ein schriftliche Zusammenfassung.

6. **Suchen Sie jemanden, der Ihren Text nicht gewählt hat.**

   a) Berichten Sie ihm mündlich von Ihrem Text oder geben Sie ihm Ihre schriftliche Zusammenfassung zum Lesen.

   b) Wechseln Sie dann die Rollen.

7. **Unterhalten Sie sich zu zweit über folgende oder ähnliche Fragen:**

   a) Warum haben Sie Ihren Artikel gewählt?   b) Was fanden Sie interessant?

   c) Wozu haben Sie Fragen?

Wortschatz Ws

8. **Setzen Sie sich zu dritt zusammen.**

   a) Suchen Sie aus dem von Ihnen ausgewählten Text alle Wörter, die mit *Sprache* und *Sprechen* zu tun haben.

   b) Ergänzen Sie Ihre Liste um weitere deutsche Wörter zu diesem Wortfeld, die Sie kennen.

   c) Welche anderen Wörter fallen Ihnen noch in Ihrer Muttersprache ein? Suchen Sie nach der passenden Übersetzung.

   d) Vergleichen Sie Ihre Zusammenstellung mit denen der anderen Gruppen.

   e) Ordnen Sie alle Wörter in eine gemeinsame Übersicht.

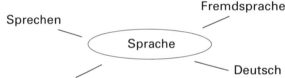

Grammatik: Nominalstil Gr

9. **Vergleichen Sie die beiden folgenden Textversionen:**

   a) Wie wirken sie? b) Welche Unterschiede beobachten Sie?

Text 1

Das Eindringen fremder Wörter ins Deutsche hat eine lange Tradition. Im 18. Jahrhundert z.B. war die Verwendung des Französischen durch den Adel völlig üblich. Der heutige Zustrom von Fremdwörtern wird nicht in naher Zukunft enden. Er wird mit der wachsenden weltweiten Verflechtung aller Lebensbereiche weiter zunehmen. Außerdem wird die Beschleunigung der technischen und wissenschaftlichen Entwicklung dazu führen, dass wir es häufiger mit neuen, namenlosen Dingen zu tun haben. Die Einbürgerung solcher fremden Wörter wäre eine große Bereicherung unserer Sprachen.

Text 2

Schon immer sind fremde Wörter ins Deutsche eingedrungen. Im 18. Jahrhundert z.B. verwendete der Adel das Französische, und das war völlig üblich. Auch heute strömen Fremdwörter ins Deutsche ein. Das wird in naher Zukunft nicht enden, sondern es wird weiter zunehmen in dem Maße, wie alle Lebensbereiche weltweit verflochten sind. Außerdem werden sich die Technik und die Wissenschaft immer schneller entwickeln. Das wird dazu führen, dass wir es häufiger mit neuen, namenlosen Dingen zu tun haben. Wenn wir solche fremden Wörter einbürgern könnten, würde das unsere Sprache sehr bereichern.

   c) Welche der beiden Textversionen würden Sie eher für einen mündlichen Vortrag, welche für die Veröffentlichung in einer Fachzeitschrift wählen?

10. Textanalyse

a) Markieren Sie alle Nomen in Text 1 und alle entsprechenden Verben in Text 2 mit einem Kreis oder einer Farbe. Markieren Sie dann mit einem anderen Symbol oder einer anderen Farbe in Text 1 die Attribute dieses Nomens und in Text 2 die wörtlich entsprechenden Ergänzungen des Verbs.

b) Ergänzen Sie dann die folgende Tabelle:

Nominalisierung	Attribute	Kasus	Verb	Ergänzungen	Kasus
das Eindringen	fremder Wörter ins Deutsche	*Gen.* *Präp.* in	eindringen	fremde Wörter; ins Deutsche	*Nom.* *Präp.* in
die Verwendung	des Französischen durch den Adel	*Gen.* *Präp.* durch	verwenden	das Französische; der Adel	_____ _____
die Entwicklung	technische und wissenschaftliche	*Adjektiv*	_____	_____	_____
die Einbürgerung	solcher fremden Wörter	_____	_____	_____	_____
eine Bereicherung	große unserer Sprachen	*Adjektiv*	_____	_____	*Adverb*

➤ MB, GR 10.1.3, S. 155 + 156

11. Suchen Sie in zehn Minuten aus den Texten zum Sprachensterben im Materialienbuch Nomen, die von Verben oder Adjektiven abgeleitet sind, und ordnen Sie sie.

Bilden Sie Zweiergruppen, in denen jeder von Ihnen schon einen Text kennt.

Infinitiv: das Eindringen, …

Wortstamm: der Zustrom, …

Suffix: *-ung*:   die Verwendung, …

    -heit/-keit: die Vergangenheit, …

    -e: die Einreise, …

    -ion: die Kooperation, …

    _____: …

    _____: …

➤ MB, GR 10.1.2, S. 155

12. Ersetzen Sie die fett gedruckten Verben durch ein Nomen und formen Sie die unterstrichenen Ergänzungen des Verbs in passende Attribute um.

a) In London hat man einen neuen Sprachenatlas **veröffentlicht**. Das war eine traurige Sensation.

Die Veröffentlichung --

b) Sie ergab, dass man allgemein über ein globales Sprachensterben **klagte**.

----

c) Vielen Sprachen droht, dass sie <u>ersatzlos von der Sprachenkarte der Welt</u> **gestrichen** werden.

----

d) <u>Sprachen</u> **sterben aus**. Das führt unter anderem zum Verlust literarischer Traditionen.

----

13. Können Sie das folgende Sprach-„Ungetüm" verstehen und umformen?

Ich unternehme den historisch gerichteten Versuch einer Rekonstruktion der Vorgeschichte des neueren Positivismus in der systematischen Absicht einer Analyse des Zusammenhangs von Erkenntnis und Interesse.

(Jürgen Habermas, Erkenntnis und Interesse, Frankfurt 1968, Vorwort)

Projekt: Recherchieren 📄 ✏️ 👄

Haben Sie Lust zum Recherchieren? Bearbeiten Sie einen der folgenden Arbeitsvorschläge.

A Interessiert Sie die Geschichte der deutschen Sprache?

Lesen Sie dazu den Text auf S. 123 ff. im Materialienbuch.

B Möchten Sie noch mehr über die Sprachen und Dialekte im deutschsprachigen Raum wissen?

a) Suchen Sie weitere Informationen. Sie werden sie z.B. in Enzyklopädien, Reiseführern oder linguistischen Fachbüchern finden. Diese können auf Deutsch, in Ihrer Muttersprache oder einer anderen Sprache geschrieben sein.

b) Berichten Sie Ihrer Gruppe von den Ergebnissen Ihrer Recherchen.

C Was können Sie über Ihre Sprache berichten?

a) Was sollten die anderen Teilnehmer/-innen aus Ihrem Sprachkurs oder jemand aus einem deutschsprachigen Land über die Sprachen und Dialekte in Ihrem Heimatland wissen?

b) Halten Sie ein Referat oder stellen Sie ein Informationsblatt zusammen, das z.B. folgende Fragen beantwortet:

1. Welche Sprachen und Dialekte gibt es? Wo werden sie gesprochen? Werden sie noch in anderen Ländern gesprochen?

2. Wie viele Menschen sprechen sie?

3. Wenn es verschiedene Sprachen gibt: Welche Rolle spielen die einzelnen? Kann man sich gegenseitig verstehen? Welche Sprache verstehen alle?

4. Wie wichtig ist das Thema *Sprachen*, *Dialekte* und *Sprachenpolitik* für die Menschen in Ihrem Land? Welche Politik betreibt der Staat?

Warum wir uns versprechen

| | Radiofeature, gezielt Informationen entnehmen | | Gespräch |

| | Ws | Gr | |

👄 Sprechen

1. **Versprechen Sie sich ab und zu? Erinnern Sie sich an eine lustige Situation, die durch einen Versprecher von Ihnen oder einer anderen Person entstanden ist?**

   Tauschen Sie sich mit Ihrer Nachbarin/Ihrem Nachbarn aus. Erzählen Sie ihr/ihm das lustige Erlebnis.

2. **Wann versprechen Sie sich?**

   Überlegen Sie gemeinsam, warum es zu Versprechern kommt.

ver·spre·chen¹; verspricht, versprach, hat versprochen; ☒ 1 (j-m) etw. v. j-m sagen, dass man etw. ganz sicher tun wird ⟨j-m etw. fest, hoch u. heilig v.; j-m Hilfe v.⟩: seinem Sohn ein Fahrrad v.; j-m v., ihm zu helfen; Ich habe ihm versprochen, dass ich ihn besuchen werde; „Kommst du wirklich?" – „Ja, ich verspreche es dir" 2 etw. verspricht etw. etw. lässt erwarten, dass e-e bestimmte Entwicklung o. Ä. eintritt: Das verspricht, ein schöner Abend zu werden 3 sich (Dat) etw. von j-m/etw. v. glauben, dass e-e bestimmte Entwicklung stattfinden wird: sich von der neuen Regierung viel, nur wenig, nichts v. ver·spre·chen², sich; verspricht sich, versprach sich, hat sich versprochen; ☒ sich v. ohne Absicht etw. falsch, anders sagen od. aussprechen, als man wollte: Er war so nervös, dass er sich ständig versprach
Ver·spre·chen das; -s, -; Worte, mit denen j-d j-m etw. verspricht¹ (1) ⟨ein leeres V. (= ein V., das nicht eingehalten wird); j-m ein V. geben; ein V. abgeben; sein V. erfüllen, halten, brechen⟩
Ver·spre·cher der; -s, -; ein Fehler beim Sprechen od. bei der Aussprache e-s Wortes ⟨j-m unterläuft ein V.⟩
Ver·spre·chung die; -, -en; mst Pl; mst in j-m große/leere Versprechungen machen j-m viel versprechen¹ (1), aber dann das Versprechen nicht halten

Langenscheidts Großwörterbuch Deutsch als Fremdsprache

👂 Hören

3. **Hören Sie den Anfang einer Radiosendung zum Thema *Versprecher*.**

   Von welchen Versprechern ist dort die Rede? Vervollständigen Sie die folgenden Sätze.

   a) Männer können noch ....., wenn sie was ..... .

   b) ..... kann ich das nicht vertragen.

   c) Der heutige Tag wird mir ewig ..... .

   d) Und nun, wie jedes Jahr, die neuesten Zahlen aus dem Jahresbericht des ..... .

   e) Auf der Autobahn München-Nürnberg ..... in beiden Fahrtrichtungen.

4. **Worin besteht jeweils der Versprecher? Korrigieren Sie die Sätze 3 a) - e).**

5. **Im weiteren Verlauf der Sendung werden noch folgende Versprecher erwähnt. Können Sie erklären, worin der Versprecher besteht? Nehmen Sie gegebenenfalls auch ein Wörterbuch zu Hilfe.**

   a) *genischer Sächsitiv* (Professorin beim Vortrag über die englische Grammatik)

   b) *die in Fulda verwammelten Bischöfe* (Nachrichtensprecher über Bischofskonferenz)

   c) *damit kommst du auf keinen grünen Baum* (jemand über eine Bemühung ohne Erfolgsaussicht)

   d) *am Schlende* (Redner zu Beginn seiner letzten Bemerkung)

   e) *Yogawurst* (jemand im Gespräch über vegetarische Lebensmittel)

   f) *Pornographie* (Arzt beim Vortrag über medizinische Untersuchungsmethoden).

6. Was erfahren Sie in der Fortsetzung der Sendung über die folgenden Fragen? Machen Sie sich Notizen:

a) Wer ist die Expertin, die zu Wort kommt?

b) Warum sind Versprecher komisch?

c) Wer verspricht sich?

d) Es wird ein weiterer Experte zitiert. Was sagt er über die Natur von Versprechern?

e) Welche Arten von Versprechern nennt die Expertin?

Sprechen

7. Unterhalten Sie sich in verschiedenen Gruppen über eine der folgenden Fragestellungen. Berichten Sie gruppenweise über Ihre Ergebnisse.

A Was meinen Sie zu folgender Redensart:

„Das Versprechen verrät die wahre Meinung"?

Gibt es in Ihrer Muttersprache ähnliche Redensarten? Kennen Sie andere Sprichwörter zum Thema *Wahrheit*?

B Was wissen Sie über den *Freudschen Versprecher*?

Hören

8. Hören Sie einen weiteren Ausschnitt aus der Radiosendung.

a) Was sagt die Linguistin Helen Leuninger zum Thema *Freudscher Versprecher*? Machen Sie sich dazu während des Zuhörens Notizen.

b) Tauschen Sie sich mit Ihrer Nachbarin/Ihrem Nachbarn darüber aus, was Sie verstanden haben. Ergänzen Sie Ihre Notizen gegenseitig. Kommen Sie zu einem zufriedenstellenden Ergebnis? ·

c) Wenn nicht, hören Sie den Abschnitt noch einmal. Füllen Sie Ihre Verstehenslücken auf.

Projekt 🖹

Haben Sie Lust, mehr zum Thema Versprecher zu erfahren? Dann lesen Sie einen oder beide Texte im Materialienbuch.

A Interessiert Sie der *Freudsche Versprecher*?

Lesen Sie den Auszug aus einer Einführung in die Psychoanalyse auf Seite 126.

B Wollen Sie mehr zum Versprecher aus linguistischer Sicht wissen?

Lesen Sie dazu eine Zusammenfassung von Helen Leuningers Buch auf Seite 127.

Testen Sie sich selbst.

1. Ergänzen Sie die Lücken mit Begriffen aus dem Wortfeld *Sprache*.

a) Jemand, der für eine Firma/Partei spricht, ist ihr ..... .

b) Ein Text in einer fremden Sprache ist ein ..... Text.

c) Ein Unterricht, um eine fremde Sprache zu erlernen, ist ein ..... Unterricht.

d) Die besondere Sprache eines Berufszweigs oder einer Wissenschaft ist eine ..... .

e) Sein Text bestand aus 463 ..... .

f) Die ..... des Redners sind mir noch im Ohr.

g) Er war sehr nervös. Die vielen ..... machten seinen Vortrag schwer verständlich.

h) Wir waren sehr nervös. Er gab immer alle möglichen ....., hielt aber nur wenige.

i) „Übung macht den Meister" ist ein ..... .

j) Eine Redewendung für *etwas erwähnen* ist *etwas zur ..... bringen*.

2. Welche der folgenden Aussagen zur Geschichte der deutschen Sprache treffen zu? Lesen Sie dazu den Text im Materialienbuch auf S. 123

a) Die deutsche Sprache war im 17. Jahrhundert besser erhalten als Hebräisch und Griechisch.

b) Die Geschichte der deutschen Sprache lässt sich bis zur Völkerwanderung zurückverfolgen.

c) Das Deutsche entwickelte sich aus verschiedenen verwandten Sprachen, die im deutschen Reich gesprochen wurden.

d) Der Wortschatz der deutschen Sprache erreichte vor der Grammatik den heutigen Entwicklungsstand.

e) Die Umgangssprache in den verschiedenen Regionen entwickelte sich unterschiedlich.

f) Das Deutsche hat aus dem Lateinischen hauptsächlich Wörter aus den Wissenschaften übernommen.

3. Hören Sie Teil 3 des Hörtextes zum Versprechen von der Tonkassette.

a) Wie lauten die dort erwähnten sechs Versprecher? b) Wie hätte es richtig heißen müssen?

4. Verkürzen Sie den folgenden Text mithilfe von Links- und Rechtsattributen, Nominalisierungen und/oder Relativsätzen. Bilden Sie keine sprachlichen „Ungetüme".

➤ MB, GR 10.1.3, S. 155 + 156 und 9.1, S. 152

Das Fremdwort

Ein Fremdwort ist ein Wort, das aus einer anderen Sprache übernommen ist. Wie man es ausspricht, schreibt oder flektiert, ist dem Deutschen nicht angepasst. Wörter wurden schon immer und nicht erst in der Gegenwart in die deutsche Sprache aufgenommen. Die wichtigste Ursache, warum ein Fremdwort übernommen wurde, liegt darin, dass die betreffende Sache übernommen wurde. Daher spiegeln die Fremdwörter wieder, wie sich die Kultur entwickelt hat. Wenn man Fernsehen, Radio und Presse beobachtet, zeigt sich, dass der Anteil der Fremdwörter am deutschen Wortschatz nicht gering ist. Man schätzt, dass unter den 400 000 Wörtern, die der gesamte deutsche Wortschatz umfasst, 100 000 Fremdwörter sind. Die meisten sind Substantive, die Gruppe, die die zweitgrößte ist, sind die Adjektive.

Texte lesen und verstehen, ohne zu klagen

Der Zeitungsleser

Meine Zeitung lese ich auf ganz verschiedene Arten. Meistens nehme ich mir zuerst die letzte Seite vor. Da gibt es eine Spalte (ich nenne sie aus Spaß „Kurz und uninteressant") mit lauter kleinen, manchmal etwas verrückten Nebensächlichkeiten. Die lese ich ganz durch. Dann lasse ich meinen Blick über der ganzen Rückseite kreisen, ob es da noch etwas Lustiges gibt. Das spare ich mir dann für später auf. Dann blättere ich zurück zur ersten Seite und registriere, was die Redaktion für so wichtig hält, dass sie es ganz vorne gebracht hat. Manchmal lese ich etwas davon an, stelle fest, dass ich es schon im Fernsehen gesehen oder im Radio gehört habe, und überfliege nur noch, ob etwas drinsteht, was ich noch nicht weiß. Manchmal wird hier vorne angekündigt, was im Inneren der Zeitung zu lesen ist. Wenn mich davon etwas sehr neugierig macht, schlage ich direkt die Seiten auf und picke mir nur diese Artikel heraus, oder ich warte ab, bis mir die angekündigten Überschriften beim Durchblättern wieder begegnen.
Eine neu aufgeschlagene Seite untersuche ich immer zuerst nach Schlagzeilen, Bildern und Unterschriften, Fettgedrucktem, bekannten Rubriken. Wenn ich etwas entdecke, was interessant sein könnte, lese ich ein bisschen davon, und wenn es hält, was es verspricht, lese ich weiter, bin aber jederzeit bereit, wieder abzuspringen, wenn ich plötzlich merke, dass mich der Artikel doch nicht (mehr) interessiert, und schon bin ich wieder auf der Suche nach neuem Lesestoff.
Den politischen Kommentaren widme ich mich intensiver: Bei manchen Autoren muss man sich die Wörter auf der Zunge zergehen lassen, sonst bekommt man die versteckten Anspielungen nicht mit. Bei den Börsenkursen suche ich immer nur den Stand der Telekom-Aktie, weil meine Frau eine zum Geburtstag bekommen hat. Im Feuilleton sehe ich nach, ob es interessante Filmkritiken gibt und ob im Fernsehen abends ein Spätfilm läuft.
Es kann aber auch vorkommen, dass ich von einer spannenden Reisereportage gepackt werde, die mich nicht wieder loslässt. Wenn ich dann in der Bahn sitze, fahre ich schon mal eine Station zu weit.

Im Grunde können alle Texte auf so unterschiedliche Weisen gelesen werden. Allerdings erzeugen bestimmte Textsorten häufig bestimmte Leseinteressen, und diese Interessen werden häufig durch bestimmte Lesearten wahrgenommen. Hier einige Beispiele:

Textsorte	*Leseinteresse*	*Leseart*	*Lerntipp*
z.B. Fachliteratur, Inhaltsverzeichnisse, Kataloge, Inserate usw.	**Worum geht's?** Vor dem eigentlichen Lesen Brauchbarkeit des Textes für das eigene Leseinteresse prüfen	**orientierendes/globales Lesen** Überfliegen von Texten, Entscheidung über weiteres Lesen	Kap. 4.2 S. 54
z.B. Zeitungsberichte, Vereinsmitteilungen usw.	**Was ist das Wesentliche?** Wichtigste Informationen entnehmen, z.B. Überblick über Tagesgeschehen	**kursorisches Lesen** Grobes Erfassen der Hauptinhalte und Gesamtstruktur von Texten	Kap. 5.2 S. 64
z.B. Versandhauskataloge, Fahrpläne usw.	**Wo steht, was ich wissen will?** gezielte Auswahl und Entnahme von (z.B. fachlichen) Informationen.	**selektives Lesen** Auswahl und Konzentration auf bestimmte Textteile	Kap 4.2 S. 55
z.B. Gedicht, Liebesbrief, Gebrauchsanweisung usw.	**Ganz genau hingucken!** vollständiges Erfassen und Genießen eines Textes, z.B. zur Unterhaltung oder zur detaillierten Information	**totales Lesen** Lesen des gesamten Textes, Erfassen aller Informationen	Kap. 5.2 S. 65

In der Fremdsprache ist es manchmal so, als ob nicht *wir* den Text lesen, sondern *er uns*: Wir trauen uns häufig nicht, mit dem Text anders umzugehen, als wir es als ABC-Schützen in der Schule gelernt haben: Buchstabe für Buchstabe, vom ersten bis zum letzten Wort.

Da brauchen wir etwas Mut, um uns vor dem Lesen klar zu machen:

• was wir von diesem Text erwarten können,
• was wir schon über das Thema wissen,
• welches Ziel wir beim Lesen haben,
• wie viel Arbeit/Zeit wir in die Lektüre dieses Textes stecken wollen.

Und dann brauchen wir noch etwas Mut, um unser so gefundenes eigenes Leseinteresse auch gegen den Text durchzusetzen, so wie der selbstbewusste Zeitungsleser, der auf Seite 175 beschrieben wurde.

Übrigens gilt das alles nicht nur für das Lesen. Sehen Sie nur mal, wie Eduard Emsig beim Hören vorgeht:

Der Zuhörer

„Hörst du da hin?" Else Emsig ist mit dem neuen Versandhauskatalog unterm Arm in die Küche gekommen, zeigt mit dem Daumen auf das Radio und sieht fragend ihren Mann an, der am Küchentisch sitzt und leicht abwesend ‚aus der Wäsche guckt'. Eduard Emsig hebt sofort abwehrend die Hand. „Gleich kommen die Lottozahlen." – Aber das stimmt nicht: Der Nachrichtensprecher fängt jetzt an, Fußballergebnisse und anderes vom Sport zu verlesen. Da legt Frau Emsig den Katalog auf den Tisch und sagt: „Ich hab mal geguckt wegen 'ner neuen Waschmaschine ...". Herr Emsig hört mit einem Ohr den Ergebnissen von Elses Waschmaschinen-Recherchen zu. Ein Ohr reicht da, weil das meiste sowieso zum anderen gleich wieder 'raus geht. Allerdings nur in dünnem Strahl. Mit dem anderen Ohr überwacht er nämlich gleichzeitig den Fortgang der Rundfunk-Nachrichten. Deswegen platzt er auch mitten in ein Kurzreferat seiner Frau über umweltschonende Sparwaschgänge: "Ha! St. Pauli gegen Bayern-München: drei zu null!" und fasst sich an die Stirn. Else macht eine wegwerfende Handbewegung und geht jetzt zum Thema ‚Preisvergleich' über. Im Radio kommt der Wetterbericht. Plötzlich legt sich Emsigs Stirn in tausend Falten. „Eins acht?!", er greift nach dem Katalog und dreht ihn zu sich um, „für 'ne stinknormale ...?" Else holt tief Luft und will ... Aber Eduard legt einen Zeigefinger an den Mund, und mit der anderen Hand winkt er heftig ab: Im Radio werden die Lottozahlen verkündet. Ohne Gewähr. Danach ist das Waschmaschinen-Projekt erst einmal gestorben.

Also auch Hörtexten gegenüber, und auch fremdsprachigen, sollten Sie sich mutig durchsetzen, und Sie sollten ihnen nur die Aufmerksamkeit schenken, die Ihrem Hör-Interesse entspricht. Ein Problem ist allerdings die Flüchtigkeit von Hörtexten: Sie vergehen, während man sie hört. Manche sogar unwiederbringlich. In diesen Fällen sind Sie darauf aufgewiesen, unmittelbar über die angemessene Intensität Ihres Zuhörens zu entscheiden: Falls Sie nämlich im Nachhinein entscheiden, sich doch stärker dem Text zuzuwenden, weil Sie nun doch mehr Informationen entnehmen möchten, als Sie ursprünglich vorhatten, dann ist es für das bereits Gehörte zu spät. Deswegen auch zieht Eduard Emsig die Radiostimme der seiner lieben Frau vor: Seine Frau kann er hinterher nochmal fragen, ein nicht gehörter Radiotext wäre endgültig verflogen.

Aber zum Glück gibt es auch Hörtexte „in Dosen". Auf der Tonkassette zu diesem Lehrwerk zum Beispiel ist alles gut konserviert, damit Ihnen das Gehörte nicht entschwindet, und Sie können nach Herzenslust hin und her spulen.

Die obige Tabelle der Lesearten gilt auch sinngemäß für das Hören:

Textsorte	Hörinteresse	Hörart	Lerntipp
z.B. Vorträge usw.	Worum geht's?	orientierendes Hören	Kap. 9.2, S. 101
z.B. Radioberichte	Was ist das Wesentliche?	kursorisches Hören	Kap. 2.3, S. 39
z.B. Ansagen usw.	Wann kommt, was ich wissen will?	selektives Hören	Kap 3.2, S. 44
z.B. Heiratsantrag	Ganz genau zuhören!	totales Hören	Kap. 4.1, S. 51

Mit anderen sprechen

Lexik und Grammatik reichen nicht!

Wenn Sie sich mit jemandem in der eigenen oder in einer Fremdsprache verständigen wollen, so reicht es nicht, dass Sie die treffenden Wörter finden, ihnen die grammatisch richtige Form geben, sie zu korrekten Sätzen verbinden und diese schließlich korrekt aussprechen. Sie werden wohl kaum zu Ihrem Vorgesetzten sagen: „He, bring mir mal das Buch von dort drüben!" Genauso wenig werden Sie zu einem Kind sagen: „Könnten Sie mir bitte, wenn es Ihnen keine Umstände macht, das Buch von dort drüben herüberreichen". Sie werden vermutlich unterschiedliche Wörter und Redewendungen wählen, je nachdem, ob Sie gerade mit Kindern oder mit Erwachsenen, Freunden oder Fremden, Untergebenen oder Vorgesetzten, Laien oder Experten sprechen. Weiter werden Sie Ihre Aussagen sicher mit einer bestimmten Gestik, Mimik und Intonation begleiten. Schließlich verlaufen viele Gespräche immer wieder auf ähnliche Weise. Das sind nicht nur Gespräche, die entstehen, wenn Sie z.B. um eine Auskunft bitten, etwas kaufen oder in der Sprechstunde eines Arztes sind. Auch wenn Sie einen Kollegen in der Pause treffen und mit ihm ein bisschen plaudern, in einer Besprechung sitzen oder an einer Diskussion teilnehmen, gilt eine Fülle von Regeln, an die Sie sich halten, wenn Sie nicht auffallen wollen, oder die Sie mit Absicht übertreten, wenn Sie etwas Bestimmtes erreichen wollen.

Einerseits können wir annehmen, dass es für die menschliche Kommunikation Grundprinzipien gibt, die überall auf der Erde gelten. Z.B. gibt es wohl in allen Gesellschaften Formen von Höflichkeit und Förmlichkeit. Andererseits sind die konkreten Konventionen für das sprachliche Verhalten, die Gesten, die Mimik und die Gesprächsabläufe von Sprache zu Sprache oder genauer von Kultur zu Kultur verschieden. Überall werden verschiedene Personen unterschiedlich angesprochen. Wie machen Sie es in Ihrer Muttersprache? Im Deutschen müssen Sie sich je nach Situation zwischen *du/ihr* und *Sie* (+Titel/Namen) entscheiden (vgl. Kap. 8.2, S. 94). Auch gibt es Normen dafür, wie Sie eine Frage, Bitte, Anweisung oder Kritik vorbringen oder Ihre Gedanken darstellen sollten. In Deutschland können Sie, ohne dass Sie deswegen unhöflich erscheinen, z.B. in einem Restaurant sagen: „Bringen Sie mir ein Schnitzel", am Telefon nach dem Gruß und der Namensnennung können Sie sofort Ihr Anliegen vorbringen und in einer Diskussion schon bei einer sehr kurzen Pause des Sprechers selbst zu sprechen beginnen (vgl. Lerntipp zum Sprecherwechsel 8.3, S. 97). Wenn Sie mündlich oder schriftlich Gedanken äußern, so schätzen Deutsche es im Allgemeinen positiv ein, wenn Sie strikt beim Thema bleiben und Ihre Äußerungen klar strukturieren.

„Wie redet der Deudsche man inn solchem fall?"

Diese Frage Martin Luthers von 1531 können wir leider nicht so einfach beantworten. Es gibt zu viele Regeln, und sie sind viel zu komplex. Selbst eine Auswahl zu treffen, ist schwer, da die Anwendung der Regeln regional, sozial und individuell unterschiedlich erfolgt und andererseits für Sie je nachdem, aus welchem Land Sie kommen, jeweils unterschiedliche Regeln vertraut bzw. unbekannt sein werden. So bleibt nur der Tipp: Seien Sie immer darauf vorbereitet, dass die mündliche Kommunikation in deutschsprachigen Ländern anders ablaufen kann, als Sie es von zu Hause gewohnt sind. Beobachten Sie: Was machen deutsche Muttersprachler? Wie reagieren sie? Welche Regeln könnten ihrem Verhalten zugrunde liegen? Sie können ein System von Umgangsformen erwarten, das, so wie Sie es auch kennen, auf dem Willen und der Notwendigkeit zur Kooperation beruht, doch dessen Formen sich von den Ihnen gewohnten möglicherweise erheblich unterscheiden können. Ist Ihnen etwas unverständlich, so fragen Sie bei einer passenden Gelegenheit jemanden, dem sie vertrauen.

„Viele Wege führen nach Rom"

Wie können Sie nun Ihr *Sprechen mit anderen* verbessern? Auch hier ist Beobachten kein schlechter Tipp: Achten Sie darauf, welche Wörter und Konstruktionen deutschsprachige Muttersprachler verwenden; halten Sie die interessantesten vielleicht in einem Notizbuch oder einer Kartei fest. Merken Sie sich, was Muttersprachler tun, wenn sie einmal in Schwierigkeiten sind. Denken Sie aber immer daran, dass Sie alles, was zur Kommunikation grundsätzlich nötig ist, schon von Ihrer Muttersprache her beherrschen:

*   Warum wiederholen Sie nicht, wenn Sie Deutsch sprechen, Wörter und Sätze, um zu fragen, ob Sie sie richtig verstanden haben?

Habe ich Sie richtig verstanden, dass die sprachliche Kommunikation in allen Kulturen Gemeinsamkeiten aufweist?

• Warum bitten Sie nicht auch Ihren Gesprächspartner/Ihre Partnerin, das Wort bzw. den Satz zu wiederholen oder zu erklären? Zum Beispiel: *Könnten Sie den letzten Satz bitte wiederholen? Ich habe ihn nicht verstanden.* Oder: *Könnten Sie bitte erklären, was Sie mit XYZ meinen?*

• Warum umschreiben Sie nicht auch Wörter, die Ihnen fehlen, oder geben Sie Beispiele? *Ich brauche so etwas wie eine Decke, nur aus Plastik* (Umschreibung für: *Plane*).

• Warum benutzen Sie nicht auch Ersatzwörter wie z.B. „Dingsda"? Denken Sie auch daran, dass in vielen Bereichen, wie z.B. Technik und Wissenschaft, Wörter international verwendet werden. So können Sie u.a. *Transformation, Agglomeration* sagen, obwohl es auf Deutsch auch *Veränderung* und *Anhäufung* gibt. Also benutzen Sie in diesen Bereichen das Ihnen bekannte internationale Wort.

• Warum fragen Sie nicht Ihren Gesprächspartner nach dem richtigen Wort? *Wie sagt man* das auf Deutsch, wenn ich jemandem sage: *„Ja, ich will das bis morgen machen."* (Antwort: *etwas versprechen*)

• Warum benutzen Sie nicht andere, einfachere Konstruktionen, wenn Ihnen eine zu schwierig erscheint? *Ist es schwierig für Sie?* für: *Macht es Ihnen Umstände?*

Wichtig für Ihr Sprechen ist vor allen Dingen, **dass** Sie sprechen. Nehmen Sie deshalb jede Gelegenheit zu Gesprächen wahr. Haben Sie keine Angst vor Fehlern. Erstens: Ihr Gegenüber denkt mit und überhört dabei viele Fehler, da er oder sie Ihre Aussagen während des Verstehensprozesses automatisch korrigiert und damit richtig versteht. Zweitens: Denken Sie immer daran: Könnte er/sie sich mit Ihnen auf gleichem Niveau in Ihrer Muttersprache unterhalten?

Schließlich können Sie auch allein üben. Praktizieren Sie Aussprache und Intonation, indem Sie Texte auf einer Kassette laut nachsprechen. Üben Sie, frei zu sprechen: Sammeln Sie wichtige Wörter zu einem Thema. Halten Sie sich anschließend laut einen kleinen Vortrag (1-5 Min.). Dabei können Sie sich auch auf Kassette aufnehmen und kontrollieren, indem Sie anschließend die Aufnahme abhören.

„Du, ja, ich bins, der Falco ...... ja ...... was ich mache? Du, ich bin hier, ja ...... genau!, bei Giovanni's ...... was ich mache? Du, ich mach grade n paar Telefonate, weißte..."

Schreiben – ein Prozess

Stellen Sie sich vor, Goethe hätte behauptet, er hätte seinen „Faust" geschaffen wie Gott die Erde. Er hätte am Morgen des ersten Tages zur Feder gegriffen, um sie am Abend des siebten aus der Hand zu legen und dann das fertige Manuskript seinem Verleger geschickt. Hätten Sie ihm das wohl geglaubt? Oder ist nicht gerade das Schreiben ein ständiges Neuentwerfen, Überarbeiten und Umformulieren?

Aber nicht nur berühmte Schriftsteller brauchen lange, bis sie mit ihrem Text zufrieden sind. Denken wir doch nur einmal an uns selbst: Wie lange haben wir für unseren ersten Bewerbungsbrief gebraucht, wie viele Schreibmaschinenblätter sind in den Papierkorb gewandert, bis er uns verschickungsreif erschien? Und sah unser Entwurf eines Schulaufsatzes, das Manuskript für eine Examensarbeit nicht eher aus wie ein Schlachtfeld mit tausend Streichungen, Kürzungen, Umformulierungen und Umstellungen?

Viele Fragen auf einmal

Dass kaum ein Schriftstück auf den ersten Wurf gelingt, lässt sich damit erklären, dass Schreiben ein hochkomplexer Vorgang ist, bei dem vielerlei verschiedene Aspekte gleichzeitig zu bedenken sind, beispielsweise fragt man sich *vor* dem Schreiben bzw. *während* des Schreibens:

* Wem schreibe ich den Text? Was muss ich berücksichtigen, damit der Empfänger/die Empfängerin den Text versteht?

* Welche Absicht verfolge ich mit meinem Text?

* Welche formalen Kriterien muss mein Text gegebenenfalls erfüllen?

* Sind Wortwahl und Stilebene der Textsorte, dem Adressaten/der Adressatin und dem Inhalt des Textes angemessen?

* Ist mein Text stimmig, das heißt, ist die Argumentation logisch und nachvollziehbar?

* Ist mein Text auch wirklich ein gelungener Text, also ein zusammenhängendes sprachliches Gefüge, oder sind einzelne Aussagen zusammenhanglos aneinander gereiht?

Beim Schreiben in der Fremdsprache stellen sich natürlich noch einige zusätzliche Fragen, beispielsweise nach der sprachlichen Richtigkeit und dem Ausdruck. Deshalb darf man gerade dann nicht von sich erwarten, dass bereits der erste Entwurf allen Anforderungen genügt. Man sollte auch hier das Erfolgsrezept für muttersprachliches Schreiben beherzigen:

planen, entwerfen, innehalten, überarbeiten, nochmals lesen und erneut überarbeiten.

Die Mühe lohnt sich

Die Mühe lohnt sich auf jeden Fall. Seit jeher spielt das Schreiben eine wichtige Rolle in der Kommunikation. Geschäftskorrespondenz und private Briefe behalten auch in Zeiten der Telekommunikation ihre Bedeutung. Aber auch als persönliche „Erinnerungsstütze" dient Geschriebenes: vom Einkaufszettel bis zum Tagebuch.

Zum anderen leistet das Schreiben einen wichtigen Beitrag zum Sprachenlernen: Im Gegensatz zum Sprechen kann man das Schreiben als ein Experimentierfeld ansehen, auf dem man die fremde Sprache beliebig ausprobieren kann, ohne Gefahr zu laufen, nicht verstanden oder für Fehler ausgelacht zu werden. Außerdem fördert das Schreiben das eigene Sprachbewusstsein, denn das geschriebene Wort ist im Gegensatz zum gesprochenen nicht flüchtig: Man kann es immer wieder lesen, sich davon distanzieren und das Geschriebene kritisch unter die Lupe nehmen. Gerade diese Chance sollten Sie nutzen!

Auch für das Erinnerungsvermögen leistet uns das Schreiben unverzichtbare Dienste: die Bewegungen der Hand beim Schreiben sind lernpsychologisch sehr wichtig, da sie die Gedächtnisleistung verstärken. Außerdem gräbt sich das visuelle Bild eigener Notizen besser in unser Gedächtnis ein: Wer kennt nicht das Phänomen, dass man nach langer Zeit noch weiß, wie man dieses oder jenes Wort mit blauem Stift auf ein kleines gelbes Zettelchen geschrieben hat?

Und schließlich gibt es kein schöneres Erfolgserlebnis, als schriftliche Arbeiten vom Beginn des Kurses mit solchen am Ende zu vergleichen. Wer wird sich da nicht über den deutlich sichtbaren Lernfortschritt freuen?

In diesem Sinne also: „Die Feder gezückt!" und **schreiben Sie mal wieder!**

Mit dem Wörterbuch arbeiten

1. **Welche Wörterbücher benützen Sie? Wozu benützen Sie sie?**

   a) Stellen Sie eine Liste Ihrer verschiedenen Anwendungen zusammen.

   b) Vergleichen Sie Ihre Liste mit der Ihrer Nachbarn.

2. **Ein Wörterbuch besteht im Wesentlichen aus einem Wörterverzeichnis. Es hat aber auch noch andere Teile. Schauen Sie sich Ihr Deutsch-Wörterbuch an. Auf welchen Seiten befinden sich folgende Teile?**

	Seite		Seite
Inhaltsverzeichnis:	... - ...	Tabellen, Anhänge: welche?	... - ...
Vorwort/Einleitung:	... - ...	•	... - ...
Hinweise zur Benutzung:	... - ...	•	... - ...
Abkürzungsverzeichnis:	... - ...	•	... - ...
Grammatikübersicht:	... - ...	•	... - ...

3. **Ein Wörterbuch enthält viele Informationen. Suchen Sie sich in Ihrem Wörterbuch einen Artikel aus. Können Sie alle Details erklären? Schlagen Sie, wenn nötig, in den Hinweisen zur Benutzung oder im Abkürzungsverzeichnis nach. Klären Sie anschließend die offen gebliebenen Fragen gemeinsam im Kurs.**

4. **Im Wörterbuch finden Sie die einzelnen Wörter in alphabetischer Reihenfolge. Sortieren Sie die folgenden Wörter alphabetisch.**

   a) ___ ahnen, ___ alternieren, ___ Aerobic, ___ Achtung, ___ ähneln, ___ älter, ___ Affe, ___ ächten, ___ ähnlich, ___ Alter, ___ achten, ___ Ahnung, ___ adäquat.

   b) ___ Masse, ___ Mast, ___ Maßarbeit, ___ massiv, ___ Maß, ___ Massel, ___ Maßstab, ___ maßlos, ___ Massage, ___ mäßig, ___ maskulin, ___ Maßeinheit, ___ massig.

   Vergleichen Sie Ihre Reihenfolge mit der alphabetischen Ordnung in Ihrem Wörterbuch. Wo stehen Umlaute? Wo muss man das „ß" suchen?

5. **Schauen Sie im Wörterbuch die Definitionen und Beispiele für die *kursiv* gedruckten Wörter an. Antworten Sie auf folgende Fragen:**

   a) Wo können Sie eine *Mutter* kaufen?

   b) Was kann Sie *anmachen*?

   c) Ist eine Organisation vertrauenswürdig, wenn es bei ihr *drunter und drüber geht*?

   d) Sie hören, Sie sollen *Lückenbüßer* spielen. Fühlen Sie sich geschmeichelt?

   e) Welche Dinge sind *verderblich*?

6. **Lesen Sie den Wörterbuchausschnitt auf S. 181. In welchen Satz wird *satt* in welcher Bedeutung verwendet?**

satt, *satter, sattest-; Adj;* **1** nicht mehr hungrig, weil man genug gegessen hat ⟨s. sein, werden; sich (an etw.) s. essen⟩: „*Möchtest du noch etwas essen?*" – „*Nein danke, ich bin schon s.*" **2** *nur attr, nicht adv;* kräftig u. leuchtend ⟨e-e Farbe, ein Farbton⟩: *das satte Grün der Wiesen* **3** *mst attr, pej* ≈ saturiert, selbstzufrieden ⟨ein Wohlstandsbürger, ein Gesichtsausdruck⟩ **4** *j-n/etw. s. haben gespr; j-n/ etw. nicht mehr ertragen können* ≈ *j-s/e-r Sache überdrüssig sein: Ich habe deine Angeberei endgültig s.!* ‖ ID *sich an etw. (Dat) s. gesehen haben; sich an etw. (Dat) nicht s. sehen können* etw. unaufhörlich ansehen wollen, weil es einem so gut gefällt ‖ *zu* **2** u. **3 Satt·heit** *die; nur Sg;* ‖ ▶ **sättigen, unersättlich**

Langenscheidts Großwörterbuch Deutsch als Fremdsprache

a) Jetzt hatte er es ihnen zum dritten Mal erklärt, und sie verstanden es immer noch nicht. Er hatte es satt.   ☐

b) Er war satt. Er besaß alles. Ihn interessierte überhaupt nichts mehr.   ☐

c) Drei Stunden saßen sie nun bei Tisch und schienen immer noch nicht satt zu sein.   ☐

d) Sie hatten satte Farben für ihre Kostüme gewählt.   ☐

7. **Wörter wie** *wohl, erst, doch* **oder** *denn* **(Partikeln) werden im Deutschen häufig verwendet. Sie geben der Aussage eine besondere Bedeutung. Welche Bedeutung haben die Partikeln in den folgenden Sätzen? Tragen Sie den passenden Beispielsatz aus Ihrem Wörterbuch ein.**

a) Wie hat er das *wohl* gemeint?   _____

b) Ich werde jetzt *erst* recht kommen!   _____

c) Wer war das *doch* gleich?   _____

d) Ist das *denn* überhaupt möglich?   _____

8. **Welches der eingeklammerten Wörter ist das richtige?**

a) Es ist (*mich/mir*) schleierhaft, wie er die Arbeit rechtzeitig abgeben will.

b) Ich verspreche (*mir/mich*) von dieser Maßnahme erhebliche Kosteneinsparungen.

c) Es macht (*ihm/ihn*) nichts aus, wenn noch drei zusätzliche Gäste kommen.

d) Er widmete sich ausschließlich (*seinen/seinem*) Kind.

e) Ihm war nicht klar, was auf (*ihn/ihm*) zukommen würde.

f) Er würde zu gern wissen, was sich hinter (*die/der*) Fassade verbirgt.

g) Über (*seinen/seinem*) Anteil müssen wir uns noch eingehend unterhalten.

9. **Welche Präposition gehört in die Lücke? Ergänzen Sie.**

a) Er war ganz versessen ..... Schokolade.

b) Sein Misstrauen drückt sich ..... ständigem Nörgeln aus.

c) Für diesen Auftrag ist ein Höchstmaß ..... Präzision erforderlich.

d) Obwohl er außer sich ..... Wut sein musste, hatte er sich vollkommen ..... der Gewalt.

e) Sie ließen es nicht ..... einem Eklat kommen.

Projekt

Suchen Sie in einer Bibliothek verschiedene Wörterbücher für die deutsche Sprache.

a) Untersuchen Sie sie auf der Grundlage der Aufgaben 2 und 3 auf S. 180.

b) Versuchen Sie die Aufgaben 5 – 9 mithilfe dieser Wörterbücher zu bearbeiten.

c) Welche Informationen gibt es nicht in allen Wörterbüchern? Welches Wörterbuch enthält die meisten Informationen? Mit welchem Wörterbuch können Sie am besten arbeiten?

Mit der Grammatik arbeiten

Grammatiken sind Regelbücher, die lehren, wie man mit möglichst sparsamen Mitteln möglichst viele verschiedene Ergebnisse erzielen kann – wie Kochbücher. Und wie Kochbücher gibt es viele davon. Manche sind so einfach wie Kochbücher für Junggesellen, andere so kompliziert wie Rezepte für Drei-Sterne-Köche. Auch Lehrbücher haben manchmal eine knappe Grammatik-Übersicht: So auch das Lehrwerk *Unterwegs*.

1. **Wie arbeitet man damit?**
   Überlegen und suchen Sie gemeinsam im Kleingruppen: Wo finden Sie in der Grammatikübersicht im Materialienbuch (ab S. 129) Antworten auf die folgenden Fragen?

   a) In Kursbuch Kapitel 1, S. 29 beschäftigen Sie sich mit den verschiedenen sprachlichen Möglichkeiten, zeitliche Bezüge auszudrücken. Sie haben aus einem Märchentext (Materialienbuch S. 12) die dort vorkommenden Ausdrücke entnommen (Kursbuch, Aufgabe 4 und 5) und möchten nun 1. noch andere dazulernen oder 2. die richtige Zeitenfolge in zwei aufeinander folgenden Sätzen klären.
   Folgen Sie den Verweisen auf die Grammatikübersicht und tragen Sie den anderen im Kurs vor, an welchen Stellen Sie dort Antworten auf Ihre Fragen bekommen haben.

   b) Eine typische Situation beim Sprechen oder Schreiben: Sie möchten z.B. eine Behauptung begründen und mal etwas anderes als das Wort *weil* benutzen. Sie wissen also, *was* Sie sagen wollen (kennen also die Bedeutung), sind aber unsicher, *wie* Sie es sagen sollen (kennen aber nicht die richtige Form). Wo können Sie nachschlagen?

   c) Sie hören z.B. in einem wichtigen beruflichen Konfliktgespräch die Aussage: „Mein Kollege behauptet, das Dokument *läge* in seinem Schreibtisch." Sie sind sich nicht ganz sicher über die Bedeutung dieser Form und verstehen deshalb auch nicht zuverlässig die Position des Sprechers in dem bestehenden Konflikt. Das ist eine typische Situation beim Hören: Sie suchen die präzise Bedeutung einer gehörten sprachlichen Äußerung. An welcher Stelle kann Ihnen hier die Grammatikübersicht im Materialienbuch helfen?

2. **Sie wollen sich eine noch ausführlichere Grammatik kaufen? Wie verschaffen Sie sich einen schnellen Überblick?**

   Einen ersten Überblick über eine Grammatik verschaffen Sie sich

   a) durch **Titel** und **Vorwort**. Hier steht, an wen sich die Grammatik richtet, wie ausführlich sie ist, welche Ziele sie verfolgt. Aber Vorsicht: Eine Grammatik hält nicht immer, was Vorwort und Titel versprechen.

   b) über das **Inhaltsverzeichnis**.

   c) über das **alphabetische Register** (den Index). Sammeln Sie einige grammatische Themenbereiche, von denen Sie wissen, dass sie Ihnen noch immer wieder Probleme bereiten. Finden Sie diese im Register?

4. **Testen Sie die Grammatiken und stellen Sie sie vor: nehmen Sie die im Kurs vorhandenen oder leihen Sie sich eine aus der Bibliothek. Sie können natürlich auch die Grammatikübersicht im Materialienbuch testen.**

   a) Beschreiben Sie den andern in Ihrer Gruppe, welche Zielsetzung die vorliegende Grammatik hat und beurteilen Sie, ob Sie sie als Begleitgrammatik für diesen Kurs für geeignet halten.

   b) Schauen Sie auf die Uhr, wie lange Sie brauchen, um in Ihrer Grammatik Antworten auf die folgenden Fragen auf S. 183 zu finden:

1. Wo steht das Verb, wenn *vorausgesetzt* einen Satz einleitet?

2. Welche Bedeutungen kann *denn* haben? Finden Sie für jede Bedeutung einen Beispielsatz.

3. Wie bildet man das Passiv mit Modalverben?

4. ...

5. Sie wollen sich in der Grammatikübersicht im Materialienbuch oder in Ihrer Zusatzgrammatik schnell zurechtfinden? Was machen Sie? Sammeln Sie Vorschläge.

> Jede Grammatikdarstellung benutzt eigene Symbole, Abkürzungen, Graphisches wie Fett- oder Kursiv-druck, Farben, Schattierungen und vieles mehr. Das ist keine ärgerliche Mehrbelastung, sondern eine wiederkeh-rende Lesehilfe. Wenn Sie das System einmal an ein oder zwei Beispielen genau studiert haben, sehen Sie beim nächsten Mal auf den ersten Blick:
>
> a) Wo steht das Beispiel, wo die Regel?
> b) Welche Besonderheiten und Ausnahmen muss ich beachten?
> c) Welche Bedeutung hat eine Form? Welche Form hat das, was ich sagen will, usw.?
>
> Sie können dann viel schneller und gezielter das finden, was Sie suchen.

6. Und zu guter Letzt: Prüfen Sie die Grammatikübersicht im Materialienbuch oder Ihre Zusatzgram-matik „auf Herz und Nieren": Bearbeiten Sie Aufgabe A oder B.

> **A Einigen Sie sich in der Gruppe auf zwei bis drei Bereiche, in denen Sie im Deutschen unsicher sind und sich von einer Grammatik Hilfe versprechen.**
>
> Suchen Sie dann in den Ihnen verfügbaren Grammatiken nach einer Antwort auf Ihre Fragen und entscheiden Sie anschließend:
>
> a) Wo haben wir die Antwort am schnellsten gefunden?
>
> b) Wo ist die Antwort am befriedigendsten?
>
> c) Welche Fragen werden in der Grammatikübersicht im Materialienbuch beantwortet? Für wel-che Fragen brauchen wir eine ausführlichere Grammatik?
>
> d) Welche Zusatzgrammatik können wir empfehlen?

> **B Korrigieren Sie gemeinsam den folgenden fehlerhaften Text.**
>
> (Im ersten Teil sind die Fehler bereits markiert.) Achten Sie auf Fehler in der morphologischen Form, im Kasus, in der Satzgliedstellung, im Tempus, bei den Artikeln und bei der Lexik. Wo Sie unsicher sind, konsultieren Sie Ihre bevorzugte Grammatik.

Ihre Korrekturen

> ### Gebrauchanleitung zum Zwecke des Studium von einer Grammatik
> #### (aus dem Lokomotischen übersetzt von Johann Ballhorn)
>
> Sie si~~n~~d sich eine Grammatik gekauft. Herzliche⁄Glückwunsch. Mithilfe diese~~m~~ Re-gelwerk Sie werden bald alle hässliche Fehler in Ihrem Deutsch beseitigen. Sie werden nicht mehr gelacht oder übersehen werden. Bevor Sie diese Grammatik kauften, kann-ten Sie schon nicht gut Deutsch. Wenn Sie jetzt fleißig in dieses Buch studierten, ist das bald die Vergangenheit. Ein halbe Stunde täglich üben vollkommen genügt. Noch einen guten Tip: Legen Sie Ihnen das Buch unter das Kopfkissen, nachdem Sie schla-fen gehen. Dann geschieht alles, als ob im Traum.

⌐ *haben* ⌐ *n*

Lösungen

Hier finden Sie Lösungen für alle Übungen im Kursbuch, die eindeutige Lösungen zulassen. Bei Übungen, für die es mehrere Lösungsmöglichkeiten gibt, geben wir Ihnen *Beispiele* an.

Kapitel 0

Einheit 3

2. DAF-Test

Was haben Sie angekreuzt?

Zählen Sie die Symbole zusammen.

	A	B	C
1.	📖	🕯	✋
2.	✋	📖	🕯
3.	🕯	📖	✋
4.	📖	✋	🕯
5.	✋	📖	🕯
6.	📖	✋	🕯
7.	🕯	📖	✋
8.	📖	✋	🕯
9.	🕯	✋	📖
10.	✋	📖	🕯

📖 _____

🕯 _____

✋ _____

Ihr Ergebnis:

Sechs 📖 und mehr

Sie sind unermüdlich. Sie lernen mit sehr viel Vernunft und Fleiß. Sie sind vielleicht nicht immer so schnell, wie Sie gerne sein möchten, dafür aber umso sorgfältiger. Ihr Wunsch ist es, Deutsch so korrekt wie möglich zu lernen. Darum legen Sie großen Wert auf Grammatik und Wortschatzarbeit und auf möglichst fehlerfreies Sprechen.
Vielleicht sollten Sie manchmal etwas lockerer vorgehen, einfach mal drauflos reden, etwas weniger an den Details arbeiten und statt dessen Lust und Interesse z.B. an einem Thema oder dem fremden Klang der Sprache entwickeln. Deutsch-Lernen darf auch Spaß machen.

Sechs 🕯 und mehr

Sie bewegen sich in der Sprache wie ein Fisch im Wasser. Wie dieses Element zusammengesetzt ist, Grammatik und Vokabeln, interessiert Sie nur, wenn Sie dadurch unmittelbar beim Sprechen oder Verstehen Vorteile haben. Sie haben überhaupt keine Angst, sich etwa durch Fehler zu blamieren, sondern Sie werden schlauer daraus. Eine gesunde Einstellung.
Vielleicht sollten Sie sich doch ab und zu etwas Zeit und Geduld für das systematische Lernen nehmen, damit Sie Fehler, die Sie immer wieder machen, überhaupt bemerken. Es schadet nicht, wenn Sie die Grammatik ein wenig ernster nehmen.

Sechs ✋ und mehr

Sie haben nun schon so viel gelernt, aber Sie trauen sich noch zu wenig zu. Warum so ängstlich? Niemand wird Ihnen den Kopf abreißen, weil Sie nicht perfekt sind. Nur Mut! Sie können viel mehr als Sie denken!
Vielleicht sollten Sie öfters einfach ausprobieren, was Sie schon alles sagen, schreiben und verstehen können. Ihre Erfolge werden Sie bestärken.

Bei weniger als sechs von einem Symbol sind Sie ein Misch-Lerntyp. Überprüfen Sie anhand der Kommentare zu den einzelnen Symbolen, welche Ratschläge für Sie nützlich sein könnten.

Einheit 4

2. a) Materialienbuch, Kursbuch, Tonkassette und Lehrerhandbuch mit Arbeitsblättern für Sie. b) z. B. im Materialienbuch auf S. 10, 11, 12, 13 … c) z. B. im Kursbuch auf S. 32, 37, 40 … d) z. B. im Kursbuch auf S. 33, 34, 55, 97 … e) z. B. im Kursbuch auf S. 36 … f) im Kursbuch auf S. 175 f., Ratgeber „Texte verstehen, ohne zu klagen" g) im Materialienbuch z. B. auf S. 32, 38 … h) im Kursbuch z. B. auf S. 30, 36, 37 … – Sie erkennen die Lerntipps an folgendem Zeichen:
i) im Kursbuch z. B. auf S. 41, 50, 59 … und überall dort, wo Sie am Beginn einer Übung den Hinweis „Unterwegs" finden. j) 1. im Kursbuch z. B. auf S. 57, 63 … im Kursbuch S. 180 f., Ratgeber „Mit dem Wörterbuch arbeiten". 2. im Kursbuch z. B. auf S. 29, 46, 58 … im Kursbuch S. 128 f., Ratgeber „Mit einer Grammatik arbeiten". k) eine Seite „Testen Sie sich selbst" finden Sie jeweils am Ende eines jeden Kapitels, z. B. auf S. 31, 41, 50 …

Kapitel 1

Einheit 1

6. Luftpirat, junger Grieche, Hijacker, der 17jährige, der Entführer.

7. der verliebte Grieche/Flugzeugentführer, der unglücklich Verliebte, der verliebte Luftpirat, der Flugzeugentführer aus Liebeskummer/Verzweiflung, der unglückliche/verzweifelte Jugendliche …

8. hatte freigelassen, waren gewesen, war gestartet, hatte verlangt, war gekommen, hatte erklärt, hatte geflogen.

9. a) haben/sein im Präteritum (hatte/war) + Partizip II des Verbs (gegangen, verkauft). b) haben: Verben mit Akkusativergänzung (Warteschleifen fliegen, ein Flugzeug entführen, die Passagiere freilassen); reflexive Verben (sich wehren); Zustandsverben (sitzen). sein: Verben der Fortbewegung (nach Athen fliegen, ins Cockpit kommen); Verben der Zustandsveränderung (landen); außerdem: sein, bleiben, gelingen/misslingen.

10. 1. Start der Maschine, 2. der 17jährige kommt ins Cockpit, 3. Pilot erbittet Genehmigung für Notlandung = Information über Entführung, 4. Alarm in Athen, Einberufung eines Krisenstabs der Regierung usw., 5. Pilot fliegt Warteschleifen, 6. Landung der Maschine in Thessaloniki, 7. Freilassung aller Besatzungsmitglieder und Passagiere, 8. der Entführer wird von einer Spezialeinheit überwältigt, 9. Bericht der Passagiere.
Nach 3., vor 5./6.: Mitteilung des Piloten an die Passagiere bezüglich der Verzögerung; nach 4.: Mitteilung der Fluggesellschaft über Passagiere in der Maschine.

11. a) Er hat alle Passagiere freigelassen. b) Der Pilot hat in verschlüsselter Form die Genehmigung für eine Notlandung verlangt. c) Die Maschine ist entführt worden. d) Der Entführer hat die Passagiere freigelassen. e) Die Maschine ist gelandet.

12. a) Der junge Grieche entführte ein Flugzeug, weil (als, nachdem) seine Freundin ihn verlassen hatte. b) Nachdem er den ganzen Abend auf sie gewartet hatte, schlief er vor Erschöpfung ein. c) Als sie ihm gestanden hatte, dass sie einen neuen Freund hat, erklärte sie ihm, dass sie die Trennung will. d) Nachdem sie sich kennen gelernt hatten, zogen sie zusammen. e) Als sie wieder einmal spät nachts nach Hause gekommen war, machte er ihr schwere Vorwürfe. f) Nachdem ihr Vater verlangt hatte, dass er seine Tochter in Ruhe lassen soll, entführte er am nächsten Tag die Maschine nach Athen. g) Sobald/Nachdem er ihr einen letzten Brief geschrieben hatte, begann er mit der Verwirklichung seines Plans.

Einheit 3

1. *Lösung:* der Mensch. Er krabbelt erst auf „vier Beinen", geht dann auf zweien und im Alter, am Stock, auf dreien.

2. a) der Königssohn und sein Diener, b) der Königssohn, c) die Hexe, d) der Diener, e) der Königssohn und der Diener, f) die Hexe und der Wirt, g) die Tochter des Wirts, h) die Königstochter, i) der

Königssohn, j) die Königstochter, k) der Diener, l) die Königstochter, m) der Königssohn, n) die Königstochter, o) die Königstochter.

5. Zeitliche Abfolge: einmal, eines Tages, kurz darauf, früher, in der Zukunft, bald, heutzutage ...; etwas Neues, Überraschendes: plötzlich, auf einmal ...; Schluss: schließlich ...

6. Gleichzeitig: solange, wenn, als, während; Nicht gleichzeitig: ehe, nachdem, bis, sobald, kaum

Testen Sie sich selbst.

1. + = stimmt mit dem Inhalt der Zeitungsmeldung überein bzw. widerspricht der Meldung nicht; - = widerspricht der Zeitungsmeldung

1. - der Entführer behauptet, dass eine Bombe an Bord ist; von einem Revolver ist nicht die Rede. 2. + ist möglich; darüber wird im Text nichts gesagt. 3. + vgl. 1. 4. - die Fluggäste waren nicht über die Entführung informiert. 5. - Pilot und Polizei hielten es für möglich, daß eine Bombe an Bord war. 6. + ist möglich, vgl. 4. 7. + ist möglich, vgl. 4,; der Fluggast äußert sich hier nicht über die Entführung, sondern über den Flug. 8. + vgl. 7. 9. - vgl. 4.

2. a) Als der Königssohn aufbrach, nahm er nur einen treuen Diener mit. b) Als es dunkel wurde, hatten sie immer noch keine Unterkunft gefunden. / Als/Nachdem es dunkel geworden war, ... c) Bevor ihr schlafen geht/schlaft, dürft ihr nichts essen und trinken. d) Als sie eintraten, begrüßte die Alte sie freundlich. / Sobald/Nachdem sie eingetreten waren, begrüßte die Alte sie freundlich. e) Als/Nachdem sie eingetreten waren, ruhten sie sich von der Reise aus. f) Als/Während sie sich zur Abreise fertig machten, wollte die Alte ihnen einen Abschiedstrunk reichen. Während sie sich zur Abreise fertig machten, ... g) Als/Sobald die Nacht anbrach, fanden sie ein Wirtshaus und gingen hinein. / Als/Sobald/Nachdem die Nacht angebrochen war, ... h) Nachdem sie lange herumgezogen waren, kamen sie schließlich in eine schöne Stadt. i) Wenn/Immer wenn ihr jemand ein Rätsel stellte, konnte sie es schnell lösen. j) Als der Diener die Magd verjagte, riss er ihr den Mantel ab. k) Als/Sobald/Während der Königssohn in seinem Bett lag, kam die Königstochter, um die Lösung zu erfragen.

Kapitel 2
Einheit 1

5. a) Frauen verspäten sich sehr oft/sind meist nicht pünktlich. b) Frauen reden („quasseln") gern viel. c) Sie unterhalten sich über alles Mögliche und tauschen gern kleine Geheimnisse aus. d) Frauen weinen leicht. e) Frauen weinen öfter als Männer. f) Männer verursachen sehr viele Autounfälle.

Einheit 2

3. a) C, b) A, c) E, d) B, e) D

5. der Erwachsene, Alleinerziehende, Bekannte, Junge, Jugendliche, Deutsche.

Einheit 3

2. a) Schätzungen, b) spricht, c) geht, d) könnten, e) Kontakt, f) bei, g) Kinder, h) Straße, i) mehr, j) Bezüge k) schaffen.

5. a) verdient. b) die Familien fallen auseinander, die Beziehungen gehen kaputt und die Kinder bleiben übrig. c) den Kindern zu sagen/zeigen, was richtig oder falsch ist / den Kindern Moralvorstellungen beizubringen. d) der Wert des Menschen in DM auszudrücken ist / Geld alles ist, was zählt.

Testen Sie sich selbst.

2. a) ein Verletzter/eine Verletzte, b) Jugendliche, c) Alleinerziehende, d) ein Reisender/eine Reisende, e) ein Vorgesetzter/eine Vorgesetzte.

3. a) mein Möglichstes, b) auf dem Laufenden, c) ins Schwarze, d) unser Bestes, e) alles Mögliche, f) das Allerletzte.

4. a) 2.; b) 1.; c) 2.

Kapitel 3

Einheit 1

1. b)

SIGNALE SENSOREN ULTRA-KURZZEIT-GEDÄCHTNIS KURZZEIT-GEDÄCHTNIS LANGZEIT-GEDÄCHTNIS

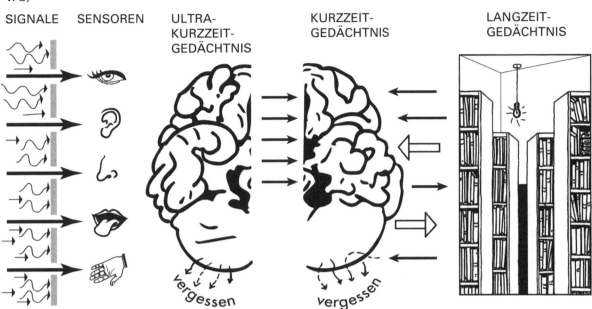

Einheit 2

2. b) Achtsamkeit = aufmerksames Verhalten, große Sorgfalt.

3. b) 1. achtsam atmen: eine Viertelstunde, der Boden eines Zimmers, keine weiteren Hilfsmittel.
2. achtsam gehen: zehn Minuten, Platz, an dem man ungestört ist / Alltagswege, keine Hilfsmittel.
3. achtsam genießen: keine Angabe, überall, z.B. eine Rosine.

4. a) 1. achtsam atmen: die Aufmerksamkeit, die Wahrnehmung, Achtsamkeitsinseln schaffen, sich Zeit nehmen, sich konzentrieren auf. 2. achtsam gehen: die Geh-Meditation, sich Zeit nehmen, langsam, berühren, sich konzentrieren auf, bewusst wahrnehmen. 3. achtsam genießen: betrachten, sich konzentrieren auf, riechen, der Geschmack, sich etwas bewusst machen, sich etwas vorstellen, ohne Ablenkung, sich Zeit nehmen.

7. a) 1. 😊, 2. 🙁, 3. 😐/😊, 4. 😐, 5. 🙁, 6. 😐, 7. 😊, je nach Intention auch 🙁, 8. 🙁, 9. 😐/😊, 10. 😐/😊.

Einheit 3

4. b) Beispiele: sie hatte Angst, dass Elias die Aufnahme in die deutschsprachige Schule nicht schaffen würde / sie war durch den frühen Tod ihres Mannes härter geworden / sie war selbst so erzogen worden … c) das Verhältnis war kühl, distanziert, autoritär, er akzeptierte ihre Autorität, hatte Achtung vor ihr … d) ratlos, überfordert, ängstlich …

6. a) ich war ratlos mir selbst überlassen, ich fühlte nicht mehr den Wind, ich hörte nicht auf die Musik, ich aß vor Kummer wenig, ich geriet in eine schreckliche Verzweiflung, ich lebte in Schrecken vor ihrem Hohn, ich war einsilbig und verdrossen, ich hatte keine Hilfe.

Testen Sie sich selbst.

2. a) Wenn ich Elias gewesen wäre / Wenn ich an Elias Stelle gewesen wäre, hätte ich … b) Falls ich einmal meinen Kindern Deutsch beibringen muss, so werde ich … c) In dem Falle, dass ich die Prüfung bestehe, mache ich … d) Vorausgesetzt, ihr seid/wäret einverstanden, …

Kapitel 4

Einheit 1

7. Haben die beiden Pronomina den gleichen Kasus, kann das d-Pronomen wegfallen. Haben sie verschiedenen Kasus, muss das d-Pronomen stehen.

8.A Salat 1: Glücklich ist, wer vergisst, was doch nicht zu ändern ist.
Salat 2: Lirum larum Löffelstiel, wer dies nicht kann, der kann nicht viel.

8.B *Beispiele:* • Wem die Freude aus den Augen sieht, dem fliegen alle Herzen zu (oder: ..., den lieben die Götter; ..., der besitzt allen Reichtum).
• Wer allen Reichtum besitzt, dem bleiben keine Träume (oder: ..., braucht kein Geld; ..., den kann keiner leiden).
• Wer große Not leidet, kann nur noch hoffen (..., träumt vom Glück, ..., dem stehen alle Türen offen).

Einheit 2

2.A

Mit 95 noch auf der Höhe

<u>Name:</u> Ueli Inderbinen; <u>Beruf:</u> Bergführer; <u>Spezialgebiet:</u> Deutsche Bezeichnung: Matterhorn; Walliserische Bezeichnung: Horu; <u>Fälle von Arbeitsunterbrechungen:</u> 1. Touristen ging die Luft aus; 2. Berggänger nahm ein Glasauge heraus; <u>Verpflegung während der Arbeit:</u> Brot, Speck, Tee; <u>Arbeitstempo:</u> konstant, langsam; <u>Pausen:</u> wenige; <u>Ferien:</u> kennt er nicht; <u>Fitnesstraining neben dem Beruf:</u> Holz hacken; <u>Berufsperspektive:</u> weiter machen, so lange es geht; <u>Geburtsjahr:</u> 1900; <u>Jahr der Bergsteigerprüfung:</u> 1925; <u>70jähriges Berufsjubiläum:</u> 1995; 95. <u>Geburtstag:</u> 1995;

2.B

Festgenagelt

<u>Name:</u> Arthur Paul; <u>Beruf:</u> Arbeiter; <u>Spezialgebiet:</u> Nagel-Fabrik; <u>Besondere Kenntnisse:</u> hundertjährige Stiftschlag-Maschine; <u>Überstunden:</u> hat er sein Leben lang gemacht; <u>Arbeitstempo:</u> ein Nagel pro Sekunde; <u>Freizeitaktivitäten:</u> 1. Hilfe auf einem Bauernhof; 2. Bergsteigen; <u>Krankheiten:</u> keine; <u>Berufsperspektive:</u> weiter machen; <u>Geburtsjahr:</u> 1911; <u>Jahr des Fabrikeintritts:</u> 1928; <u>Jahr der ersten Ferien:</u> 1938; <u>Eintritt in den Ruhestand:</u> 1976; <u>Ende des Ruhestands:</u> 1976;

4. *Beispiele:* In meinem Text ist von Ueli Inderbinen (oder: von einem alten schweizer Mann ... von einem Mann aus dem Wallis ...) die Rede. Auf dem Foto sieht er sehr gesund (freundlich; nett, sympathisch ...) aus: Er hat viele Falten (einen großen Schnurrbart ...), und sein restliches Haar (ganzes Gesicht, sein Blick ...) ist weiß (faltig, freundlich). Er ist 95 Jahre alt und arbeitet seit 1925 (70 Jahren) als Bergführer. Er hat noch nie Urlaub gemacht. Er ist der Einzige, der mit 95 Jahren noch als Bergführer arbeitet. Wenn er nicht arbeitet, dann hält er sich mit Holzhacken fit. Das Besondere an ihm ist, dass er trotz seines Alters nicht ans Aufhören denkt. Ich finde, daß er ein beneidenswerter Mensch ist. Wenn ich 95 Jahre alt werde, möchte ich auch so zufrieden sein. Aber ich kann mir nicht vorstellen, dass ich so alt werde.

Einheit 3

4.
a) der Ehemann	der Verlobte
b) nicht viel ...	Es war eine ganz große Liebe ...
einmal im Jahr in Urlaub gefahren	kleine Clique ... irgendwohin gefahren
	... sehr viel ins Gebirge ...
c) Es ist ein eintöniges Leben gewesen	Das war herrlich ... das war meine schönste Zeit.
d) (keine Bewertung)	Das Schlimmste, was ich erlebt hab

5. 1915 Geburt; 1939 Tod des Verlobten; 1943 späteren Ehemann kennengelernt; 1944 Heirat

7. Gearbeitet und gearbeitet, und schön ist es erst geworden, wo wir in Pension waren. Und da ist es natürlich nicht mehr so schön, als wenn man das alles als junger Mensch erleben könnte. Man wird geboren, man geht in die Schule, dann lernt man einen Beruf, und dann arbeitet man, und dann wird man alt und geht in Pension, wo man eigentlich auch nicht viel hat, weil dann die Krankheiten angehen, und dann stirbt man.

Testen Sie sich selbst.

1. Wer Arbeit kennt und sich nicht drückt, (der) ist verrückt.

2. a) … zu den wenigen … aktiv im Beruf. b) … Recht auf den verdienten … an ihrer Arbeit fest. c) … viel von einem konstanten, bedächtigen … Wert auf Urlaub. d) An ihrem Arbeitsplatz … e) Mit ihrer Gesundheit … durch ihre Arbeit fit.

3. a) … kümmert sich um sie … gern von ihrem Leben. b) … in einen Mann verliebt … mit ihm verlobt. c) … bei einem Flugzeugabsturz ums Leben. d) … auf ihr Leben … an die Zeit mit ihrem Verlobten. e) … mit ihrem Leben …

4. richtig: c), d), g).

Kapitel 5
Einheit 1

2. Fläche: 41.000 km^2; ca. 6,5 Mio. Einwohner.

7. *Mögliche Antworten:* a) Im Schulbereich ist man nach jahrzehntelangem Ringen endlich zu einer gemeinsamen Lösung gekommen. b) Wirtschaftskriminelle und andere raffinierte Betrüger können darauf hoffen, einem Leben hinter Gittern zu entkommen. c) Bei großen Kriminalfällen streiten sich die Ermittlungsbehörden oft, wer denn nun für den Fall zuständig sei. d) Einige Kantone sind wiederum in Halbkantone aufgeteilt, insgesamt gibt es 26 Schweizer Gliedstaaten.

11. b) sein Scherflein zu etwas beitragen – seine Schäfchen ins Trockene bringen. c) 1. jmdn. übers Knie legen – etw. übers Knie brechen; 2. jmdn. vor den Kopf stoßen – den Nagel auf den Kopf treffen; 3. für jmdn. die Hand ins Feuer legen – jmdm. die Kastanien aus dem Feuer holen; 4. in der Tinte sitzen – ins Fettnäpfchen treten; 5. jmdm. fällt ein Stein vom Herzen – jmdm. rutscht das Herz in die Hose.

Einheit 2

2.B c) „gfürchteten" (Z. 5); „Fahrradlberg" (Z. 23)

Einheit 3

4. A verschieden**en** Bundesländern 1. Drei von dies**en** Länd**ern** sind klein**e** Stadt-Staaten … aus ein**er** einzig**en** Stadt … Von dies**en** beid**en** liegt ein**es** mitten in ein**em** östlich**en** Flächen-Staat … die deutsche Hauptstadt … **Berlin.** 2. Der ander**e** von dies**en** beid**en** … angrenzend**en** … ein**e** bekannte Hafenstadt und heißt: **Hamburg.** 3. … ein**er** mittelgroß**en** Stadt und ein**er** zweit**en** klein**en** Stadt … umgebend**en** Bundesland … Dies**es** kleinste … **Bremen.** 4. Diesen drei … inner**e** Bundesländer … ausländische Grenzen … mittler**e** von dies**en** drei**en** mit der schön**en** alt**en** Hauptstadt **Erfurt** heißt: **Thüringen.** 5. … ander**es** Bundesland … in der ganz**en** Welt … die typisch**en** Deutschen … in kurz**en** ledern**en** Hosen … spitze Hüte … in bunt**en** Kleidern mit weiß**er** Schürze … mit kräftig**en** Arm**en** riesig**e** Bierkrüge … ein südlich**es** Bundesland … **Bayern.** 6. Erfragt**en** Bundesländern … aus dem dritt**en** Buchstaben des erst**en** Bundeslandes, dem erst**en** Buchstaben des zweit**en**, dem fünft**en** Buchstaben des dritt**en**, dem mittler**en** Buchstaben des viert**en** und dem letzt**en** Buchstaben des fünft**en** Bundeslandes … des größt**en** deutsch**en** Flusses. 7. **Rhein,** 8. Zusammengefasste, früher selbstständig**e** Gebiete … von dies**en** Sechs**en** … mit der größt**en** deutsch**en** Insel … **Mecklenburg-Vorpommern.**

4.B Sie wollen den ander**en** Kursteilnehmern ein paar schwierig**e** Rätsel aufgeben … von den Bundesländern ein**s** nach dem ander**en** … das jeweilige Land … die verflixt**en** deutsch**en** Adjektivendungen … die richtig**en** Endungen … Namen der beschrieben**en** Bundesländer … noch einige Buchstaben zu ein**em** Lösungswort zusammenstellen.

6. a) Teil 4 – Teil 2 – Teil 1 – Teil 3.

7. 1. nein; 2. nein; 3. ja, Zeilen 64-68; 4. ja, Z. 69-74; 5. nein (nur 20%, Z. 81); 6. ja, Z. 82-84.

Testen Sie sich selbst.

1. a) Bei *deutscher* Fahrweise und *starkem* Rückenwind schafft man es in *siebenstündiger* Fahrt über die Autobahn aus dem *südlichen* Bayern bis ins *nördliche* Schleswig-Holstein. b) Eben sah ich noch einen *hohen* Alpengipfel an meinem Weg, jetzt fahre ich durch einen *dunklen* Tannenwald. c) Ich sehe *liebliche* Weinberge, ein *mächtiger* Strom fließt neben mir, ich fahre durch *eigenständige* Städte, vorbei an *trutzigen* Burgen, ein *stolzer* Dom grüßt mich aus *weiter* Ferne. d) Ich fahre durch die *kargen* Heidelandschaften durch *stattliche* Dörfer bis ans *raue* Nordseeufer, dem Ziel meiner *kleinen* Weltreise.

2. a) Deutsch, Französisch, Italienisch, Rätoromanisch; b) Wien; c) 26; d) Bremen; e) Rhein, Elbe; f) Habsburger.

3. a) 2.; b) 1.; c) 1.

Kapitel 6

Einheit 3

1. rechen (der Rechen) – rächen (die Rache); die (Buch-)Seite – die (Gitarren-)Saite; lehren (unterrichten) – etw. leer machen; das Schreiben – das Richtige; wir empfehlen, dass man ihm nichts sagt – wir empfehlen ihm, dass er nichts sagt.

2. B Quiz
1. Im Rechtschreibduden oder in jedem anderen Wörterbuch. 2. Ja. 3. Nein, sie ist in das Unterrichtsfach Deutsch integriert. 4. Mitte der 90er Jahre wurde die Zahl der sog. funktionalen Analphabeten, die zwar über Grundkenntnisse in Lesen und Schreiben verfügen, den Erfordernissen des Alltags aber nicht gewachsen sind, in Europa auf 30 Mio. geschätzt, davon 3 - 4 Mio. in Deutschland. 5. In der Rechtschreibung gab es pausenlos Änderungen und Reformen, die jüngste tritt ab 1. 8. 1998 in Kraft.

5. a) Zeile 65, b) Zeile 69, c) Zeile 58, d) Zeile 16, e) Zeile 21, f) Zeile 48, g) Zeile 26.

Testen Sie sich selbst.

1. hiermit, Ihnen, hochoffiziell, Sie, wird, zum Rechten, besten Empfehlungen, Herrn, untergebenster.

2. vgl. Materialienbuch, S. 47, Zeilen 1-16.

3. a) 5.; b) 6.; c) 4.; d) 9.; e) 3.; f) 2.; g) 7.; h) 1.; i) 8.

Kapitel 7

Einheit 1

4. 1. h); 2. c); 3. g); 4. f); 5. e); 6. i); 7. k); 8. a); 9. j); 10. m) 11. d); 12. l); 13. b).

7. <u>Joseph Gritzan:</u> energisch, entschlossen, erfreut, erregt, fleißig, gehemmt, geschickt, kräftig, schweigsam, umständlich, unbeholfen, wortkarg, zupackend;
<u>Katharina Knack:</u> ahnungslos, aufgeregt, ausgelassen, gesund aussehend, kräftig, schweigsam, übermütig, überrascht, verträumt;
<u>die alte Guschke:</u> behände, humorvoll, kräftig, schnell, überrascht, wütend;
<u>der Pfarrer:</u> listig, schlau, väterlich, verärgert, verschlafen;

8.

Joseph	Katharina;
Rutsch zur Seite.	(Sie machte Platz.);
Bald sind die Erdbeeren so weit. Und schon	Ja.;
gar nicht zu reden von den Blaubeeren im Wald.	
Willst Lakritz?	(Sie nickte.)
Kannst lesen?	(Sie nickte hastig.)
Lies zu Ende!	(Sie las weiter.)
Lies zu Ende!	(Die alte Guschke kam.)

11. a) Häuschen; b) Himmel; c) hingerissen; d) beide Ohren; e) Engel; f) Ein und; g) bezaubernd; h) entzückend; i) hinreißend; j) faszinierend; k) phantastisch; l) wunderbar;

12. *mögliche Lösungen:* a) am Boden zerstört; b) zu Tode betrübt; c) zutiefst enttäuscht; d) nicht ausstehen können; e) ein rotes Tuch; f) Luft für mich; g) widerlich; h) entsetzlich; i) abstoßend; j) langweilig; k) gewöhnlich; l) furchtbar;

Einheit 2

8. a) Ein Student, der um 1960 an einem der alten Colleges von Oxford studierte, hatte herausgefunden, daß die noch immer gültige Prüfungsordnung aus der Zeit Heinrichs VIII. vorsieht, daß dem Kandidaten während der schriftlichen Arbeit auf Wunsch ein Glas Bordeaux zur Stärkung zu verabreichen sei. b) Aus Jux, und um die Traditionsliebe seiner Professoren zu testen, soll dieser Student später vor der Prüfung tatsächlich das Glas Bordeaux angefordert haben. c) Es stellte sich heraus, daß niemand von dieser Bestimmung wußte. d) Als er nicht locker ließ, machte sich der Dekan selbst die Mühe, in den alten Statuten nachzusehen, und mußte zugeben, daß der Student recht hatte. e) Ein Pedell wurde in die nächste Weinhandlung gesandt und dem Studenten tatsächlich der gewünschte Bordeauxwein gereicht. f) Als die vierstündige Prüfung beendet war, teilte man dem Studenten mit, daß sie in seinem Fall ungültig sei, weil er während der Arbeit nicht die in der gleichen Prüfungsordnung vorgeschriebenen gelben Socken getragen habe.

Einheit 3

4. b) 1. B – 2. F – 3. E – 4. D – 5. C – 6. A.

8. b) bleierne Ente; c) rohen Ei; d) graue Maus; e) begossener Pudel; f) bunter Hund; g) heiße Kartoffel; h) dummen Jungen;

9. a) sehr schnell, b) geht fast unter; c) vorsichtig; d) unauffällig; e) sehr betroffen, erschreckt; f) sehr bekannt/auffällig; g) etwas, was man schnell loswerden will; h) jmdn. nicht ernst nehmen;

12. a) 7.; b) 8.; c) 5.; d) 6.; e) 9.; f) 2.; g) 4.; h) 10.; i) 1.; j) 3.;

Kapitel 8

Einheit 1

9. *Mögliche Lösungen:* a) **schon**; rhetorische Frage. b) **schließlich**; Begründung. c) **wohl**; Vermutung. d) **eben**; Unveränderbarkeit. e) **doch**; Bekräftigung. f) **auch**; rhetorische Frage; g) **Schließlich**; Begründung. h) **denn**; Überraschung. i) **nun mal**; Unveränderbarkeit. j) **schon**; einräumend. k) **etwa**; Verneinung erwartend.

10. a) 6.; b) 3.; c) 4.; d) 7.; e) 5.; f) 1.; g) 2.

11. *Lösungsvorschläge:* a) (erschöpft) Sie hat **schließlich/auch** alles sauber gemacht. b) Es ist **auch schon** spät. c) (mich friert) Es ist **schließlich** eiskalt. d) Die Geschäfte sind **eben** geschlossen. e) (viel) Das Essen schmeckt ihm **nun mal**. f) Die Fenster sind **wohl** offen. g) Du bist **doch** reich.

Einheit 3

7. a) 1 Vorfeld; 2 *es war ein ...*: Vorfeld; 3 *was soll es ...*: Mittelfeld; *es dunkelt*: Vorfeld 4; *es klappert* *die Mühle*: Vorfeld: *so gibt's keine Not*: Mittelfeld; b) Es kann in keinem der Beispiele weggelassen werden. c) 1 nein, außer mit *dass* im Vorfeld: (z. B. natürlich ist es ein harter Schluß, daß … Ein harter Schluß ist es, daß …: 2 ja (z. B. dann klappert die Mühle, fröhlich klappert die Mühle …): 3 ja (z. B. Einst war ein König …); 4 nein: (z. B. und dann dunkelt es, und spät dunkelt es …). d) 1 (es ist ein harter Schluß, weil …) und 4 (was soll es bedeuten, daß …).

8. b) … was soll es bedeuten, daß ich so traurig bin. c) Es war ein König von Thule …; Es klappert die Mühle … d) es dunkelt; so gibt's keine Not; es ist ein harter Schluß …

9. es hat mich sehr gefreut, dass du deine Prüfungen so gut geschafft hast. Du schreibst, dass du **es** sehr schwer gefunden hast, dich aufs Lernen zu konzentrieren und alles andere zu vernachlässigen. Aber **es** hat sich für dich wirklich gelohnt! Du wirst **es** jetzt sicher leichter haben, eine schöne Stelle zu finden.
Jetzt gibt **es** aber erst mal Ferien für dich. Da habe ich einen Vorschlag: Wie wäre **es**, wenn wir uns wieder einmal sehen könnten? Zum Glück fehlt **es** mir diesmal weder an Geld noch an Zeit: **es** sind noch fünf Wochen bis zum Semesterbeginn und ich habe schon vier Wochen lang meinen alten Ferienjob gemacht: du weißt ja, Kinder betreuen in einem Ferienlager im Odenwald. Dafür gibt **es** immer gutes Geld. Wie fändest du **es**, wenn wir zwei noch eine Woch zusammen Ferien machen würden? Irgendwo, wo **es** warm ist und wo **es** nicht regnet. Schreib mir schnell, damit ich noch etwas Passendes finde.

Testen Sie sich selbst.

Lösungsvorschlag:
Sehr geehrter Herr (Professor) Schulze,
zu meiner diesjährigen Geburtstagsfeier möchte ich Sie sehr herzlich einladen.
Sie findet am Samstag, dem 28. Februar, ab 19.00 Uhr, bei mir zu Hause in der Holstengasse 19 statt.
Ich glaube, dass wir eine lustige Festgesellschaft sein werden. Viele Kommilitonen aus Ihrem Hauptseminar werden dabei sein, und Ihr Kollege Herr Dreuer hat auch schon zugesagt.
Ich würde mich wirklich sehr freuen, wenn Sie kommen könnten.
Bis dann!
Viele Grüße
Peter Meier

Kapitel 9

Einheit 1

6. – Konjunktionen, koordinierend: *denn, zwar … aber*; – subordinierend: *weil, da, auch wenn, während*; – Adverbien: *allerdings, deswegen, dennoch, nämlich*.

Einheit 2

5. Alle Reisenden bitte *aussteigen*; dass Sie nichts im Zug *vergessen haben*; *Das ist irgendwie* ein Gefühl der Freiheit; Keiner kann einem *Vorschriften* machen, man kann tun und lassen, was *man will*; Vielleicht machen wir auch *einen Abstecher* in die Türkei.

Einheit 3

1. (1) Gott (2) Gott (3) Kain (4) Sintflut (5) Gott (6) Jesus (7) Gott (8) Gott (9) Menschen

3. a) C, E, B, D, F, A

5. b) *Argumente:* das letzte Paradies auf Erden; eine Anlage, die für jeden etwas bietet; Gott kann die Pläne einsehen; er kann seinen Apfelbaum behalten; die Geschichte der Vertreibung aus dem Paradies wird nicht vergessen; das Angebot ist fair; die Konditionen werden nicht besser; Gott muss mit der Zeit gehen.

Redemittel: Ich weiß genau, was Sie meinen. Also, ich hoffe nicht, dass … Sie könnten natürlich …, Ich darf Ihnen versichern, das ist … Na hören Sie mal! Sie sollten sich das alles wirklich durch den

Kopf gehen lassen. Natürlich kann ich verstehen, dass ... aber immerhin, ... Das können Sie nicht mit uns machen! Sie werden noch an mich denken!

7. b) passiv – vorzeitig, c) passiv – vorzeitig, d) passiv – vorzeitig, e) aktiv – gleichzeitig, f) aktiv – gleichzeitig

9. a) Da war ein Gast an der Tür, der nicht vermutet worden war. b) Der Eindringling räusperte sich und sagte ... c) Der Eindringling, der zum Ausgang gestoßen worden war, rief ... d) Wir bauen eine Anlage, die großen Gewinn bringt. e) Er nannte Gott Argumente, die ihn wenig überzeugten. f) Gott musste die Wut, die in ihm aufgestiegen war, unterdrücken. g) Der Fehler, der vor langer Zeit gemacht worden war, ließ sich nicht mehr ändern. h) Gott schüttelte den Kopf und ging wieder zu seinem Garten zurück.

Testen Sie sich selbst.

4. die gerade vor ihm aufgehende Sonne; an die (von ihm) zurückgelassene Frau; der (ihn) vernichtende Satz; seinen Kopf wendend erblickte er plötzlich; ein die Straße zum Strand herunterfahrendes Auto; zwei sich aus dem Auto schwingende Frauenbeine; Kaum ausgestiegen, so ... diese Gestalt ...

Kapitel 10

Einheit 1

4. *vor der Hochzeit:* sich verlieben in / sich verloben mit, der Trauring / das Standesamt;
während der Hochzeit: die Hochzeit / jemanden heiraten, das Ja-Wort geben / die Heiratsurkunde, der Bräutigam / die Braut / der Trauzeuge;
nach der Hochzeit: die Ehe / verheiratet sein mit, eine Ehe führen mit, die Scheidung / sich scheiden lassen von;

5. *Beispiele:* 1. *Wenn Sie heiraten wollen, benötigen* Sie einen Trauzeugen. 2. *Beim Heiraten sollten Sie darauf achten, dass* Sie Ihre Trauringe dabei haben. 3. *Bevor Sie heiraten, sollten Sie* sich in jemanden verliebt haben. 4. *Beim Heiraten ist es unerlässlich,* sich zu küssen. 5. *Bevor Sie heiraten, müssen Sie* sich auf dem Standesamt anmelden. 6. *Wenn Sie heiraten wollen, ist es ausgeschlossen,* bereits mit jemandem verheiratet zu sein. 7. *Beim Heiraten ist es von Vorteil,* wenn Braut und Bräutigam rechtzeitig auf dem Standesamt sind.

7. 4. Z. 66; 8. Z. 93; 9. Z. 97; 10. Z. 102; 11. Z. 105; 6. Z. 88; 2. Z. 49; 7. Z. 92; 4. Z. 55; 1. Z. 38; 3. Z. 51; 5. Z. 67;

11. ist ... gekommen; hätte ... behoben werden müssen; hätten gebraucht werden können; können ... ergänzt werden; dürften ... vergessen worden sein.

12. hätte ... umgedreht werden müssen; sollte ... geklopft werden; hätte abgewartet werden müssen; sollte ... gedreht werden; hätte ... hergestellt werden müssen; sollte auf den Verbrauch des Produktes eingestellt werden; hätten ... gewechselt werden müssen; dürfen nicht zu selten erneuert werden.

Einheit 2

8. a) *Eines Tages / Einmal / Da* lief das Pferd davon; *Wie erzählt wird / In dieser Geschichte / Es* kommt ein Mann zum Arzt. *Auf dem Weg zur Arbeit / Wie ich erwartet habe / Da* treffe ich neulich Fritz.
b) hatte nur ein Pferd; und ist nicht heimgekehrt; kamen alle Nachbarn an; klagten laut; freuten sich; Stürzte von dem Pferd;

9. *Beispiele: Einmal* kommt...; *Es* fliegt ...; *Eilig* werden ...; *Feierlich* hält der Kapitän ...; *Es / Dann* wird der alte Herr ...; *Nun / Daraufhin* steht der ...; *Da* sagt der Alte ...

Einheit 3

4. – *Folge:* infolgedessen, darüber hinaus, nämlich, schießlich;
– *Kontrast:* trotzdem, einerseits – andererseits, doch, jedoch;
– *Addition:* außerdem, insbesondere, zum Beispiel.

Testen Sie sich selbst.

1. a) Eine peinliche Ente im Winsener Abendblatt *hatte* gerade noch durch einen Drucker-Lehrling verhindert *werden können*: b) Ein Spendenaufruf zugunsten der Witwe des „Unbekannten Soldaten", der in der Zeitung *hatte* abgedruckt *werden sollen*, *war* von dem jungen Mann während seiner Frühstückspause gelesen und zum Chefredakteur gebracht *worden*. c) Der Lehrling *wurde* für seine Wachsamkeit *gelobt*. d) Er fragte den Chefredakteur, ob es vorstellbar sei, daß so ein Aufruf *hätte* befolgt *werden können*. e) „Ich glaube kaum," sagte der Chefredakteur, „daß unsere Leser so dumm *sein werden*. Die Leute *werden* sich denken *können*, daß dieser Frau sicherlich seit Jahren eine angemessene Witwenrente gezahlt *werden dürfte*."

2. *Vor allem / Außerdem / Zudem / Insbesondere* wollten Sie von uns wissen ... *Deshalb / Darum / Also* schicken wir Ihnen ... *Erstens / Zum einen:* Das Projekt ... *Zweitens / Zum anderen* haben wir viel ... *Aber / Jedoch / Allerdings*: Wir sind ... *Zwar* finden alle ... *aber / doch* einige von uns ... *nämlich* ihrer Meinung nach ... *Auch* finden andere ... *deshalb / darum* besonders anstrengen ... *besonders / vor allem / zum Beispiel* in Fächern wie ... *Also / Folglich / Deshalb* können wir ... Die Jungen *schließlich / aber* fanden ... *Vor allem / aber* nur mit hübschen Mädchen!

Kapitel 11

Einheit 1

2. b) + c) – Modalverben, Futur 95%: **muss**, müsste; 75%: **dürfte**, wird; 50%: **könnte**, kann, mag, soll, will;
– Adverbien 95%: **sicher**, gewiss, höchstwahrscheinlich, natürlich, offenbar, offensichtlich, sehr wahrscheinlich, sicherlich, zweifellos; 75%: anscheinend, scheinbar, voraussichtlich, wahrscheinlich, wohl; 50%: **möglicherweise**, **vielleicht**, angeblich, eventuell, vermutlich, unter Umständen;

Einheit 3

3. *(a)* wissen; *(b)* war; *(c)* sicherte; *(d)* erfuhr; *(e)* fuhr; *(f)* befand; *(g)* bat; *(h)* dürfen; *(i)* befinden; *(j)* hat; *(k)* bestätigt.

4. Quelle: „The Guardian"; „berichtete die britische Zeitung", „Abrams berichtete" und vgl. 6.

5. a) angeben, ausführen, aussagen; b) ankündigen, antworten, äußern, aussprechen, bedeuten, bekanntgeben, benachrichtigen, berichten, beschreiben, darlegen, darstellen, denken, einwenden, entgegnen, erklären, erwidern, erzählen, fragen, informieren, meinen, melden, mitteilen, referieren, schildern, unterrichten, verkünden, vortragen, widersprechen.

6. „angeblich" (2x); „soll es ... geben"; habe ... gesichert/bestätigt.

7. a) ... habe die Augen; b, c, ... habe (d): hätte) sich die Augen gesichert; e) ... werde die Augen kaufen.

9. a) sei; b) habe; c) hätten; d) würden; e) gewesen sei.

Testen Sie sich selbst.

1. *z.B.* Vielleicht hat er sein Geld in einem Spielcasino vermehren wollen und dabei alles verloren ...

2. a) Wie der Chef ... der BBC *sagte*; ... *sagte* der Versicherer; Carpenter ... *brachte* ... *vor*; er *habe* ... bemerkt; ... *sei* ... befördert worden; ... verloren *habe*; ... erwacht *sei*; *habe* er sich ... befunden; *habe* ... zu verstehen gegeben; *brauche* ... zu haben; *habe* ... gehabt; *sei* ... gewesen; *habe* ... erinnert.

b) Versicherungsvertreter: „Was kann ich für Sie tun?" Elektriker: „Mein Name ist Carpenter und ich bin bei Ihnen gegen besondere Risiken versichert. Ich bin von „Außerirdischen" entführt worden und möchte Schadensersatz." Versicherungsvertreter: „Bitte schildern Sie mir genau, was Ihnen passiert ist." Elektriker: „Ich war mit Freunden in der Nacht des 14. am Flughafen, als wir ein dreieckiges Raumschiff bemerkten." ...

3. a) er sei … geboren und … gelangt, wo er … gewohnt habe. … habe er … besucht. … habe er … gelebt, … er … studiert habe. … besuche er … erlaube sich … sich … Er gedenke … b) … sie solle … machen, er könne ihr versichern, seine seien … c) … man sei … geboren … müsse … sein, … zertrampelt werde. d) … sei … tue … könne … gemacht werden.

4. a) „Arbeitsloser …"; b) „Lotto-Millionär: ‚Mein Leben hat sich nicht verändert' "; c) „Lotto-Millionär wirft Tippschein weg"; d) „Über 300 Millionäre in einem Dorf".

Kapitel 12
Einheit 1

1. 1. a); 2. d); 3. b); 4. c)

6. Es verhält sich so, dass … / Es ist so, dass …; sich legitimieren / Ausweis vorzeigen; Nach Lage der Dinge … / So wie es ist …; Nachweis erbringen / beweisen; Tagespassierschein ausstellen / Tagespassierschein geben; beglaubigen / bestätigen; Unterschrift leisten / unterschreiben

7. … dass Sie … beweisen (den Nachweis erbringen) *müssen*; … dass … sein Besuch durch eine Unterschrift bestätigt (beglaubigt) *werden muss*.

8. 1. Kinder *müssen* gehorchen. 2. Fußgängern *muss* ausgewichen *werden*. 3. Der Soldat *muss* sein Gewehr ordnungsgemäß pflegen. 4. Paragraph 21, Absatz 3 *muss* hier sinngemäß angewendet *werden*. 5. Die Gebühr *muss* binnen einer Woche entrichtet *werden*.

Testen Sie sich selbst.

1. *Beispiele:* a) Wenn ich du wäre, würde ich ihn heute noch anrufen. b) Wenn du mich nicht ständig stören würdest, hätte ich den Brief schon lange geschrieben. c) Wenn der Papst eine Frau wäre, würde er länger leben. d) Wenn du dir noch mehr Handtaschen kaufst, müssen wir demnächst anbauen. e) Wenn ich König von Deutschland wäre, würde Schulze mir die Füße küssen. f) Wenn die Sängerin nochmal auf die Bühne kommt, fliegen die Tomaten. g) Wenn das stimmt, was du da sagst, dann fress ich einen Besen. h) Wenn es Häute regnet, wird bald das Leder billiger. i) Wenn der Hund nicht die Wurst gefressen hätte, hätte er den Dieb erwischt.

Kapitel 13
Einheit 1

4. Ja, wie hat's angefangen? Ja, erst kam die Wende, dann hat mein ehemaliger Betrieb zugemacht, über die Zeitung hab ich von dieser Arbeit erfahren, da hab ich mich beworben bei der Quelle und hab eine Zusage gekriegt für 'ne Aushilfstätigkeit, darauf hab ich 'n Vierteljahr gearbeitet und dann einen Stammvertrag gekriegt. Und seitdem läuft's.

5. Stundenplan René Dittmar:

2.00	2.40	6.00	14.45	18.00	20.30
Auf-stehen	Abfahrt Bus	Arbeits-beginn	Arbeits-ende	Ankunft Bus	Schlafen-gehen

6. a) - ja; b) - ja; c) - ja; d) - nein; e) - ja

Einheit 3

5. A

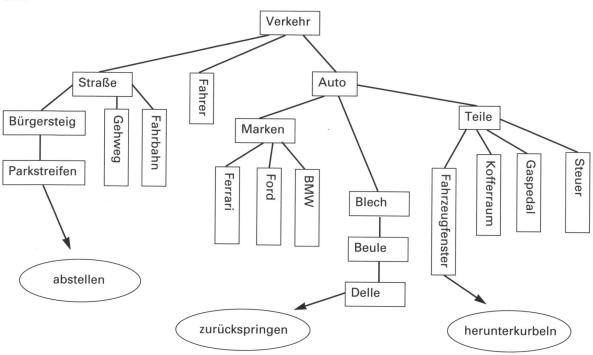

5. B

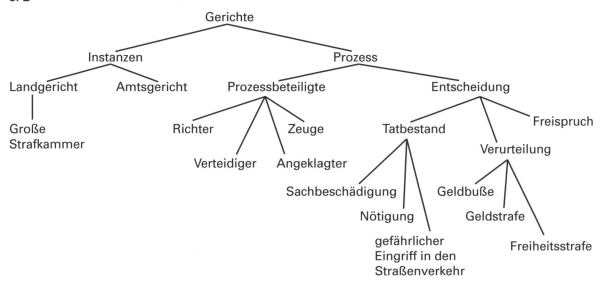

Testen Sie sich selbst.

1. (1) Presse (2) Fernsehen (3) Protest (4) Meinungen (5) Vorwurf (6) Parken (7) Beule (8) Sachbeschä-digung (9) Fahrlässigkeit (10) Erfolg (11) Überqueren (12) Antrag

2. Brecht Biographie: 1. Bertolt Brecht lebte von 1898 bis 1956. 2. Er begann als junger Dramaturg in München und Berlin. 3. Von 1933 bis 1947 hielt er sich im Exil auf. 4. Danach gründete er in Ost-Berlin das berühmt Brecht-Ensemble. 5. Er erhielt Weltbedeutung als marxistischer Dichter. 6. Er schuf Theaterstücke wie z.B. „Die Dreigroschenoper" … oder „Mutter Courage und ihre Kinder".

Kapitel 14

Einheit 1

8. a) *weil, da*; b) *deshalb, daher, infolgedessen, somit*; c) *sodass*; d) *aufgrund, infolge, wegen*; e) *um ... zu*; f) *damit*.

10. a) Ratten sind sozial, *denn* die Männchen geben die besten Futterstücke an die Weibchen ab. b) In einem Versuch werden Ratten immer wieder beim Fressen gestört, *sodass* die Tiere schließlich wahnsinnig *werden*. c) Forscher beobachten Ratten auf freier Wildbahn, *weil/da* sie dem Sozialverhalten der Tiere näherkommen *wollen*. d) Jedes Auftreten von Ratten ist zu melden, *damit* Seuchen vermieden *werden*. e) In Chaos-Situationen herrscht eine Ratte diktatorisch über die anderen, *um* die Ordnung *wiederherzustellen*. f) Dem Rattenfutter werden Gifte beigemischt, *infolgedessen verbluten* die Tiere innerlich.

12. In Text **B** fehlen 6 Adverbien: *eigentlich* (2x), *außerdem, offenbar, weitgehend, gänzlich*

14. 1. *im Grunde*; 2. *vollkommen*; 3. *durchschnittlich*; 4. *gerade*; 5. *meistens*; 6. *anscheinend*; 7. *offensichtlich*; 8. *ohnehin*; 9. *ziemlich*; 10. *ebenfalls*.

Einheit 2

2. c)

Einheit 3

10. das Verdünnungsverhältnis, das Blutmolekül; das Fleischmolekül, die Lehrbuchmeinung, die Haiarten, die Mehrzahl, die Beutetiere, das Organ-Verbundsystem, die Körpermitte, die Seitenlinie, die Nasenspitze, die Schwanzflossen, die Haarzellen, die Drucksignale, die Nervenzellen, der Kopfbereich, die Hautoberfläche, die Spannungsunterschiede, die Meisterwerke, das Zusammenspiel, die Suchschleifen, das Seitenohr, die Drucksignale, die Schwimmbewegungen, die Reisegeschwindigkeit, das Geruchsorgan, der Blutgeschmack, das Surfbrett.

12. *z.B.:* Kind**e**rarzt, Hund**e**besitzer, Bild**e**rbuch, Kleid**e**rschrank, Händ**e**druck, Tag**e**werk ...

13. Das Grundwort bestimmt Artikel und Gegenstandsklasse, das Bestimmungswort beschreibt die besondere Art des Gegenstandes.

Testen Sie sich selbst.

1. richtig: b, d, e, f, h

2. a) gehört, b) gehört ... an, c) gehörten ... zusammen, d) aufhören, e) Zuhören, f) umhören, g) hörte weg, h) anhören, i) hinhören

3. (a) *da/weil*; (b) *Damit*; (c) *während*; (d) *genau so, ebenso*; (e) *anscheinend*; (f) *sodass/damit*; (g) *ziemlich, wirklich, fast*; (h) *um*; (i) *Offensichtlich, Offenbar/Denn*; (j) *denn*.

Kapitel 15

Einheit 1

3.a) 1. Textausschnitt 1 spielt in der spanischen Hochebene um Madrid, der „Meseta"; Textausschnitt 2 spielt im früheren Jugoslawien, in der Nähe von Split im heutigen Kroatien.

4.c) Der Autor des 1. Textausschnittes kommt wie die Autorin des 2. Textausschnittes aus Österreich.

5.a) Text 1: Anzahl der Passagiere; freundschaftliches Verhältnis zwischen Jung und Alt; Toleranz gegenüber Lautstärke und mangelnder Sauberkeit;
Text 2: Schlechter technischer Zustand der Busse; Unpünktlichkeit; Überfülltheit; schlechter Geruch; Schmutz; Freundlichkeit der Menschen gegenüber Fremden;

10. Doch dann *mussten* wir eine Stunde *warten*; Da *ließ* es die Mama *bleiben*; Mir *ging* es gut, obwohl ich nur auf einem Bein *stehen konnte*; Als ich den Fuß *wieder hinstellen habe wollen*, *ist* kein Platz mehr dazu *dagewesen*.

Einheit 2

5.

Jugoslawien	Spezialität/Attraktion	Beurteilung/Bewertung	Österreichisches/Wienerisches
	Gitarrenmusik	nicht zum anhören	
	Wein	Sauerampfer	österreichischer Wein
	Cevapcici	Hundekot mit Zwiebeln	Schnitzel mit Kartoffelsalat
Italien	italienische Küche	Tomaten und Käse „stauben ihm zu den Ohren raus"	
	Ruinen	alle kaputt, baufällig	Ringstraße
Norden (Skandinavien)	Fjorde	man kann nicht baden	Gänsehäufel (Freibad in Wien)
Frankreich	Côte d'Azur	zu heiß	Krumpendorf
	Casino		Kaffeehaus
	Grace Kelly (Filmfestspiele)		Rabnhofkino
	Bouillon-à-baisse	stinkende Brühe	Gulaschsuppe
Spanien	Stierkampf	matte Sache	Fußballspiel Simmering-Kapfenberg
	Málaga		Heuriger
Griechenland	Akropolis		Parlament mit Pallas Athene davor

Einheit 3

2. richtig: a); c); e); f); g)

Testen Sie sich selbst.

1. rattern, scheppern, knacken, knabbern, wimmern, stöhnen, tief atmen;

2. seien, als, ganz**en**, kahl**en**, ernst**em**, weit**en**, denen, der, nachmittägig**en**, jed**em**, befindend**en**, alt**e**, sooft;

3. a) Gestern um neun sind wir zur Bushaltestelle gelaufen./Gestern sind wir im neun zur Bushaltestelle gelaufen. b) Damit wir den Autobus nicht versäumen. c) Doch dann haben wir eine Stunde warten müssen./Wir haben dann doch eine Stunde warten müssen. d) Die Busse halten sich hier nicht an die Fahrzeiten./Hier halten sich die Busse nicht an die Fahrzeiten. e) An der Haltestelle waren viele Leute und es war affig heiß./Viele Leute waren an der Haltestelle und es war affig heiß. f) Papa hat geschimpft, er fährt nie mehr ohne Auto. g) Endlich ist der Bus dann gekommen./Endlich ist dann der Bus gekommen./Der Bus ist dann endlich gekommen. h) So was von einem Vehikel habe ich noch nie gesehen./Ich habe noch nie so was von einem Vehikel gesehen.

4. a) 1.; b) 2.; c) 2.; d) 2.; e) 1.

Kapitel 16

Einheit 1

3.a) Idylle, Sofa, Musik, Ballade, Kaffee, Zucker, Keks, Tee, Kandis, Zitrone;

3.b)+c)

Wort	Herkunfts-Sprache	Bedeutung	Umweg über
Idylle	Griechisch	Gedicht	Lateinisch: Hirtengedicht
Sofa	Arabisch	Kissen auf Kamelsattel	*(unbekannt)*
Musik	Lateinisch	dieselbe Bedeutung	
Ballade	Englisch	Erzählung in Liedform	Altfranzösisch: Tanzlied
Kaffee	Arabisch	Wein/Kaffee	Türkisch
Zucker	Altindisch	dieselbe Bedeutung	Persisch, Arabisch, Italienisch
Kandis	Arabisch	eingedickter Zuckersaft	*(unbekannt)*
Keks	Englisch	Kuchen	
Tee	Chinesisch		Südchinesisch, Malaiisch
Zitrone	Griechisch	Duft des Zedernapfels	Lateinisch

Einheit 2

8.e) Ordnungskriterien: erste Möglichkeit: nach Substantiven, Adjektiven, Verben; zweite Möglichkeit: nach eigenständigen, zusammengesetzten und abgeleiteten Wörtern; dritte Möglichkeit: nach inhaltlichen Gesichtspunkten; z.B.
• Grammatik, Wortschatz, Fremdwort, Wort, Begriff, Name, Neuprägung, Übersetzung …;
• Sprachen, Sprecher, Sprechergruppe, Sprachen-Atlas, Sprachensterben, Sprachenvielfalt, Sprachverlust, Sprachverdrängung, Sprachvermögen …;
• Fachsprache, Sondersprache, Computerjargon, Alltagssprache, Pidgin, tote Sprache …;
• Französisch, Italienisch, Latein, Englisch, Griechisch, Deutsch, Schwedisch, Spanisch …;
• Linguist, Etymologe …;
• sprachlich, gesprochen, namenlos, literarisch …;

9.b)+c) Text 1: „Nominalstil", geeignet zur Veröffentlichung in einer Fachzeitschrift; Text 2: „Verbalstil", eher geeignet für einen mündlichen Vortrag;

10. verwenden, das Französische, *Akk.;* der Adel, *Nom.;* entwickeln, Technik und Wissenschaft, *Akk.;* die Einbürgerung, solcher fremden Wörter, *Gen.;* einbürgern, fremde Wörter, *Nom.;* bereichern, sehr, unsere Sprachen, *Adverb, Akk.;*

11. Infinitiv: das Leben, das Zappen, das Seßhaftwerden; das Aussterben …; Kürzung: die Einreise, der Einstrom, der Import …; Suffix *-ung*: die Wendung, die Verflechtung, die Beschleunigung, die Entwicklung …; *-heit/keit*: die Vergangenheit, die Fähigkeit …; *-e*: die Sprache, das Sorbische, das Nordfriesische …; *-ion*: die Kooperation, die Reduktion …;

12. a) Die Veröffentlichung eines neuen Sprachenatlas in London war eine traurige Sensation. b) Sie ergab eine allgemeine Klage über ein globales Sprachensterben. c) Vielen Sprachen droht die ersatzlose Streichung von der Sprachenkarte der Welt. d) Das Aussterben von Sprachen führt unter anderem zum Verlust literarischer Traditionen.

13. z.B. Ich unternehme den Versuch, die Vorgeschichte des neueren Positivismus historisch zu rekonstruieren, und habe die Absicht, den Zusammenhang von Erkenntnis und Interesse systematisch zu analysieren.

Einheit 3

3. a) Männer können noch *trinken*, wenn Sie was *gefahren haben*. b) *Auf frühen Magen* kann ich das nicht *vertragen*. c) Der heutige Tag wird mir ewig *in Vergessenheit bleiben*. d) Und nun, wie jedes Jahr, die neuesten Zahlen aus dem Jahresbericht des *Buddhistischen Standesamtes*. e) Auf der Autobahn München-Nürnberg *schneit es* in beiden Fahrtrichtungen.

4. a) Männer können noch *fahren*, wenn Sie was *getrunken* haben. b) Auf *nüchternen* Magen kann ich das nicht vertragen. c) Der heutige Tag wird mir ewig in *Erinnerung* bleiben. d) Und nun, wie jedes Jahr, die neuesten Zahlen aus dem Jahresbericht des *Statistischen Bundesamtes*. e) Auf der Autobahn München-Nürnberg *staut* es in beiden Fahrtrichtungen.

5. a) sächsischer Genitiv; b) die in Fulda versammelten Bischöfe; c) damit kommst du auf keinen grünen Zweig; d) am Ende/Schluss; e) Sojawurst; f) Sonographie.

Testen Sie sich selbst.

1. a) Sprecher; b) fremdsprachiger; c) fremdsprachlicher oder Fremdsprachen-; d) Fachsprache; e) Wörtern; f) Worte; g) Versprecher; h) Versprechen; i) Sprichwort; j) *Sprache*

2. richtig sind: b), c), e);

3.a)+b) Verhängnisverhütung – Empfängnisverhütung; durch die Kutsche latschen – durch die Küche latschen; ... und erkläre die Sitzung für geschlossen – für eröffnet; die Abende sind schon lang – schon kurz; die Karten sitzen aber schlecht für dich – aber gut für dich; Da muß ich mit meiner Frau noch einmal darüber schlafen – reden;

4. Ein Fremdwort ist ein aus einer anderen Sprache übernommenes Wort, das dem Deutschen in Aussprache, Schreibweise und/oder Flexion nicht angepasst ist. Wörter wurden schon immer und nicht erst in der Gegenwart in die deutsche Sprache aufgenommen. Die wichtigste Ursache für die Übernahme von Fremdwörtern liegt in der Übernahme der betreffenden Sache. Daher spiegeln die Fremdwörter die Kulturentwicklung wieder. Die Beobachtung von Fernsehen, Radio und Presse zeigt einen nicht geringen Anteil der Fremdwörter am deutschen Wortschatz. Man schätzt, dass unter den 400 000 Wörtern des gesamten deutschen Wortschatzes 100 000 Fremdwörter sind. Die meisten sind Substantive, die zweitgrößte Gruppe sind Adjektive.

Lösungen zum „Ratgeber Lernen"

Mit dem Wörterbuch arbeiten

4.a) 8; 13; 5; 3; 7; 12; 6; 2; 9; 11; 1; 10; 4

4.b) 5; 13; 4; 10; 2; 7; 12; 11; 3; 9; 1; 6; 8

Umlaute (*ä, ö, ü ...*) werden wie Vokale (*a, o, u ...*), ß wie *ss* behandelt.

5. a) *z.B.* in einem Eisenwarenladen oder einem Baumarkt; b) *z.B.* ein schönes Essen, ein Glas kühles Bier ...; c) nein, an der Zuverlässigkeit einer solchen Organisation dürfen Sie zweifeln; d) nein, denn dann wären Sie der Ersatz für jemanden, der fehlt; e) *z.B.* Lebensmittel, Obst ...

6. a) 4; b) 3; c) 1; d) 2

8. a) mir; b) mir; c) ihm; d) seinem; e) ihn; f) der; g) seinen

9. a) auf; b) in; c) an; d) vor, in; e) zu

Mit einer Grammatik arbeiten

1. a) 1. S. 139 unten und S. 140 oben; 2. Zur Zeitenfolge GR Kp. 4.2.1 - 4.2.3, S. 138ff.; b) vgl. zum Kausalsatz GR Kp. 3.1, S. 133, speziell S. 134 oben: *denn, weil, da, nämlich, wegen*; c) vgl. zur indirekten Redewiedergabe GR Kp. 5.1 - 5.3, S. 140f., besonders S. 141 oben

4. b) 1. Verbstellung bei *vorausgesetzt* vgl. GR Kp. 3.2, S. 135; 2. *denn* als Konjunktion vgl. GR Kp. 2.1, S. 132f.; *denn* als Modalpartikel vgl. GR Kp. 6.5, S. 146; 3. Passiv mit Modalverben vgl. GR Kp. 7.1, S. 148

5.B Gebrauchsanleitung zum Zwecke des Studium**s einer** Grammatik
Sie **haben** sich eine Grammatik gekauft. Herzlichen Glückwunsch! Mithilfe diese**s** Regelwerk**s** werden Sie bald alle hässliche**n** Fehler in Ihrem Deutsch beseitigen. Sie werden nicht mehr **aus**gelacht oder **übersehen** werden. Bevor Sie diese Grammatik kauften, **konnten** Sie **noch** nicht gut Deutsch. Wenn Sie jetzt fleißig in diese**m** Buch **studieren**, ist das bald Vergangenheit. Eine halbe Stunde täglich**es** Üben **genügt vollkommen**. Noch **ein guter** Tipp: Legen Sie **sich** das Buch unter **das** Kopfkissen, **wenn/ bevor** Sie schlafen gehen. Dann geschieht alles **wie** im Traum.